国家智库报告 2020（33）
National Think Tank
社会·政法

政府电子服务能力指数报告（2020）

胡广伟 刘建霞 吴新丽 等著

REPORT OF GOVERNMENT E-SERVICES CAPABILITY INDEX (2020)

中国社会科学出版社

图书在版编目(CIP)数据

政府电子服务能力指数报告.2020 / 胡广伟等著.—北京：中国社会科学出版社，2020.10

(国家智库报告)

ISBN 978-7-5203-7311-1

Ⅰ.①政⋯ Ⅱ.①胡⋯ Ⅲ.①电子政务—研究报告—中国—2020 Ⅳ.①D63-39

中国版本图书馆 CIP 数据核字（2020）第 179640 号

出 版 人	赵剑英
项目统筹	王 茵
责任编辑	范晨星 李 沫
责任校对	周 晨
责任印制	李寡寡

出　　版	中国社会科学出版社
社　　址	北京鼓楼西大街甲 158 号
邮　　编	100720
网　　址	http://www.csspw.cn
发 行 部	010-84083685
门 市 部	010-84029450
经　　销	新华书店及其他书店

印刷装订	北京君升印刷有限公司
版　　次	2020 年 10 月第 1 版
印　　次	2020 年 10 月第 1 次印刷

开　　本	787×1092 1/16
印　　张	20
插　　页	2
字　　数	251 千字
定　　价	118.00 元

凡购买中国社会科学出版社图书，如有质量问题请与本社营销中心联系调换
电话：010-84083683
版权所有　侵权必究

指数出品团队

胡广伟　刘建霞　吴新丽　金诸雨　王莉娜
周　全　高　金　张　晅　王思迪　刘晓昕
杨金龙　赵思雨　杨巳煜　晏婉暄　路伯言

指数出品方

南京大学政务数据资源研究所
新华网—南京大学智慧政务联合实验室
新华网大数据中心
南京大学国家双创示范基地
南京大学信息管理学院

联合发布方

新华网大数据中心
南京大学国家双创示范基地

摘要： 随着"互联网+"国家战略的推进，"互联网+政务服务"的应用持续深化，社会和公众对政务服务的网络化需求快速增长，期待政府能够提供更好的用户服务体验。为了检验和提升各级政府的电子服务能力发展水平，进而建立一套科学、客观、量化及导向清晰的政府电子服务能力测评体系，达到"以评促建、以评促用、树立标杆，引导电子政务可持续化发展"的目的，本报告从部委、省（直辖市）、地级市等不同层级，以政务网站、政务微博、政务微信、政务APP四个服务渠道为切入点，构建了政府电子服务能力测评体系，通过全样本测评定量与定性相结合的方式报告了中国省、市、部委电子服务能力的水平，应用综合指数、双微指数、新媒体指数等复合数据展示了我国政府电子服务渠道的整合情况，进而总结了电子政务服务能力建设的最佳实践与案例：上海市人民政府网站——成熟完备的政务网站、北京发布——实用便民的政务微博、河北发布（微信）——全方位服务的政务微信、e龙岩——均衡发展的政务APP等，并分别进行深入剖析。各项指数数据表明，中国各级政府电子服务"三多三少""三强三弱"的特点依然明显："入口多、渠道多、栏目多，协办少、联办少、通办少"，"信息服务强，办事服务弱；网站服务强，移动服务弱；传播推广强，亲民易用弱"；服务能力建设的重心逐渐从政务网站向新媒体渠道转移，特别是政务APP的发展较快；公众、企业的使用体验逐年提高，相比电商应用，尚有较大提升空间；政务服务业务呈现出逐渐下沉的发展趋势，行政审批改革、简政放权成效明显。本报告仅从能力管理的视角测评政府电子服务水平，数据和结论难免偏颇，仅供各界参考。

关键词： 政务服务；电子服务；互联网+；服务能力；能力指数

Abstract: With the implementation of the "Internet +" national strategy, applications of "Internet + Government Service" continues to be deepen. At the same time, the society and public expect better government services and better customer service experience in a quick increasing trend. In order to evaluate and enhance the e-service capability to the governments, the project constructed the government e-service capability evaluation system including provinces, cities, ministries and commissions from the perspective of four e-service Channels (i. e. , government website, WeChat, micro-blog, APP) . And through the evaluation and analysis, the project reported the government e-service capability level and some interval attributes, The comprehensive index, such as "Double Micro Index", new media index, and the innovation index, are designed and proposed. Finally, the report summed up with the best practice cases.

Key words: Government Service; E-service; Internet + ; Service Capability; Capability Index

目 录

前 言 …………………………………………………………（1）

上篇 省（市）政府电子服务能力指数报告

一 测评体系与测评方法 ………………………………………（3）
 （一）测评背景 ……………………………………………（3）
 （二）测评思路 ……………………………………………（4）
 （三）测评工作 ……………………………………………（5）

二 省市政府电子服务能力指数 ………………………………（7）
 （一）省市政府电子服务能力指数说明 …………………（7）
 （二）省市政府政务网站服务能力指数 …………………（8）
 （三）省市政府政务微博服务能力指数 …………………（19）
 （四）省市政府政务微信服务能力指数 …………………（31）
 （五）省市政府政务 APP 服务能力指数 …………………（44）

三 省市政府电子服务能力综合指数 …………………………（56）
 （一）省市政府电子服务能力综合指数 …………………（56）
 （二）省市政府电子服务能力"双微"指数 ………………（68）
 （三）省市政府电子服务能力"新媒体"指数 ……………（77）

四 省市政府电子服务最佳实践 …………………………… (87)
（一）政府电子服务最佳实践甄选 …………………………… (87)
（二）省市政务网站最佳实践 ………………………………… (88)
（三）省市政务微博最佳实践 ………………………………… (106)
（四）省市政务微信最佳实践 ………………………………… (123)
（五）省市政务 APP 最佳实践 ……………………………… (141)

下篇　国务院部委电子服务能力指数报告

五 测评体系与测评方法 …………………………………… (165)
（一）测评背景 ………………………………………………… (165)
（二）工作思路 ………………………………………………… (166)
（三）指标体系 ………………………………………………… (168)
（四）测评工作 ………………………………………………… (170)

六 国务院部委电子服务渠道指数 ………………………… (171)
（一）国务院部委电子服务渠道指数说明 …………………… (171)
（二）国务院部委网站服务能力指数 ………………………… (172)
（三）国务院部委微博服务能力指数 ………………………… (177)
（四）国务院部委微信服务能力指数 ………………………… (183)
（五）国务院部委 APP 服务能力指数 ……………………… (187)

七 国务院部委电子服务能力综合指数 …………………… (193)
（一）国务院部委电子服务能力综合指数 …………………… (193)
（二）国务院部委电子服务能力"双微"指数 ……………… (198)
（三）国务院部委电子服务能力"新媒体"指数 …………… (202)

八 国务院部委电子服务最佳实践 ………………………… (206)
（一）国务院部委电子服务最佳实践说明 …………………… (206)

（二）国务院部委政务网站最佳实践 …………………（207）
　　（三）国务院部委政务微博最佳实践 …………………（212）
　　（四）国务院部委政务微信最佳实践 …………………（216）
　　（五）国务院部委政务 APP 最佳实践 …………………（220）

九　问题与反馈 ……………………………………………（224）
　　（一）测评过程说明 ……………………………………（224）
　　（二）特殊情况处理 ……………………………………（225）
　　（三）局限与不足 ………………………………………（226）
　　（四）版权说明 …………………………………………（227）
　　（五）交流反馈 …………………………………………（227）

附录 1　省市政府电子服务能力测评指标 ………………（228）
附录 2　省市政府电子服务能力测评标准 ………………（231）
附录 3　省市政府电子服务能力样本来源 ………………（238）
附录 4　地级市政府电子服务能力指数 …………………（271）
附录 5　国务院部委电子服务能力测评标准 ……………（294）
附录 6　国务院部委电子服务能力测评样本 ……………（301）

前　言

随着"互联网+"国家战略的推进,"互联网+政务服务"应用持续深化,社会和公众对政务服务的网络化需求快速增多,期待政府能够提供更好的用户服务体验。特别是,2015年7月国务院发布的《关于积极推进"互联网+"行动的指导意见》;2016年3月发布的《中华人民共和国国民经济和社会发展第十三个五年规划纲要》把"深化行政管理体制改革""优化政府服务""推广'互联网+政务服务',全面推进政务公开"作为"十三五"的重要工作任务,体现了国家对提升我国各级政府的电子政务服务能力的重视与关切。2017年10月,党的十九大报告指出要不断推进国家治理体系和治理能力现代化,加强互联网内容建设,建立网络综合治理体系。2019年10月,党的十九届四中全会对坚持和完善中国特色社会主义制度、推进国家治理体系和治理能力现代化作出重大战略部署,指出要创新行政管理和服务方式,加快推进全国一体化政务服务平台建设,进一步明确了这一发展导向。

在2017年、2018年及2019年报告基础上,本报告连续第四年以中国大陆地区(港、澳、台除外)省、市、部委政务网站、政务微信、政务微博、政务APP四个服务渠道为切入点,构建政府电子服务能力测评体系,并通过全样本测评获得分析数据,用定量和定性技术与方法分析中国省、市、部委电子政务服务能力的水平,并总结得到电子政务服务能力建设的最佳实践。

首先，从三个层面（省、直辖市、地级市），结合四种渠道（网站、微博、微信、APP）对政务服务能力、政务服务途径、省级政务服务区间属性、政务服务地域属性等进行深入分析，系统地呈现了中国电子政务服务的发展水平。

其次，测算省、市电子政务服务能力各项复合指数。结果显示，省、市双微能力指数最高，综合指数、新媒体指数依次递减，凸显出我国电子政务服务渠道发展侧重方向的转变，即由传统渠道向新渠道转移。

最后，总结电子政务服务的最佳实践：上海市人民政府网站——成熟完备的政务网站、北京发布——实用便民的政务微博、河北发布（微信）——全方位服务的政务微信、e龙岩——均衡发展的政务APP等，并分别进行深入剖析。

综合来看，各级政府电子服务"三多三少""三强三弱"的特点依然明显；服务能力建设的重心逐渐从政务网站向新媒体渠道转移，特别是政务APP的发展较快；公众、企业的使用体验逐年提高，相比电商应用，尚有较大提升空间；政务服务业务呈现出逐渐下沉的发展趋势，行政审批改革、简政放权成效明显。

本报告项目组希望通过理论与实践的结合，建立一套科学、客观、量化及导向清晰的电子政务服务能力测评体系，报告各级政府的电子政务服务能力发展水平，以评促建，以评促用，树立标杆，引导电子政务的可持续化发展，助力中国政务治理能力现代化水平的提升。

南京大学政务数据资源研究所
南京大学国家双创基地
新华网大数据中心
二〇二〇年三月

上 篇

省（市）政府电子服务能力指数报告

一 测评体系与测评方法

（一）测评背景

随着信息技术的高速发展和政务理念的不断演进，移动化、迅捷化、智能化、网络化成为政务服务的新常态，办事效率和服务质量大幅提升，政府决策日益科学化、民主化。同时，社会和公众对基于互联网的政务服务的需求不断增加，如何更好地服务企业和公众，满足其对电子服务的需求，提升我国电子政务水平，已成为现阶段治理能力现代化的重要内容。

2015年7月，国务院发布《关于积极推进"互联网+"行动的指导意见》，强调"互联网+政务"对加快转变政府职能的积极作用，提出要实现互联网与政府公共服务体系的深度融合，促进公共服务创新供给和服务资源整合，构建面向公众的一体化在线公共服务体系。2016年4月12日，国务院发布《2016年政务公开工作要点》，提出要加大公开力度，加强政策解读，不断增强公开实效，保障人民群众知情权、参与权、表达权和监督权，助力深化改革、经济发展、民生改善和政府建设。2016年9月14日，国务院总理李克强主持召开国务院常务会议，部署加快推进"互联网+政务服务"工作，以深化政府自身改革更大程度利企便民。2017年10月，党的十九大报告指出要不断推进国家治理体系和治理能力现代化，加强互联网内容建设，建立网络综合治理体系。2018年4月，在国家发改委、网信办等多个部门支持下的第一届数字中国建设峰会顺利召开，会上发布了30个全国电子政务最佳案例。2019年10月，党的十九届四中全会对坚持和完善中国特色社会主义制度、推进国家治理体系和治理能力现代化作出重大战略部署，指出要创新行政管理和服务方式，加快推进全国一体化政务服务平台建设。为响应国家号召，客观反映中国电子政务服务发展现状，寻找推进"互联网+政务"建设的优化路径，提升中国政府电子服务能力水平，南京大学政务数据资源研究所在国家双创示范基地的支持下，联合新华网开展了2020年中国电子政务服务能力测评工作。

本次调查评估以"用户体验"为出发点，构建政府电子服务能力测评体系，以客观公正、可量化、可重复为原则，分成多个小组对中国大陆地区（港、澳、台除外）27个省级政府、4个直辖市、333个地级市政府的门户网站、政务微博（以新浪微博为主）、政务微信、政务APP（Android和iOS系统）4种渠道进行了全方位的交叉测评和复查，主次分明、凸显特色，旨在推动我国电子政务向"一站式服务"发展，提升公民满意度和政府服务能力，促进我国电子政务服务健康有序发展。

（二）测评思路

本期测评工作自2019年5月份开始筹备，7月份进行团队组建与工具方法的准备，7—8月份完成预测评、正式测评、补测评等工作，9—10月份进行数据的整理与分析工作，10—11月份完成研究报告。主要工作思路如图1-1所示。

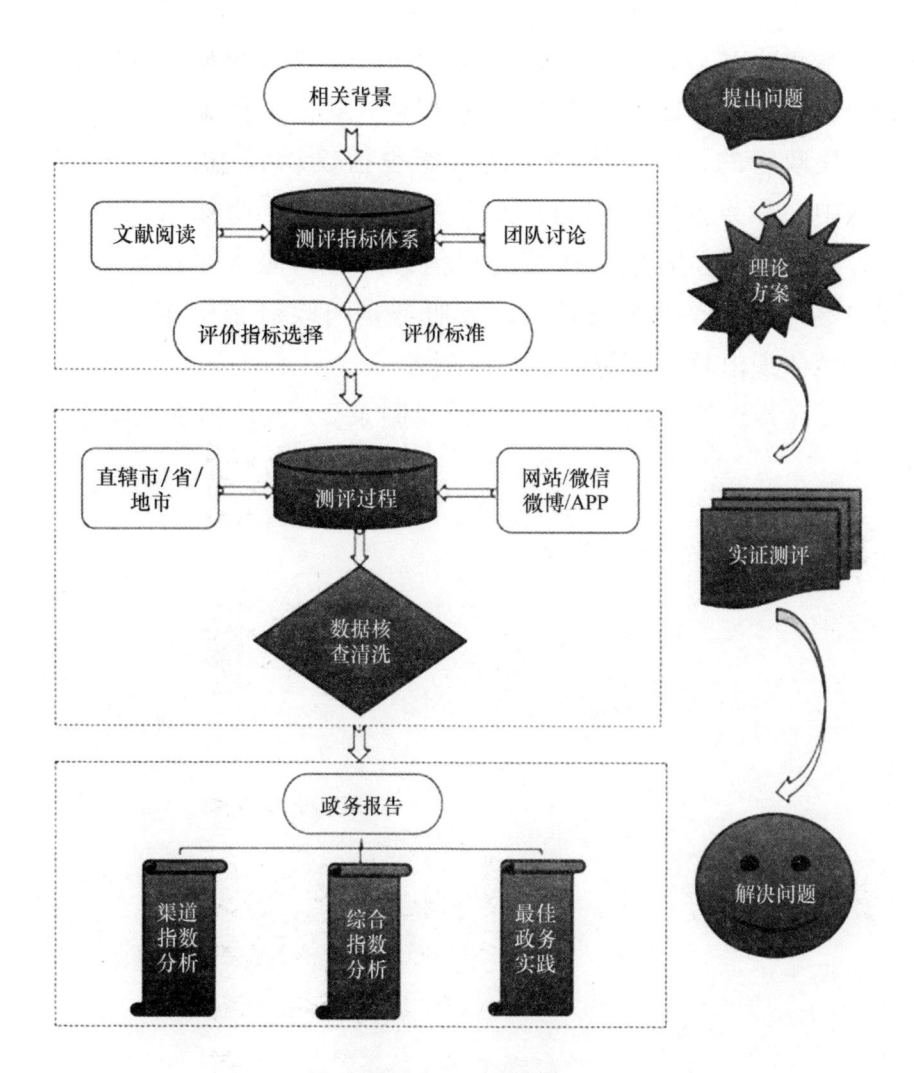

图 1-1 工作思路

（三）测评工作

测评时间：2019年7月1日至2019年7月31日。

测评对象：中国大陆的4个直辖市、27个省、333个地级城市（包括副省级市和计划单列市）的政府官方网站、政务微信、政务微博、政务APP，实现省、直辖市、地级市的全样本测评。①

  本测评中,"两微一端"的定义如下:有主体标识的,且经过认证的微博、微信订阅号或服务号。其中,凡是认证主体不是人民政府的,不予测评,这可能包括仅以党委、党宣传部、信息中心等为主体标识的;没有主体标识的,比如由相关部门或者第三方单位开发、运营的微信订阅号与服务号、政务服务客户端,如其提供的信息、政务服务是与政府紧密相关的,能够清楚体现出政府职能的,予以测评。

  测评指标见附录1,测评标准见附录2,测评样本见附录3。

---

  ① 本次项目测评的对象分为省市和部委两个部分。省市部分测评对象共有个行政区划单位(未包括港澳台),其中省级行政区31个,包括22个省、5个自治区、4个直辖市;地级行政区划单位333个,包括292个地级市、8个地区、30个自治州、3个盟。

二 省市政府电子服务能力指数

（一）省市政府电子服务能力指数说明

政府电子服务能力指数是通过对电子政务各服务渠道测评得到的用以反映政府电子服务能力的指标，包括政务网站服务能力指数、政务微博服务能力指数、政务微信服务能力指数和政务 APP 服务能力指数。目前，政府网站、政务微博、政务微信及政务 APP 是主要的电子服务渠道。为获得该指数，工作团队主要从信息服务能力、事务服务能力、参与服务能力、服务提供能力、服务创新能力等方面对省（直辖市）、地级市政府政务网站、政务微博、政务微信及政务 APP 进行了测评。

省政府电子服务能力指数，是综合考虑省级政府电子服务能力指数与所辖各地市政府电子服务能力指数的结果，用以更加全面、客观地反映各省电子服务能力的高低。主要考虑每个省的政府电子服务能力高低不仅取决于其省级的服务渠道的建设情况，同时也体现所辖地市政府电子服务渠道的建设情况。该省所辖地市的电子服务能力越高，企业和公众体验到的政府电子服务能力也相应越好。

省政府电子服务能力指数，由省级及所辖各市电子服务能力综合指数平均得到，计算公式如下：

$$EGSAI_{P^i} = \frac{1}{n+1}(EGSAI_P + \sum_{i=1}^{n} EGSAI_C)$$

其中，$EGSAI_P$ 为省级政府电子服务能力指数，$EGSAI_C$ 为省辖地市政府电子服务综合能力指数，n 为省辖市个数。

（二）省市政府政务网站服务能力指数

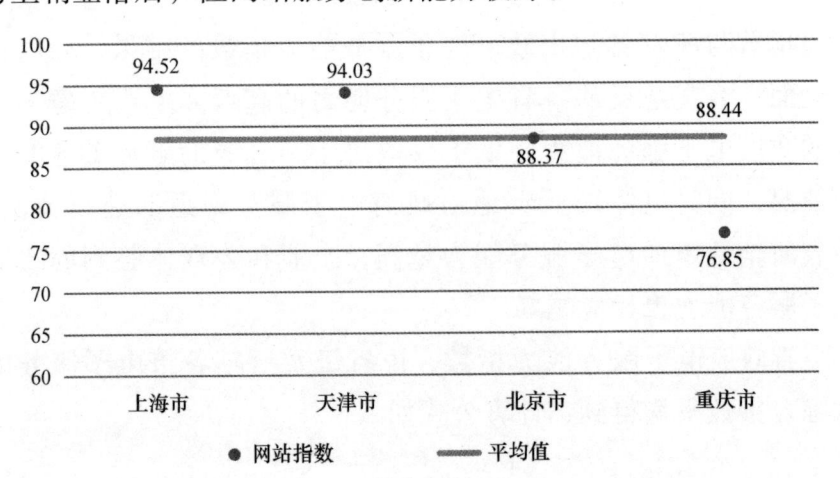

1. 直辖市政务网站服务能力指数

（1）直辖市网站服务能力指数

表 2-1　　　　直辖市政务网站服务能力指数

排名	直辖市	指数	排名	直辖市	指数
1	上海市	94.52	3	北京市	88.37
2	天津市	94.03	4	重庆市	76.85

（2）整体概况

4个直辖市中，上海市政务网站的服务能力位列第1，信息发布及时，网上办事方便，网站便捷易用，稳定可靠，在事务服务能力上表现突出。天津市和北京市分列第2、3位，网站信息服务能力值得肯定。重庆市虽然在直辖市政务网站总服务能力上稍显落后，但网站服务创新能力较好。

图 2-1　直辖市政务网站服务能力指数

总体来看，直辖市政务网站的服务提供能力、信息服务能力均处于高水平，指数均值分别为98.62、93.30；事务服务能力、服务创新能力较高，指数均值分别为91.36、87.77；参与服务能力较低，指数均值为65.44。具体而言，上海市除了参与服务能力相对逊色，在其他各维度上均有着良好表现，其网站

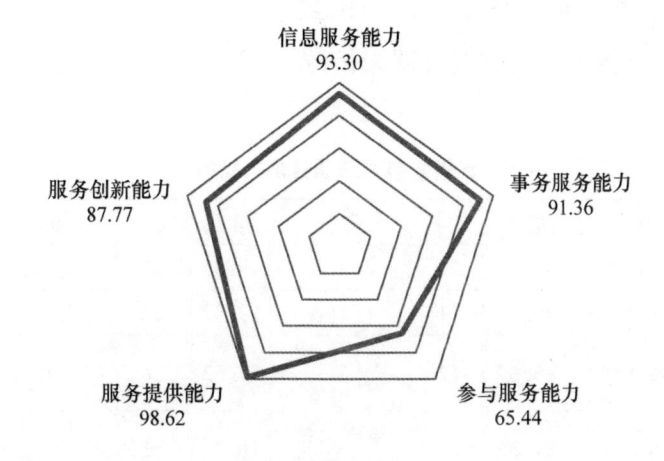

图 2-2 直辖市政务网站服务子能力总体指数

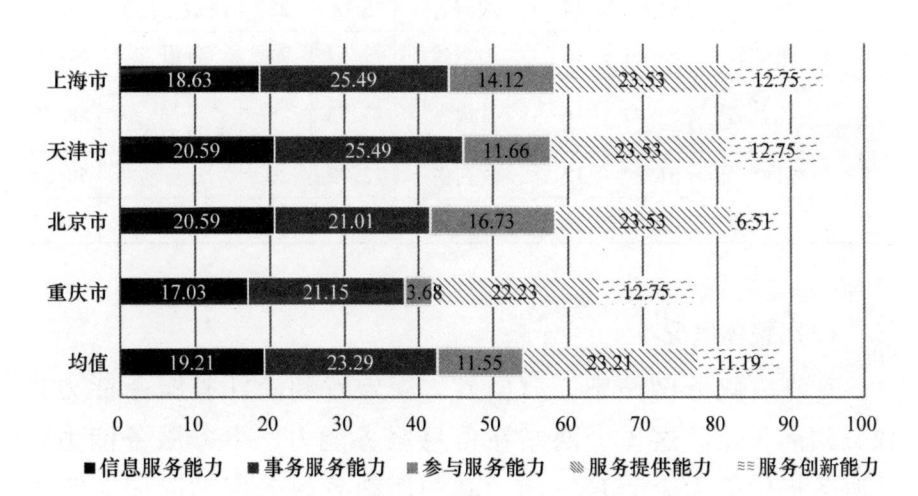

图 2-3 直辖市政务网站服务子能力指数

注：信息服务能力满分20.59分，事务服务能力满分25.49分，参与服务能力满分17.65分，服务提供能力满分23.53分，服务创新能力满分12.75分，总分100分。

的各项功能都趋于完善；天津市除了参与服务能力相对落后，在其他各维度上表现良好；北京市服务提供能力和信息服务能力出色，其他方面则稍显逊色；重庆市的服务创新能力出色，其他方面相对一般。

2. 省级政务网站服务能力指数

(1) 省级政务网站服务能力指数

表2-2　　　　　　　省级政务网站服务能力指数

排名	省份	指数	排名	省份	指数	排名	省份	指数
1	海南省	90.16	10	河南省	79.42	19	江苏省	72.53
2	安徽省	89.45	11	福建省	79.32	20	云南省	71.60
3	浙江省	85.67	12	宁夏回族自治区	77.62	21	江西省	71.39
4	四川省	84.85	13	新疆维吾尔自治区	76.31	22	内蒙古自治区	69.42
5	贵州省	84.70	14	湖南省	75.06	23	西藏自治区	67.93
6	湖北省	84.31	15	山东省	73.67	24	青海省	64.55
7	山西省	83.42	16	甘肃省	73.53	25	广西壮族自治区	58.35
8	黑龙江省	81.83	17	陕西省	72.72	26	辽宁省	58.24
9	广东省	80.92	18	吉林省	72.55	27	河北省	52.74

(2) 整体概况

在省级政务网站中，海南省、安徽省和浙江省服务能力指数分列前3位。这3个网站在信息服务能力、事务服务能力以及服务提供能力上表现突出，其中海南省政务网站除服务创新能力之外在其他各个测评项目中均有不俗表现，跻身首位，安徽省凭借高效、健全的事务服务机制为个人和企业办事提供了畅通的渠道，浙江省政务服务平台便捷易用、稳定可靠。排名靠后的省份在事务服务能力、参与服务能力上明显不足，难以实现百姓日常关心事项的网上办理，同时普遍缺乏对社会公众咨询的及时有效反馈。

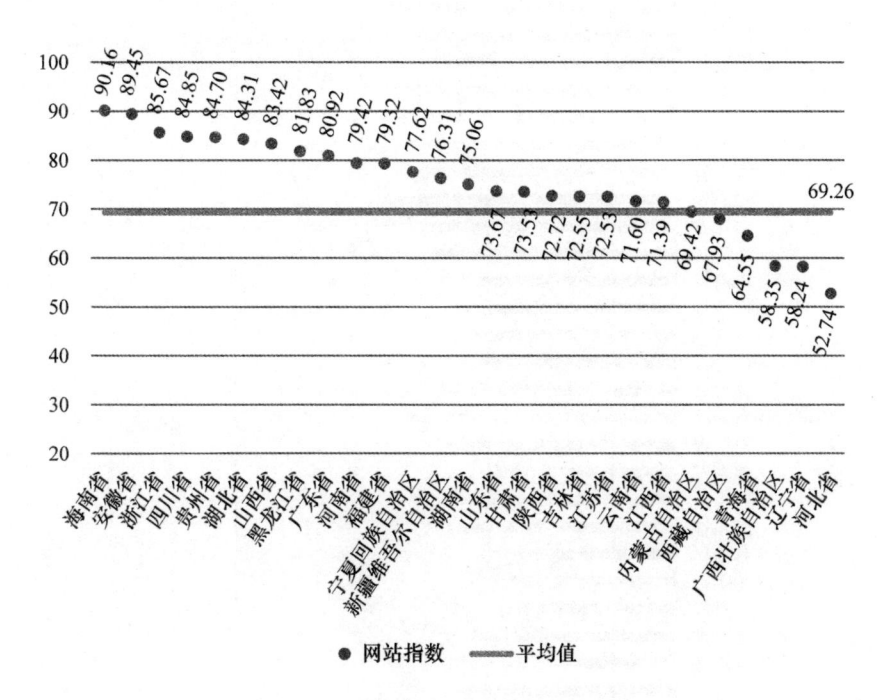

图 2-4 省级政务网站服务能力指数

从服务能力的子能力维度来看，各省政务网站服务提供能

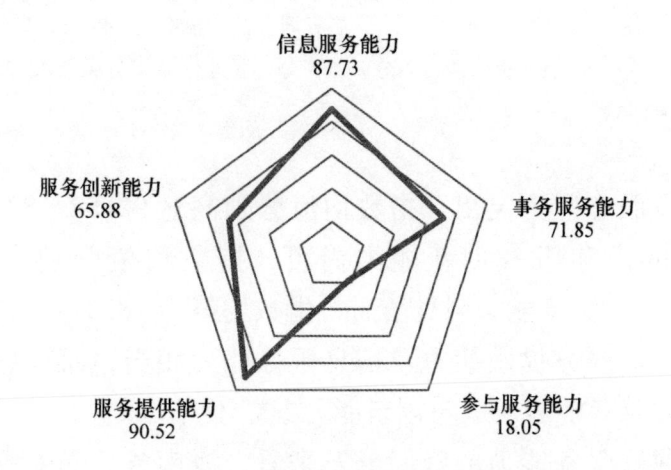

图 2-5 省级政务网站服务子能力总体指数

图 2-6　省级政务网站服务子能力指数

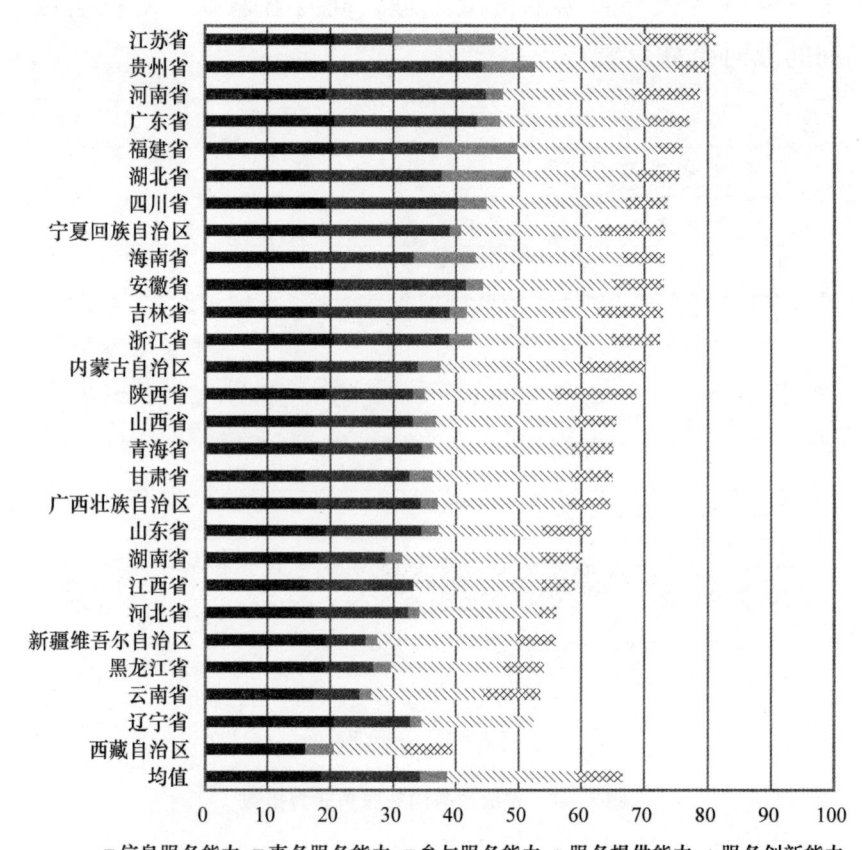

注：信息服务能力满分 20.59 分，事务服务能力满分 25.49 分，参与服务能力满分 17.65 分，服务提供能力满分 23.53 分，服务创新能力满分 12.75 分，总分 100 分。

力、信息服务能力突出，指数均值分别高达 90.52、87.73；事务服务能力和服务创新能力尚可，指数均值分别为 71.85、65.88；参与服务能力明显落后，指数均值为 18.05。具体而言，各省网站的服务提供能力及信息服务能力相当，而事务服务能力、参与服务能力、服务创新能力参差不齐。

从网站服务能力的区间分布来看，海南省、安徽省、浙江省等 9 个省的网站服务能力处于高水平，占比 33.33%，指数均值为 85.04；河南省、福建省、宁夏回族自治区等 15 个省（自治区）的网站服务能力处于较高水平，占比 55.56%，指数均值为 73.17；广西壮族自治区、辽宁省和河北省 3 个省（自治区）的网站服务能力水平中等，指数均值为 56.44，占比 11.11%。

表 2-3　省级政务网站服务能力指数区间分布

高（>80）	较高（60—80）	中（40—60）	低（0—40）	无
海南省	河南省	广西壮族自治区		
安徽省	福建省	辽宁省		
浙江省	宁夏回族自治区	河北省		
四川省	新疆维吾尔自治区			
贵州省	湖南省			
湖北省	山东省			
山西省	甘肃省			
黑龙江省	陕西省			
广东省	吉林省			
	江苏省			
	云南省			
	江西省			
	内蒙古自治区			
	西藏自治区			
	青海省			

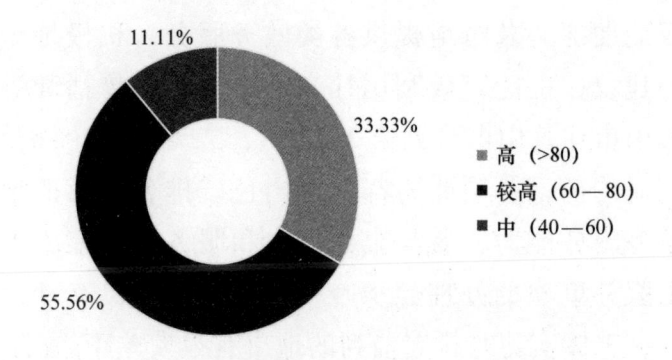

图 2-7　省级政务网站服务能力指数区间分布

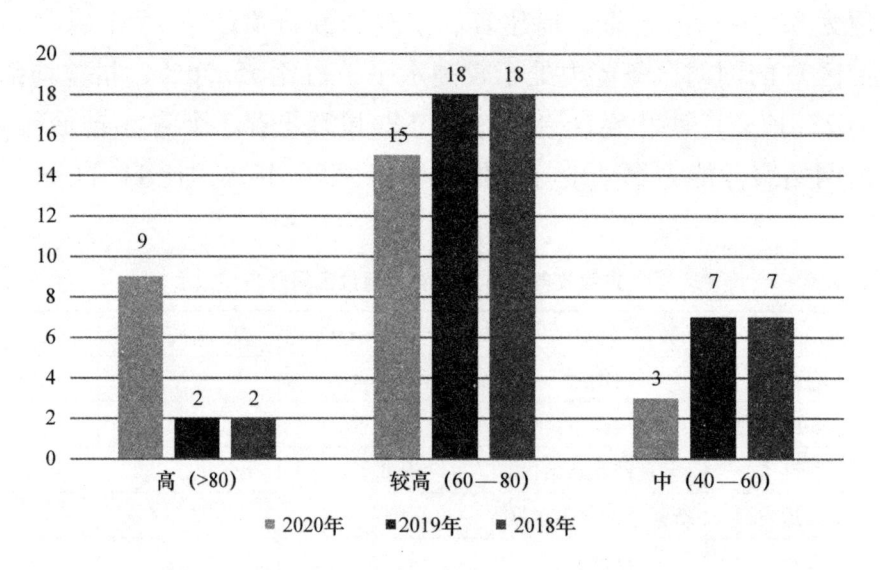

图 2-8　省级政务网站服务能力指数区间分布 3 年对比图

与 2019 版省级政务网站服务能力指数相比，海南省政务网站水平大幅度提升，由 2019 版的第 9 名跃升为第 1 名，各项指标表现突出。在省级政务网站服务能力指数区间分布方面，网站服务能力高的省增加 7 个，整体进步明显。

3. 地级市政务网站服务能力指数

在地级市政务网站服务能力指数中，南宁市凭借其突出的事务服务能力、服务提供能力和服务创新能力位列第 1。该政务网站不仅能便捷、及时地提供各类政务服务，积极地采纳公众的意见与建议，也能有效利用社交平台分享、传播政务服务信息。马鞍山市和黄山市分列第 2、3 位，二者在各个评价指标的表现上相对均衡，各项能力都相对出色。排名靠后的地市政务网站在事务服务能力、参与服务能力和服务创新能力上处于劣势，线上服务事项的办理起步晚、不完善，政民互动模块未能及时回复，整体实力与排名前列的地市有很大差距。

从网站服务能力的子能力维度来看，服务提供能力、信息服务能力以及事务服务能力突出,处于高水平,指数均值分别为88.55、87.55、80.40;服务创新能力较强,指数均值为62.39;参与服务能力弱,指数均值为39.52。这说明当前各地市政务网站建设相对成熟,信息发布与事务办理齐头并进,但在服务创新和参与互动等方面还有待进一步完善。

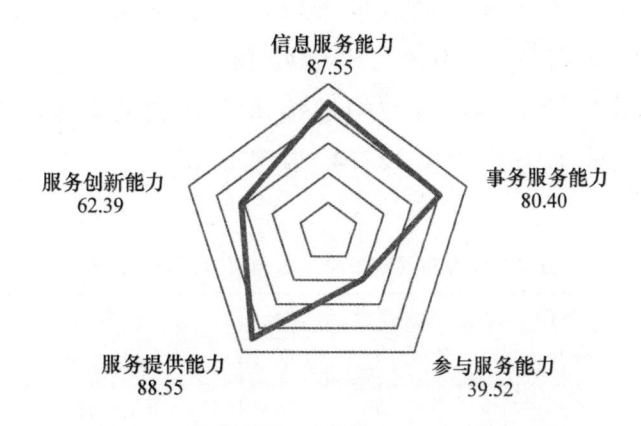

图2-9 地级市政务网站服务子能力总体指数

从网站服务能力的地域分布来看,除了青海省和海南省,

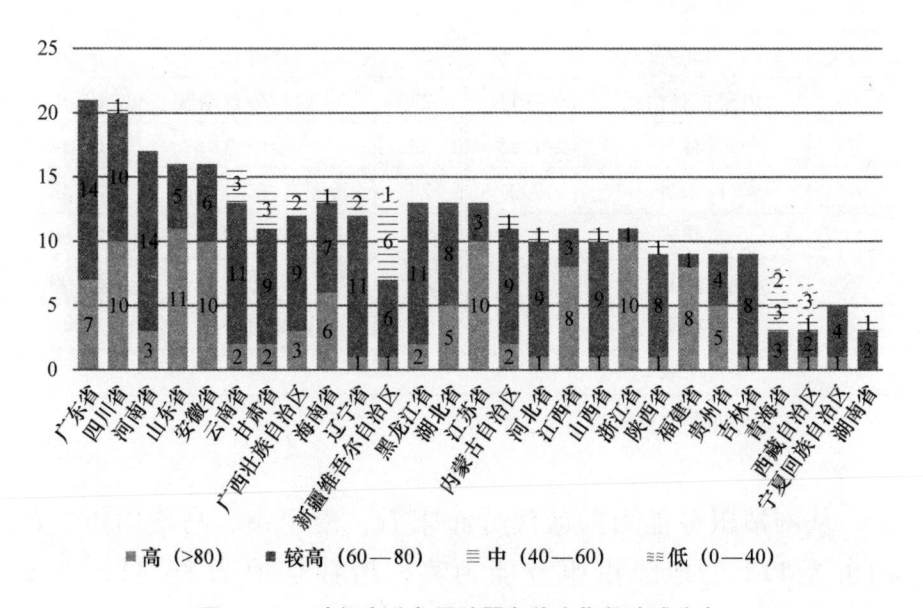

图2-10 地级市政务网站服务能力指数地域分布

其他省份均有网站服务能力处于高水平的地市；大部分的城市达到了较高水平，其中安徽省、福建省、广东省、贵州省、河南省、黑龙江省、湖北省、吉林省、江苏省、江西省、宁夏回族自治区、山东省和浙江省的所有城市均达到了较高服务水平。

从省域内地级市间网站服务能力差异来看，西藏自治区、青海省和海南省等地省域内地级市之间的网站服务能力差异比较大，标准差分别为30.49、22.00和16.60；江苏省、浙江省和宁夏回族自治区等地省域内地级市之间的网站服务能力差异比较小，标准差分别为4.32、4.50和5.07。

表2-4　省域内地级市间政务网站服务能力指数差异表

排名	省份	标准差	排名	省份	标准差
1	江苏省	4.32	15	湖北省	7.61
2	浙江省	4.50	16	黑龙江省	8.17
3	宁夏回族自治区	5.07	17	山西省	8.22
4	福建省	5.35	18	山东省	8.51
5	江西省	5.98	19	四川省	9.19
6	河南省	6.15	20	湖南省	9.53
7	河北省	7.06	21	甘肃省	9.86
8	内蒙古自治区	7.11	22	广西壮族自治区	10.77
9	吉林省	7.15	23	云南省	11.34
10	广东省	7.21	24	新疆维吾尔自治区	12.46
11	贵州省	7.35	25	海南省	16.60
12	陕西省	7.37	26	青海省	22.00
13	安徽省	7.44	27	西藏自治区	30.49
14	辽宁省	7.46			

注：此处标准差保留两位小数，后同。

从网站服务能力的区间分布来看，南宁市、马鞍山市、黄山市等112个地级市服务能力高，指数均值为86.41，占比33.63%；宿迁市、娄底市、铜仁市等188个地级市的网站服务能力处于较高水平，指数均值为 71.70，占比 56.46%；海东市、张家界市等 27 个地级市政务网站服务能力处于中等水平，指数均值为 53.48，占比 8.11%；6 个地级市的网站服务能力低，指数均值为 22.60，占比 1.80%。

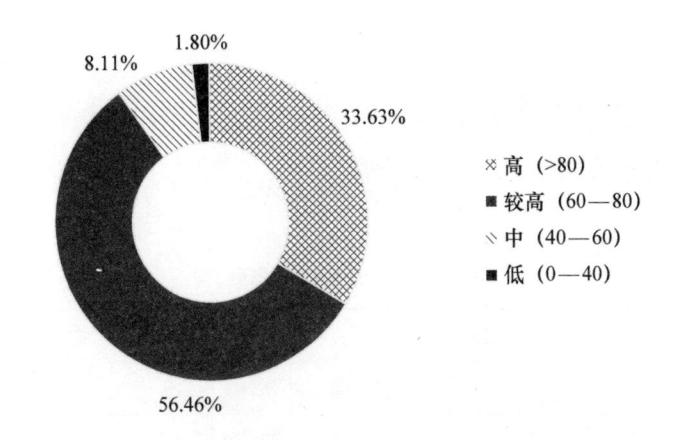

图 2-11 地级市政务网站服务能力指数区间分布

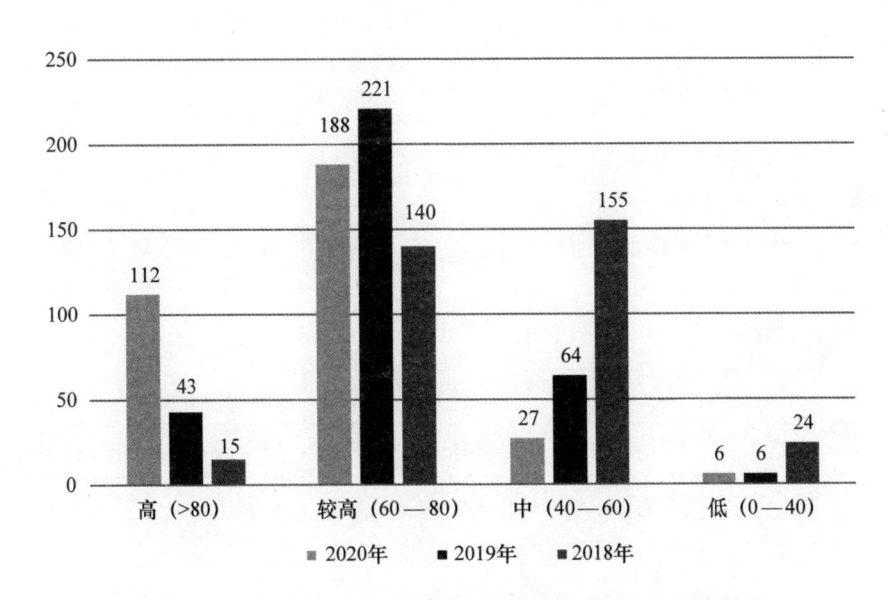

图 2-12 地级市政务网站服务能力指数区间分布 3 年对比图

与 2019 版政务网站服务能力指数对比，各市级政务网站服务能力指数有所变化，事务服务能力指数由 67.71 上升至

80.40，涨幅明显，信息服务能力指数略有下降，但仍维持在较高水平，且参与服务能力、服务提供能力和服务创新能力指数均有所进步。在地级市政务网站服务能力指数区间分布方面，达到高水平的城市近三年不断增加，今年更是取得了巨大飞跃，由2019版的43个增加到112个。

4. 省政务网站服务能力指数

（1）省政务网站服务能力指数

表2-5　　　　　　　　省政务网站服务能力指数

排名	省份	指数	排名	省份	指数	排名	省份	指数
1	浙江省	85.28	10	湖北省	79.01	19	山西省	70.61
2	福建省	84.93	11	湖南省	77.09	20	甘肃省	69.51
3	江苏省	83.61	12	宁夏回族自治区	75.22	21	海南省	69.25
4	安徽省	83.09	13	河南省	74.10	22	云南省	68.90
5	贵州省	82.95	14	内蒙古自治区	73.31	23	辽宁省	68.80
6	山东省	82.52	15	广西壮族自治区	73.07	24	河北省	68.37
7	四川省	81.25	16	黑龙江省	71.25	25	新疆维吾尔自治区	58.86
8	江西省	80.62	17	陕西省	71.02	26	青海省	50.21
9	广东省	79.40	18	吉林省	70.90	27	西藏自治区	47.54

注：此处总分保留两位小数，用以提高排名区分度。

（2）整体概况

在省政务网站服务能力指数中，浙江省位列第1，福建省、江苏省、安徽省和贵州省分列第2—5名。这几个省及下设地级市的政务网站建设相对均衡。排名靠后的省份主要集中在西部地区。另外，全国的政务网站服务能力指数均值为 73.45，有 13 个省份高于平均水平，占比 48.15%。

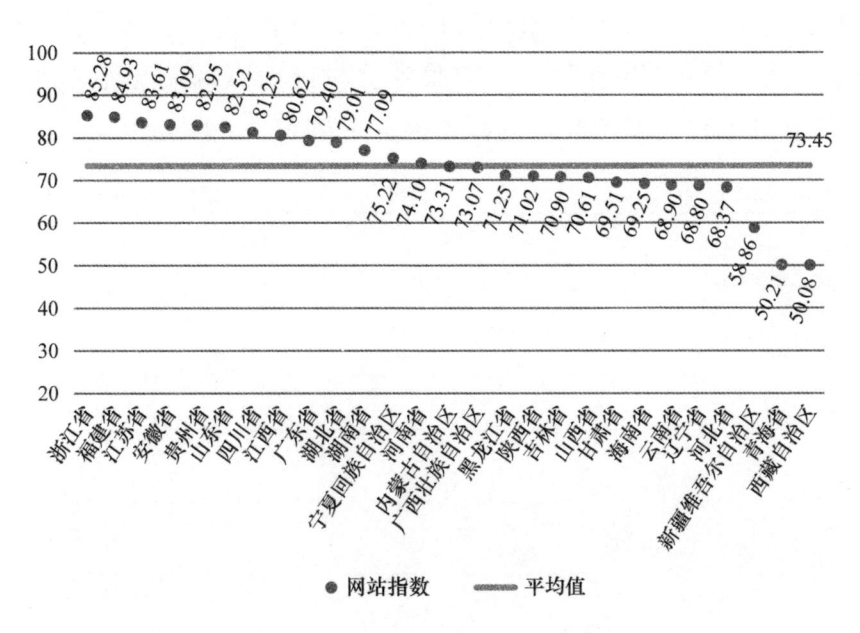

图 2-13 省政务网站服务能力指数

（三）省市政府政务微博服务能力指数

1. 直辖市政务微博服务能力指数

（1）直辖市政务微博服务能力指数

表 2-6　　　　　直辖市政务微博服务能力指数

排名	城市	指数	排名	城市	指数
1	北京市	87.97	3	天津市	75.80
2	上海市	82.41	4	重庆市	68.81

（2）整体概况

4 个直辖市中，北京市政务微博（北京发布）和上海市政务微博（上海发布）分列第1、2位，在服务提供能力和信息服务能力上表现较好。在服务创新能力上，"北京发布"明显优于"上海发布"。天津市和重庆市政务微博则在服务创新能力方面表现稍弱，而"重庆发布"的服务提供能力方面明显不及北京市、上海市和天津市政务微博，因此分列第3、4位。

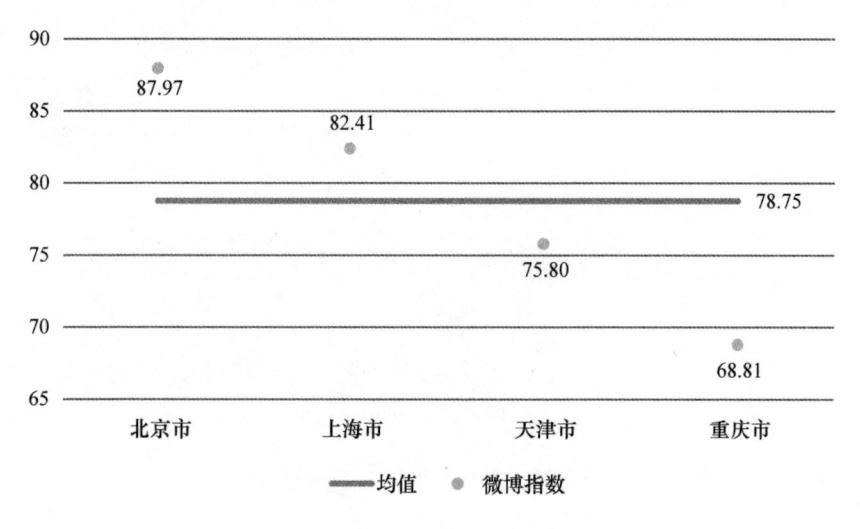

```
90
         ● 87.97
85
                        82.41
80 ─────────────────────────────────── 78.75
75                                75.80
70
                                           ● 68.81
65
      北京市        上海市        天津市        重庆市
              ── 均值    ● 微博指数
```

图2-14 直辖市政务微博服务能力指数

从微博服务能力的子能力维度指数来看，4个直辖市的信息服务能力达到较高水平，服务提供能力和微博影响力也能达到中等偏上水平，相比之下，服务创新能力稍显不足。具体而言，各直辖市的信息服务能力、微博影响力相对均衡，而服务创新能力、服务提供能力则参差不齐。

与2019版微博服务能力指数相比，天津市和重庆市的微博服务能力指数排名不变，北京市则超过上海市位列第1，但各直辖市的指数均有所下降。从微博服务能力指数的组成维度来看，总体而言，各直辖市的服务创新能力和服务提供能力略有下降，而微博影响力和信息服务能力指数变化较小。

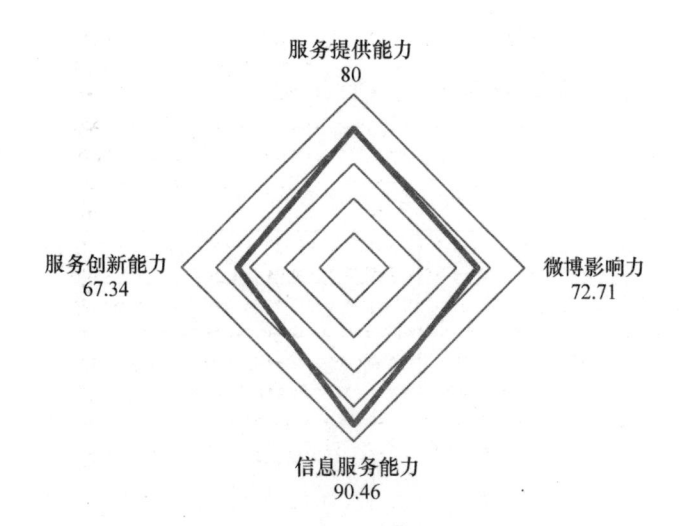

图 2-15 直辖市政务微博服务子能力总体指数

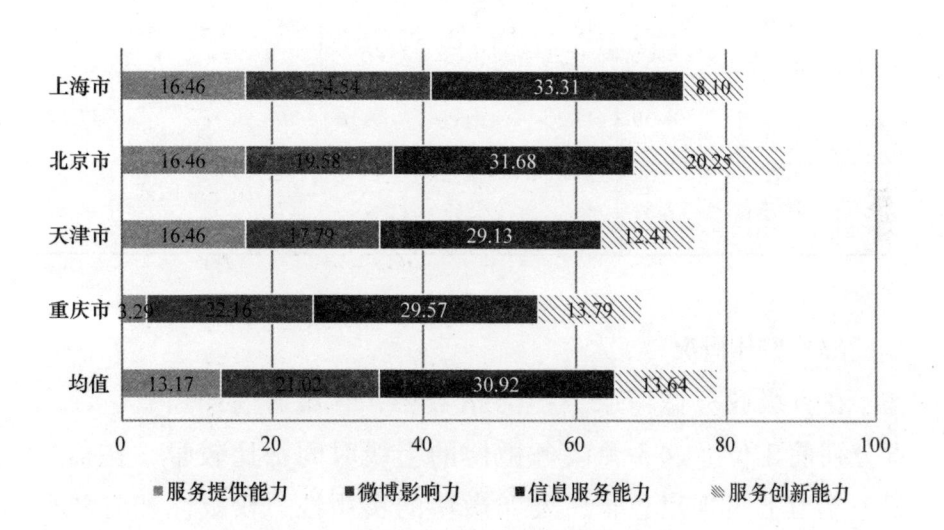

- 服务提供能力 80
- 微博影响力 72.71
- 信息服务能力 90.46
- 服务创新能力 67.34

城市	服务提供能力	微博影响力	信息服务能力	服务创新能力
上海市	16.46	24.54	33.31	8.10
北京市	16.46	19.58	31.68	20.25
天津市	16.46	17.79	29.13	12.41
重庆市	3.29	22.16	29.57	13.79
均值	13.17	21.02	30.92	13.64

图 2-16 直辖市政务微博服务子能力指数

注：服务提供能力满分16.46分，微博影响力满分29.11分，信息服务能力满分34.18分，服务创新能力满分20.25分，总分100分。

2. 省级政务微博服务能力指数

(1) 省级政务微博服务能力指数

表2-7　　　　　省级政务微博服务能力指数

排名	省份	指数	排名	省份	指数	排名	省份	指数
1	甘肃省	86.99	10	陕西省	76.84	19	青海省	66.06
2	四川省	83.51	11	湖北省	76.19	20	西藏自治区	65.86
3	江西省	83.00	12	山西省	75.29	21	辽宁省	62.52
4	河北省	82.32	13	湖南省	73.57	22	贵州省	61.55
5	吉林省	79.89	14	新疆维吾尔自治区	73.52	23	福建省	56.53
6	广东省	78.90	15	山东省	71.66	24	海南省	51.94
7	浙江省	78.81	16	内蒙古自治区	69.14	25	黑龙江省	51.38
8	云南省	78.39	17	河南省	68.16	26	广西壮族自治区	47.74
9	江苏省	77.51	18	安徽省	66.43	27	宁夏回族自治区	44.92

(2) 整体概况

在省级政务微博服务能力指数中,甘肃省、四川省、江西省分列前3位。这3个政务微博的上线时间都比较早,在信息服务能力上表现出色,所发布微博的实用性、权威性和时效性较好。排名末位的省级政务微博大多注册较晚,在微博影响力上与其他省份存在较大差距,且服务创新能力较为不足。

从微博服务能力的组成维度来看,各省政务微博的服务提供能力和信息服务能力相对突出,指数均值都高于80;微博影响力和服务创新能力水平较低,指数均值分别仅有50.25和

54.50。具体而言，除去4个省份的微博上线时间较晚外，各省的服务提供能力相对均衡，但其微博影响力、信息服务能力以及服务创新能力参差不齐。

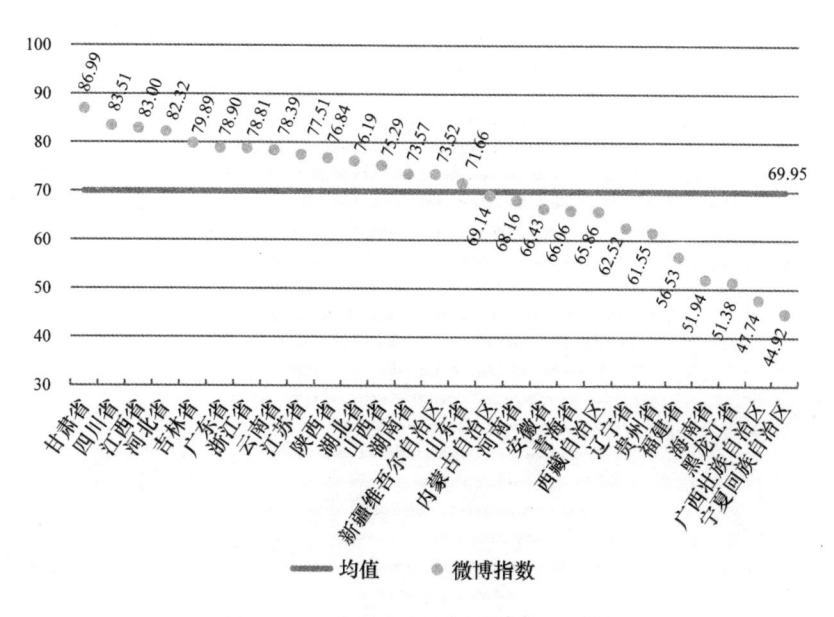

图 2-17 省级政务微博服务能力指数

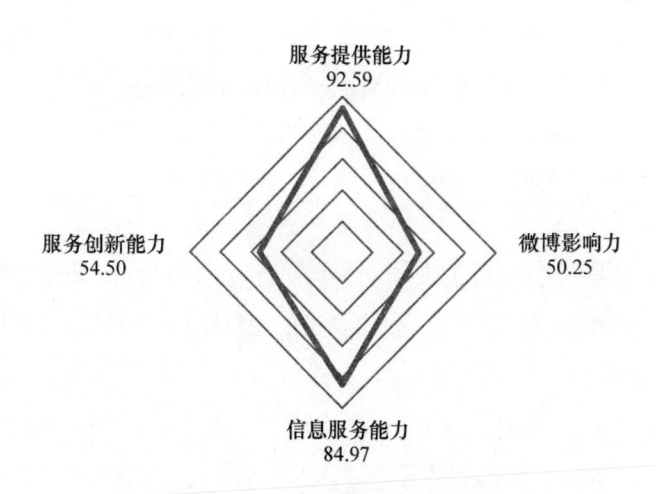

图 2-18 省级政务微博服务子能力总体指数

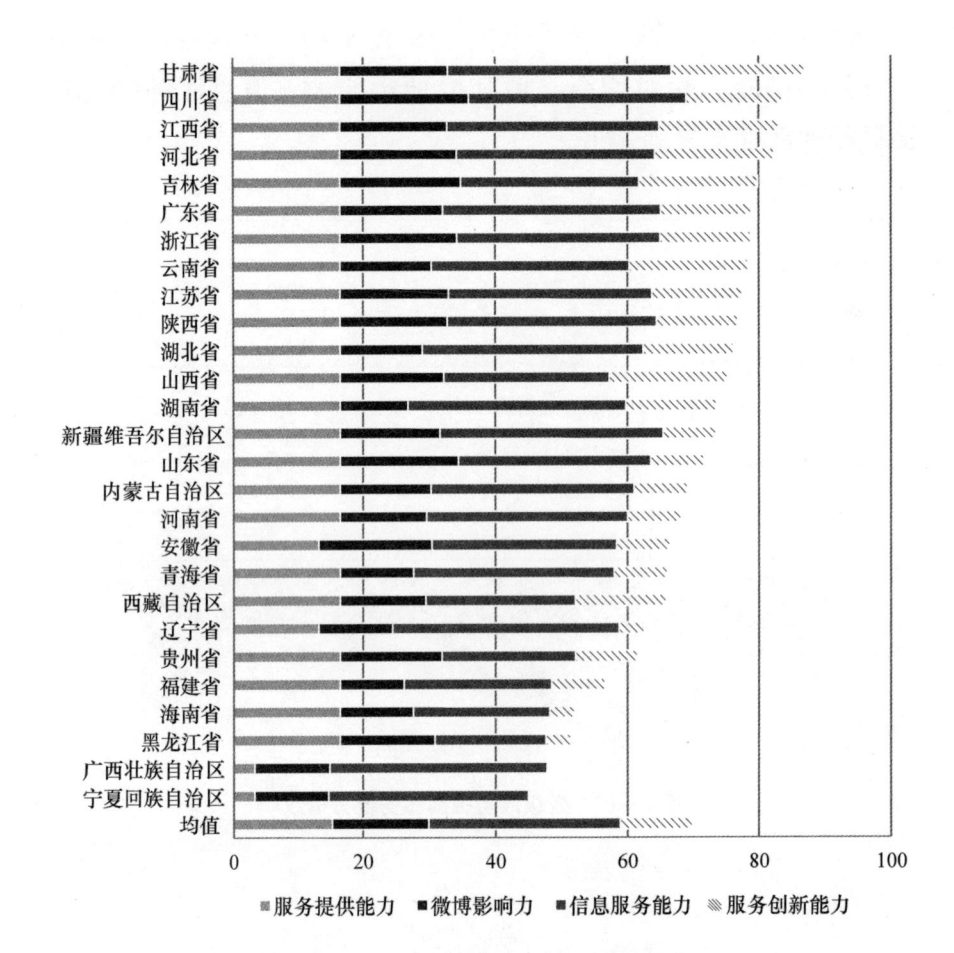

图 2-19 省级政务微博服务子能力指数

注：服务提供能力满分 16.46 分，微博影响力满分 29.11 分，信息服务能力满分 34.18 分，服务创新能力满分 20.25 分，总分 100 分。

从微博服务能力的区间分布来看，甘肃省、四川省等 4 个省的微博服务能力处于很高的水平，占比 14.81%，指数均值为 83.95；吉林省、广东省、浙江省等 18 个省区的微博服务能力处于较高水平，占比 66.67%，指数均值为 72.24；福建省和海南省等 5 个省区的微博服务能力中等水平，占比 18.52%，指数均值为 50.50。

表 2-8　　　　　　省级政务微博服务能力指数区间分布

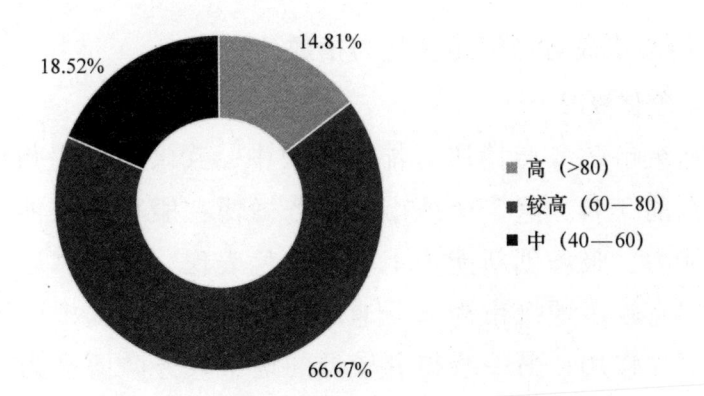

高 （>80）	较高（60—80）	中（40—60）	低（0—40）
甘肃省	吉林省	福建省	
四川省	广东省	海南省	
江西省	浙江省	黑龙江省	
河北省	云南省	广西壮族自治区	
	江苏省	宁夏回族自治区	
	陕西省		
	湖北省		
	山西省		
	湖南省		
	新疆维吾尔自治区		
	山东省		
	内蒙古自治区		
	河南省		
	安徽省		
	青海省		
	西藏自治区		
	辽宁省		
	贵州省		

图 2-20　省级政务微博服务能力指数区间分布

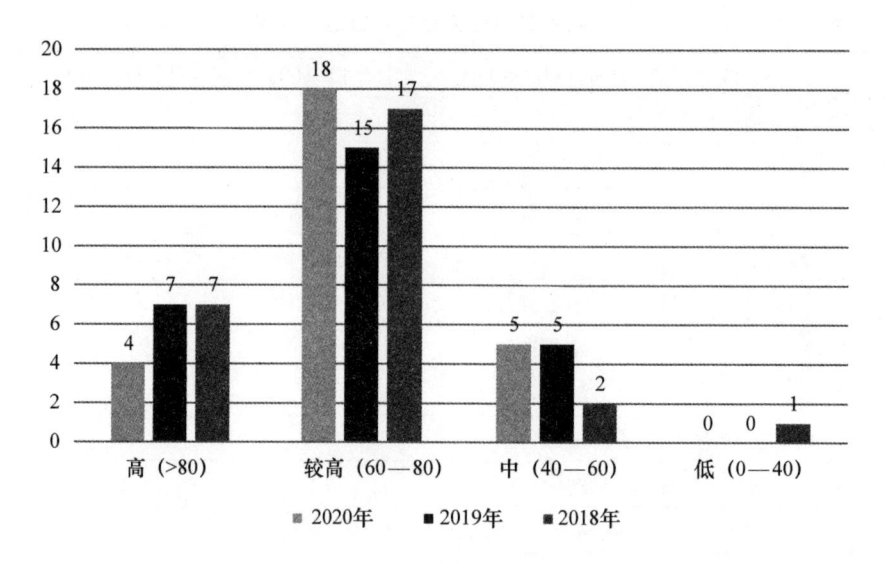

图 2-21 省级政务微博服务能力指数区间分布年度对比图

与 2019 版省级政务微博服务能力指数相比,广东省政务微博水平大幅度提升,由 2019 版的第 26 名跃升为第 6 名,各项指标表现突出。在省级微博指数区间分布方面,与 2019 版相比,微博指数大于 80 分的省份数目减少 3 个,微博指数在 60—80 分区间的省份数目增加 3 个,40—60 分中水平区间省份数目维持不变。

3. 地级市政务微博服务能力指数

(1) 整体概况

在地级市政务微博服务能力指数中,武汉市、广州市、达州市位列前 3 名。这 3 个地市的政务微博在服务提供能力、信息服务能力、服务创新能力上均有出色表现。排名靠后的地级市中,仍有较多地级市尚未开通政务微博,无法发挥微博互动交流的媒介作用;另一些得分较低的地市政务微博多为新注册账号,尚未积累一定的粉丝规模,且发布微博的形式单一,服务创新能力较弱,难以形成较好的微博用户黏性。

从微博服务能力的子能力维度来看,各地市整体的信息服务能力、服务提供能力基本达到中等偏上水平，指数均值分别为75.23、88.05；服务创新能力、微博影响力能力水平较低，指数均值分别51.27、39.06，说明当前地级市政府的政务微博采纳能力（如视频、直播、微博故事等）和吸收能力（与政务微信的关联程度）较弱，且在运营粉丝以及增强粉丝黏性方面还需进一步努力。

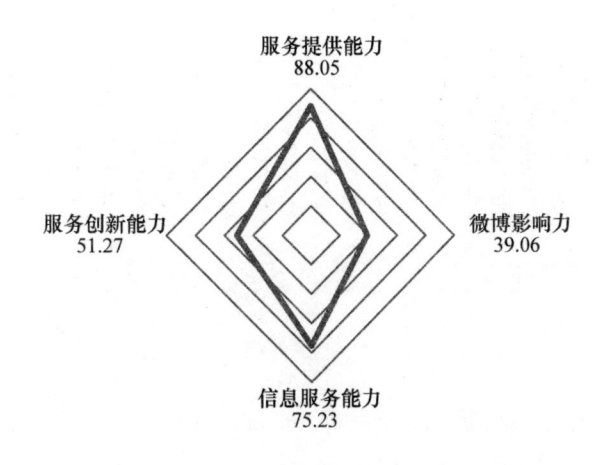

图2-22 地级市政务微博服务子能力总体指数均值

从微博服务能力的地域分布来看，江苏省、江西省均有超过20%的地级市微博服务能力达到高水平；浙江省、山东省、安徽省、吉林省、贵州省、江苏省、四川省、广东省、江西省、河北省、湖南省、陕西省均有70%以上的地级市微博服务能力达到较高水平，其中浙江省、山东省和安徽省服务能力较高的地级市超过80%；此外，西藏自治区和青海省有过半地市尚未开通政务微博。

从地级市层面来看，省域内地级市之间也存在着政务微博服务能力指数差异。浙江、江西、安徽、江苏等省内地级行政区之间的微博服务能力指数差异较小，标准差为4.54分、5.09分、5.63分、5.74分；青海、辽宁、西藏等省内地级行政区之间的微博服务能力指数差异较大，标准差分别为29.13分、

31.63 分、31.90 分，排名靠后的省份标准差较大的原因大多在于这些省份内存在未开通政务微博的地级市。

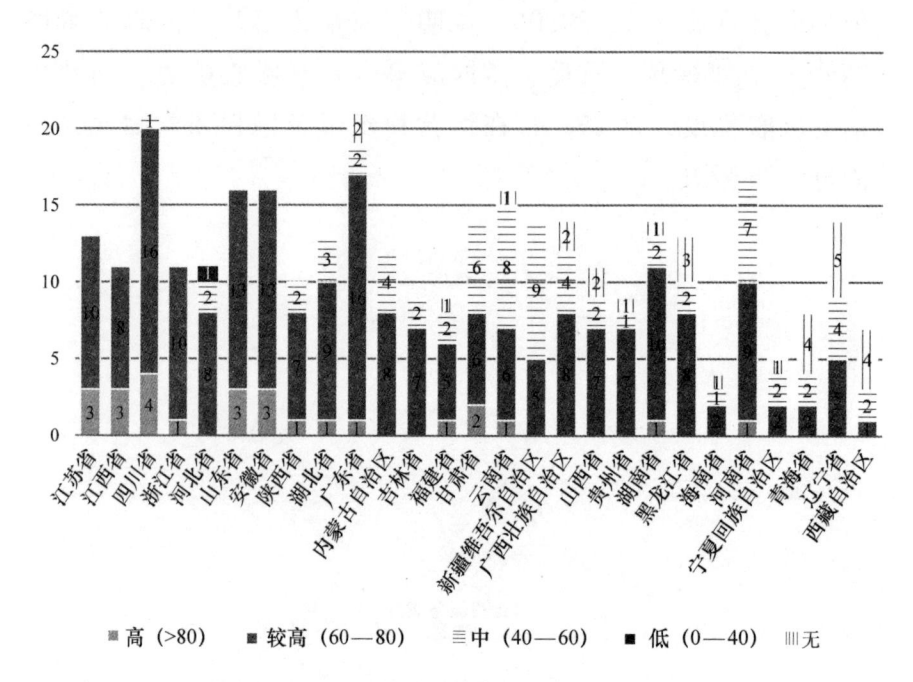

图 2-23 地级市政务微博服务能力指数地域分布

表 2-9　　省域内地级市间政务微博服务能力指数差异

排名	省份	标准差	排名	省份	标准差	排名	省份	标准差
1	浙江省	4.54	10	河南省	9.26	19	贵州省	22.60
2	江西省	5.09	11	湖北省	9.59	20	广西壮族自治区	23.77
3	安徽省	5.63	12	内蒙古自治区	9.69	21	山西省	25.34
4	江苏省	5.74	13	河北省	10.00	22	宁夏回族自治区	27.84
5	新疆维吾尔自治区	6.24	14	甘肃省	10.94	23	黑龙江省	28.76
6	吉林省	6.66	15	云南省	18.16	24	海南省	28.85
7	山东省	6.94	16	湖南省	19.69	25	青海省	29.13
8	四川省	8.08	17	广东省	21.39	26	辽宁省	31.63
9	陕西省	8.24	18	福建省	22.12	27	西藏自治区	31.90

从微博服务能力的区间分布来看，有 26 个地市的微博服务能力指数超过 80，指数均值为 83.38，占比 7.81%；有 208 个地市政务微博服务能力处于较高水平，指数均值为 70.42，占比 62.46%；有 70 个地市政务微博服务能力指数在 40—60 之间，指数均值为 54.01，占比 21.02%；有 1 个地市政务微博服务能力较低，提升空间较大，指数均值为 36.32，占比 0.3%；此外，仍有 28 个地市尚未开通政务微博，占比 8.41%。

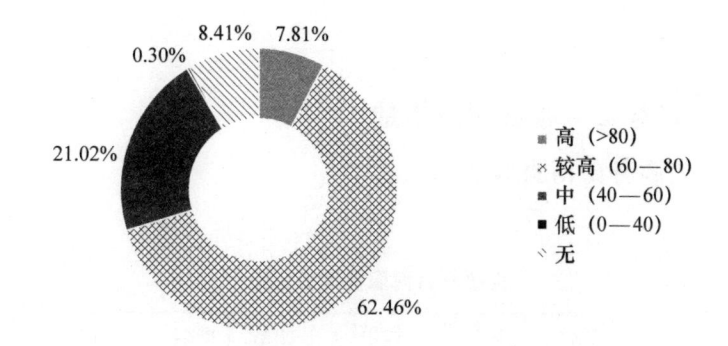

图 2-24 地级市政务微博服务能力指数区间分布

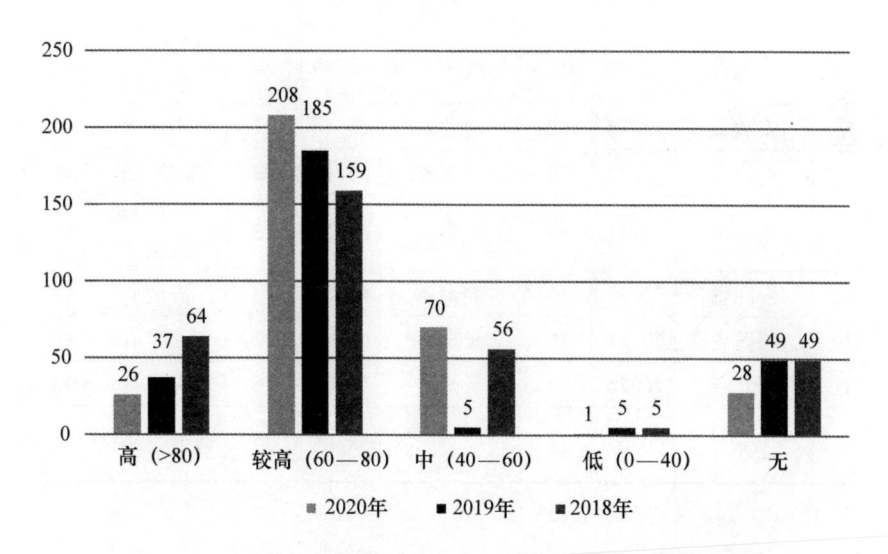

图 2-25 地级市政务微博服务能力指数区间分布年度对比图

与 2019 版地级市政务微博服务能力指数相比，除去较高水平的地级市数目有减少外，整体地级市的微博服务能力水平都有较大的提升，开通政务微博的地级市数量也在增加，可以看出各地级市对"互联网+政务服务"的重视程度有所提升。从微博指数区间分布方面来看，微博指数大于80分的地级市数目减少11个，微博指数在60—80分区间的地级市数目增加23个，40—60分中水平区间地级市数目增加65个，0—40分低水平区间地级市数目减少4个，尚未开通政务微博的地级市减少21个。

4. 省政务微博服务能力指数

（1）省政务微博服务能力指数

表2-10　　　　　省政府微博服务能力指数

排名	省份	指数	排名	省份	指数	排名	省份	指数
1	江西省	77.45	10	内蒙古自治区	66.06	19	福建省	55.70
2	江苏省	76.96	11	河南省	65.49	20	广西壮族自治区	54.48
3	安徽省	73.78	12	河北省	65.46	21	山西省	54.23
4	四川省	73.23	13	甘肃省	64.13	22	黑龙江省	51.75
5	山东省	72.51	14	广东省	63.20	23	宁夏回族自治区	50.74
6	浙江省	72.32	15	湖南省	61.83	24	海南省	47.14
7	陕西省	70.81	16	云南省	61.43	25	辽宁省	41.67
8	湖北省	70.26	17	贵州省	61.03	26	青海省	32.53
9	吉林省	70.12	18	新疆维吾尔自治区	58.85	27	西藏自治区	31.83

（2）整体概况

省的微博服务能力指数是包含省级政府和各省地级市的微博服务能力的综合指数，省的分数整体都不是特别高，均值为

60.93，但相较于 2019 版指数均值有所增长。江西省位列第 1，有 9 个省份指数高于 70，总体来看分数较高的省份地市的微博服务能力比较均衡，而排名靠后的省份中有一些地市则尚未开通政务微博。

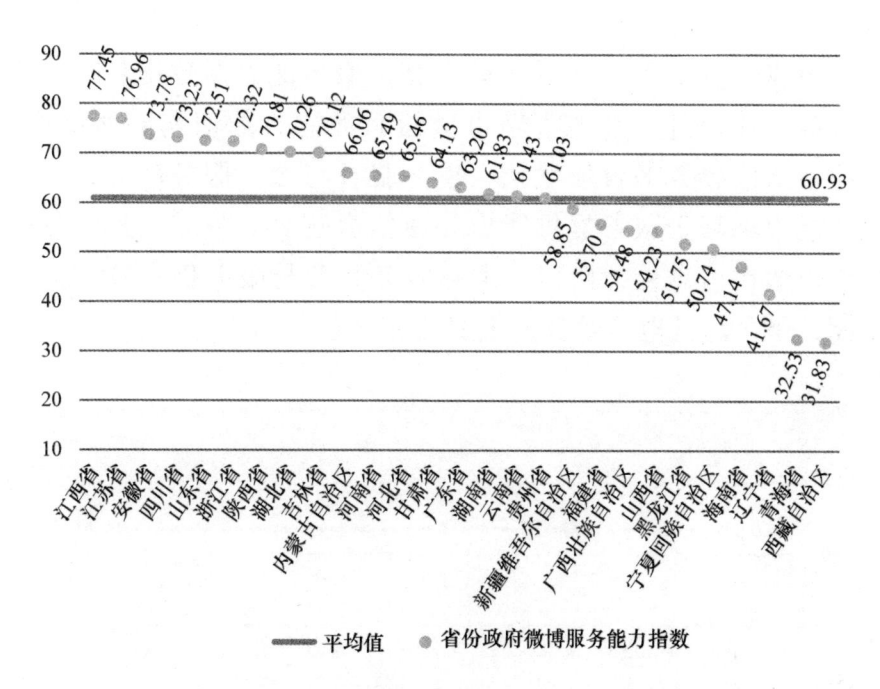

图 2-26 省政府微博服务能力指数

（四）省市政府政务微信服务能力指数

1. 直辖市政务微信服务能力指数
（1）直辖市微信服务能力指数

表 2-11　　　　　直辖市政务微信服务能力指数

排名	直辖市	指数	排名	直辖市	指数
1	北京市	85.61	3	上海市	70.42
2	重庆市	71.72	4	天津市	39.49

(2) 整体概况

4个直辖市中,北京市政务微信服务能力指数位列第1,不仅能及时发布市民所需的信息,同时较好实现了事务的在线办理。重庆市和上海市微信指数基本持平,在服务提供能力和微信影响力上稍逊一筹。

与2019版相比,直辖市政务微信服务能力指数排名略有变化。除天津市外,其他直辖市微信服务能力数值均有所提升。天津市微信服务平台依然缺少事务服务与参与服务部分,信息服务能力略高于服务提供能力和微信影响力。可见,其政务微信仍停留在信息传播阶段,事务服务和参与服务仍有较大提升空间,是今后其电子政务的主要发展方向。

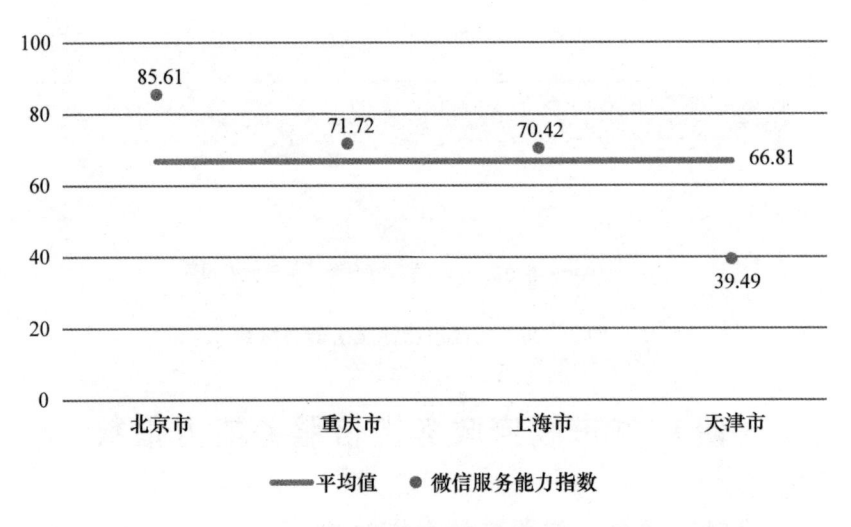

图2-27 直辖市政务微信服务能力指数

从微信服务能力的子能力维度来看,4个直辖市整体的信息服务能力较强,指数均值高达92.33;事务服务能力和服务提供能力处于较高水平,指数均值分别为75.00与70.00;微信影响力与参与服务能力相对较弱,指数均值分别为61.74与35.00。具体来看,北京市5个服务能力水平较为平均,皆达到了较高水平。重庆市除了参与服务能力相对落后,在其他各维度上表现良好。上海市的信息服务能力和事务服务能力表现出色,其他方面稍显逊色。天津市在信息服务能力维度上有着良好表现,其他方面则相对一般。总体而言,目前直辖市微信政务服务处于信息发布的阶段,逐渐向事务服务、参与服务阶段过渡。

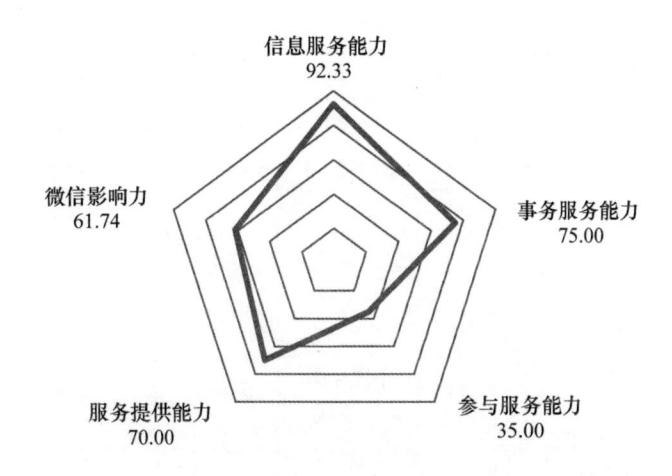

图 2-28 直辖市政务微信服务子能力总体指数

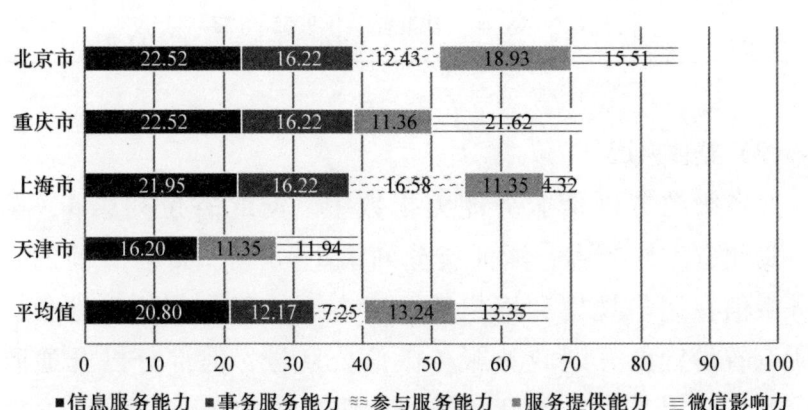

图 2-29 直辖市政务微信服务子能力指数

注:信息服务能力满分 22.52 分,事务服务能力满分 16.22 分,参与服务能力满分 20.72 分,服务提供能力满分 18.92 分,微信影响力满分 21.62 分,总分 100 分。

2. 省级政务微信服务能力指数

(1) 省级政务微信服务能力指数

表2-12　　　　　　省级政务微信服务能力指数

排名	省份	指数	排名	省份	指数	排名	省份	指数
1	河北省	81.99	10	福建省	60.38	19	西藏自治区	49.37
2	湖南省	80.03	11	黑龙江省	54.06	20	湖北省	47.19
3	贵州省	78.80	12	陕西省	53.73	21	江苏省	46.48
4	广东省	77.80	13	内蒙古自治区	52.49	22	河南省	42.53
5	浙江省	71.23	14	青海省	51.91	23	辽宁省	39.11
6	云南省	70.69	15	宁夏回族自治区	51.89	24	吉林省	38.29
7	海南省	67.59	16	山西省	51.12	25	四川省	36.25
8	安徽省	64.07	17	江西省	50.85	26	山东省	31.18
9	广西壮族自治区	63.92	18	甘肃省	49.55	27	新疆维吾尔自治区	24.38

(2) 整体概况

在省级政务微信服务能力指数中，河北省位列第1，湖南省、贵州省、广东省、浙江省分列第2—5名。排名靠前的省级政务微信在用户规模和用户活跃度方面处于全国领先地位。虽然所有省份皆已开通政务服务微信公众号，但部分已开通政务微信的省份因其内容更新不及时、服务内容单一而难以发挥微信平台的服务潜能。

从微信服务能力的子能力指数来看，信息服务能力指数方面，除新疆维吾尔自治区，所有省份均达到高或较高水平，各省政务微信整体的信息服务能力突出，此外，服务提供能力进步明显，超越微信影响力，成为排在第2位的子能力。这表明，各省已经逐渐重视政务微信的服务提供能力建设并取得了一定成果，而事务服务能力与参与服务能力则亟待提升。具体来看，各维度指数与微信总指数对比差异较大，省级微信渠道的各项服务能力参差不齐，微信服务仍处于信息发布的阶段，服务提供、参与服务与事务服务能力亟待提升，与实现"一站式"政务服务目标仍有一定距离。

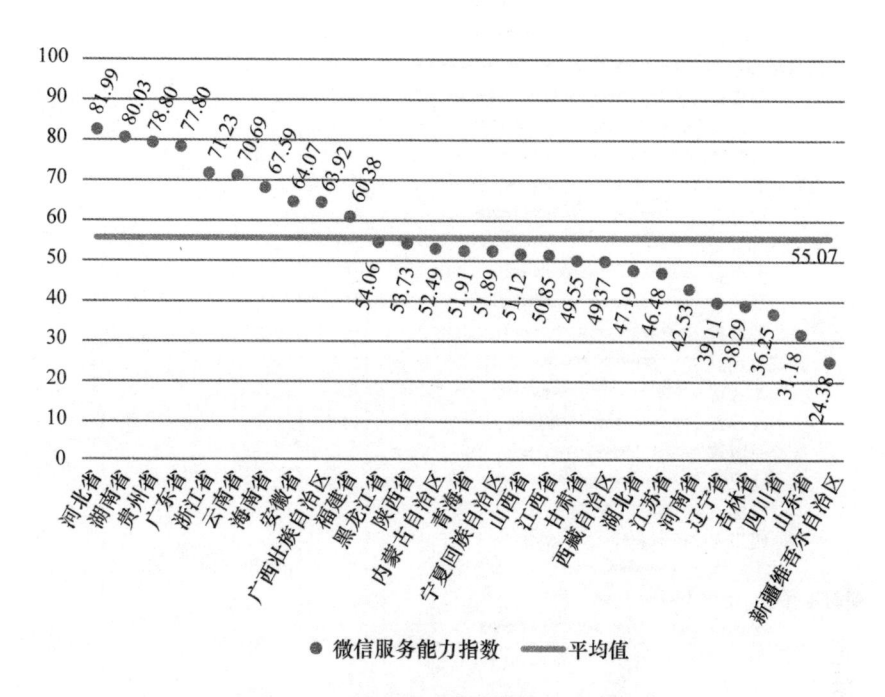

图 2-30 省级政务微信服务能力指数

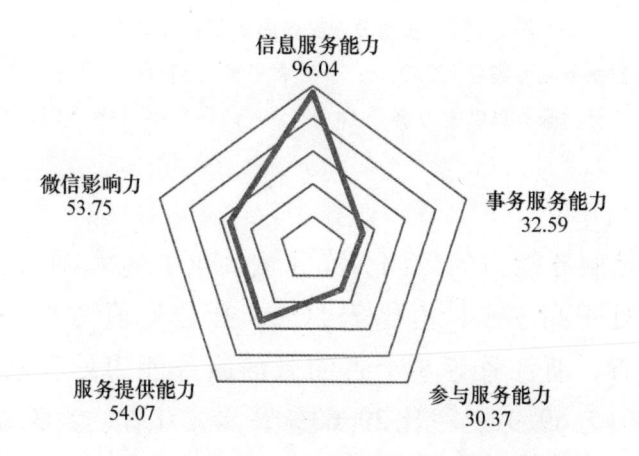

图 2-31 省级政务微信服务子能力总体指数

36　国家智库报告

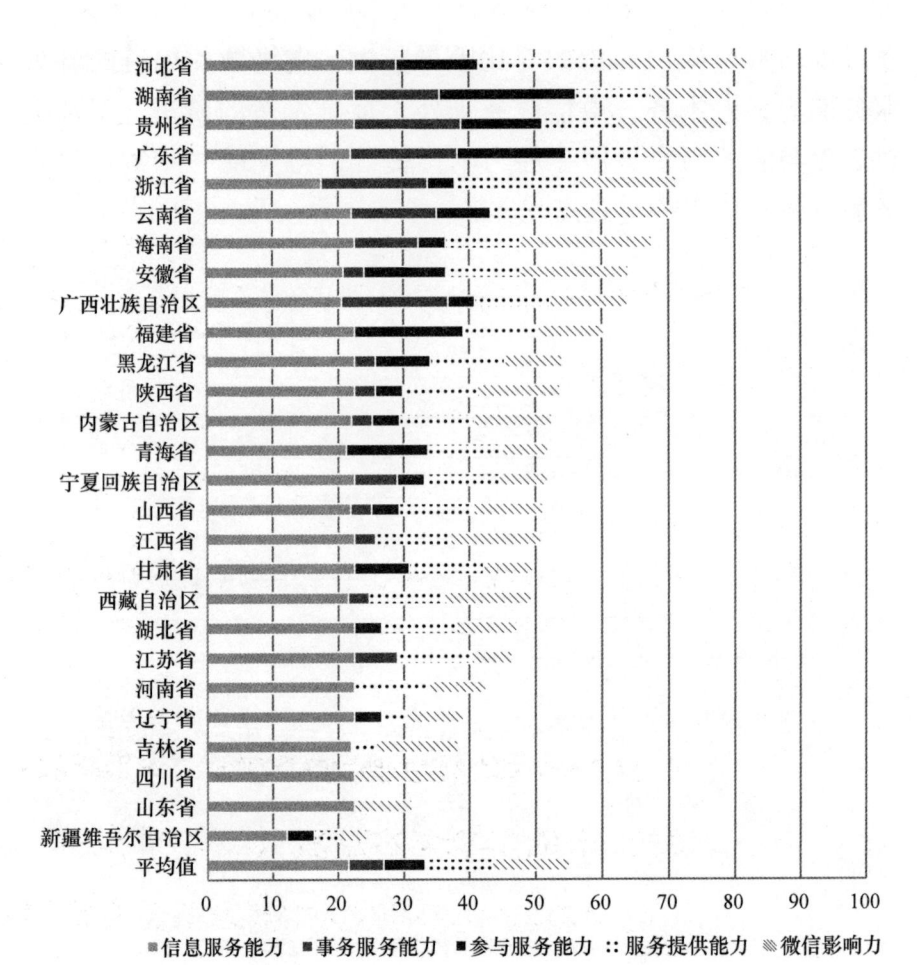

[图表：省级政务微信服务子能力指数，纵轴列出各省份（河北省、湖南省、贵州省、广东省、浙江省、云南省、海南省、安徽省、广西壮族自治区、福建省、黑龙江省、陕西省、内蒙古自治区、青海省、宁夏回族自治区、山西省、江西省、甘肃省、西藏自治区、湖北省、江苏省、河南省、辽宁省、吉林省、四川省、山东省、新疆维吾尔自治区、平均值），横轴为0—100，图例包括：信息服务能力、事务服务能力、参与服务能力、服务提供能力、微信影响力]

图2-32　省级政务微信服务子能力指数

注：信息服务能力满分22.52分，事务服务能力满分16.22分，参与服务能力满分20.72分，服务提供能力满分18.92分，微信影响力满分21.62分，总分100分。

从微信服务能力的区间分布来看，河北省和湖南省的微信服务能力处于高水平，占比7.41%，指数均值为81.01；贵州省、广东省、浙江省等8个省的微信服务能力处于较高水平，其指数均值为69.31，占比29.63%；黑龙江省、陕西省等12个省的微信服务能力处于中等水平，占比44.44%，指数均值为

50.10；辽宁、吉林、四川等 5 省的微信服务能力处于低水平，占比 18.52%，指数均值为 33.84，仍有较大提升空间。

表 2-13　　　　省级政务微信服务能力指数区间分布

高（>80）	较高（60—80）	中（40—60）	低（0—40）	无
河北省	贵州省	黑龙江省	辽宁省	
湖南省	广东省	陕西省	吉林省	
	浙江省	内蒙古自治区	四川省	
	云南省	青海省	山东省	
	海南省	宁夏回族自治区	新疆维吾尔自治区	
	安徽省	山西省		
	广西壮族自治区	江西省		
	福建省	甘肃省		
		西藏自治区		
		湖北省		
		江苏省		
		河南省		

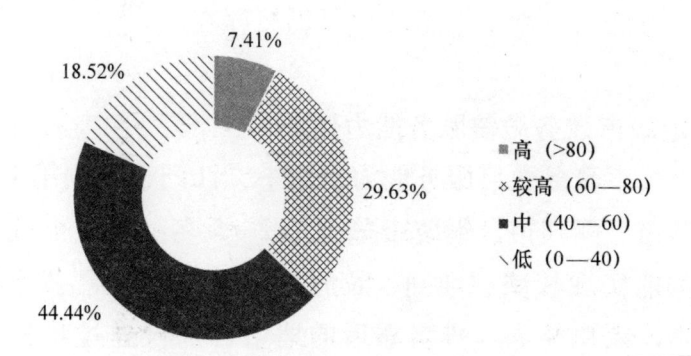

图 2-33　省级政务微信服务能力指数区间分布

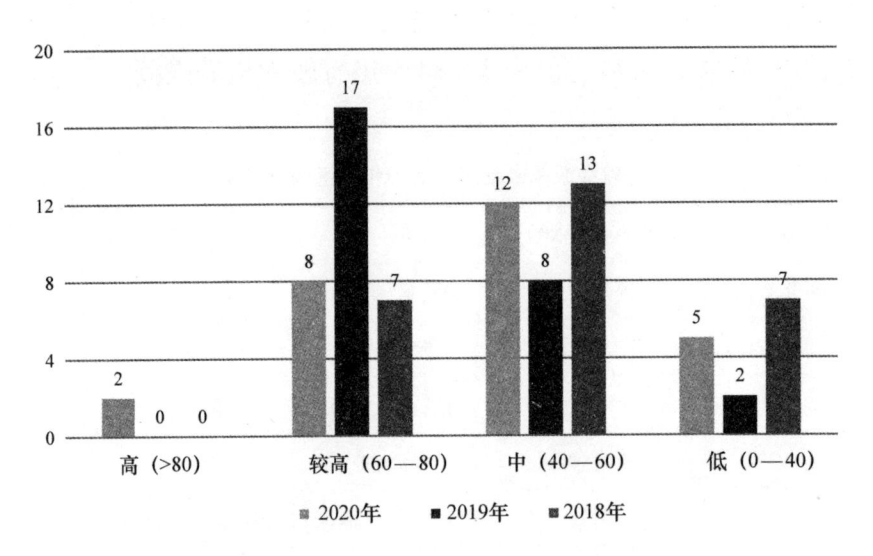

图 2－34　省级政务微信服务能力指数区间分布年度对比

与 2019 版省级政务微信服务能力指数相比，湖南省进步明显，由 2019 版的第 13 名跃升为第 2 名，指数涨幅明显，各项指标表现突出。同时，省级政务微信服务能力指数区间分布有所变化，处于高水平的省级政府数量由 0 个上升至 2 个。达到较高水平的省级政府由 2019 版的 17 个下降至 8 个，中等水平的省级政府由 8 个增至 12 个，处于低水平的省级政府仍有 5 个，政务微信服务能力发展不平衡的现象仍然存在。

3. 地级市政务微信服务能力指数

在地级市政务微信服务能力指数中，江门市位列第 1，合肥市、湘潭市、朔州市、铜陵市分列第 2—5 名。这五个城市的政务微信都能实现权威、准确、及时的信息发布，且事务服务的流程清晰、入口易寻。排名靠后的地市目前仅通过政务微信进行信息发布，其他拓展功能还未上线，整体实力与排名前列的地市有很大差距。地级市政务微信指数均值为 48.10，总体服务水平中等。其中 179 个地市政务微信指数超过全国平均水平，占比 53.75%；69 个地级市政务微信服务能力达到较高水平，占比 20.72%。另外，有 8 个地级市还未开通政务微信公众号，分别是朝阳市、上饶市、南阳市、潮州市、桂林市、贺州市、百色市和迪庆藏族自治州。

从微信服务能力的组成维度来看，各地级市整体的信息服务能力均值为 85.75，处于高水平；服务提供能力指数和微信影响力较高，指数均值分别为 55.08 和 40.34；事务服务能力和参与服务能力较弱，指数均值分别为 27.57、24.92。各地市微信服务能力发展很不平衡，整体发展欠佳，难以发挥微信平台的服务潜能。

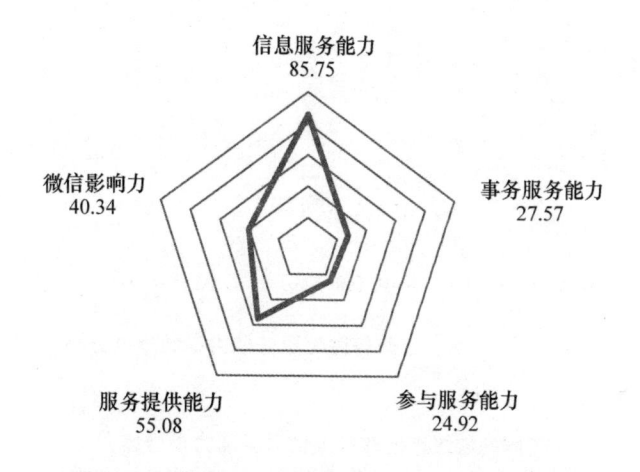

图 2-35 地级市政务微信服务子能力总体指数

从微信服务能力的地域分布来看，尚无达到高政务微信服务能力水平的省份。在处于较高水平的地市中，安徽省上榜城市最多，为 13 个；其次为广东省、浙江省和湖南省，各有 7 个、6 个和 6 个城市上榜。其他省份地市的微信服务能力多处于中等甚至低水平。河南省、广东省、云南省等 6 个省份均有地市尚未开通政务微信。

从省内地级市间微信服务能力指数差异来看，辽宁、青海、广西等地省内地级市间差异较大，标准差分别为 17.32、18.14、21.43；吉林、江苏、四川等地微信服务能力指数则相对均衡，标准差分别为 5.51、7.60 和 7.99。标准差较大的省份多存在未开通政务微信的地级市。

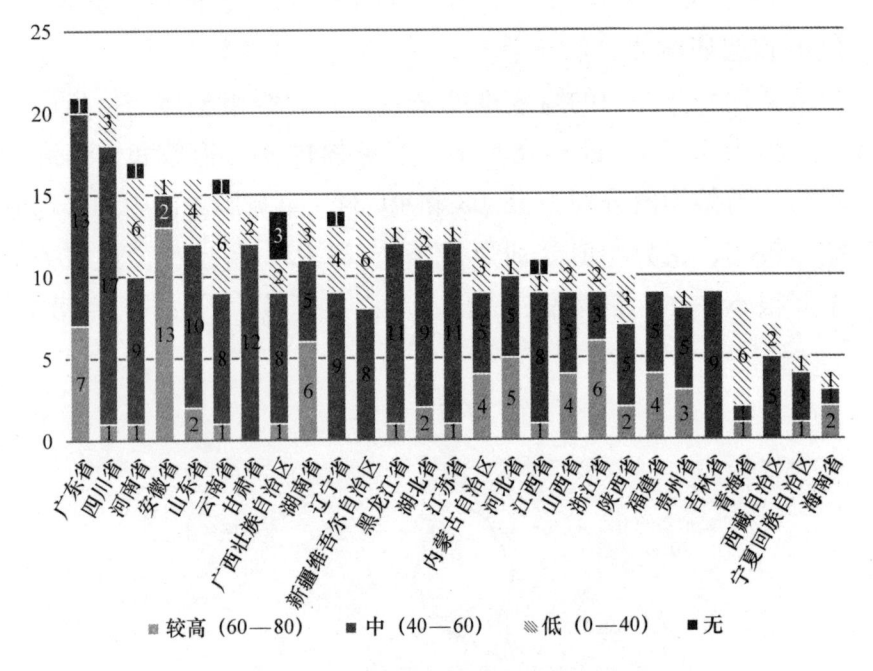

图 2-36 地级市政务微信服务能力指数地域分布

表 2-14　省域内地级市间政务微信服务能力指数差异

排名	省份	标准差	排名	省份	标准差	排名	省份	标准差
1	吉林省	5.51	10	湖北省	10.09	19	海南省	15.47
2	江苏省	7.60	11	河北省	10.56	20	河南省	15.49
3	四川省	7.99	12	新疆维吾尔自治区	11.03	21	广东省	15.52
4	黑龙江省	8.53	13	陕西省	11.08	22	江西省	16.11
5	福建省	8.65	14	贵州省	11.83	23	湖南省	16.41
6	甘肃省	9.15	15	山西省	14.30	24	云南省	16.72
7	西藏自治区	9.27	16	山东省	14.82	25	辽宁省	17.32
8	宁夏回族自治区	9.31	17	浙江省	14.82	26	青海省	18.14
9	安徽省	9.44	18	内蒙古自治区	14.98	27	广西壮族自治区	21.43

从微信服务能力的区间分布来看，尚无地级市的政务微信服务能力达到高水平；江门市、合肥市、湘潭市和朔州市等11个地级市微信指数达70分以上，占比3.30%，均值为74.17；江门市、蚌埠市等69个地级市的微信服务能力较强，占比20.72%，均值为65.76；张家口市、肇庆市等192个地级市的微信服务能力处于中等水平，占比57.66%，指数均值为49.83；果洛藏族自治州、石嘴山市等64个地级市的微信服务能力较弱，占比19.22%，指数均值为29.98。另外，仍有8个地级市尚未开通微信服务渠道，占比2.40%。

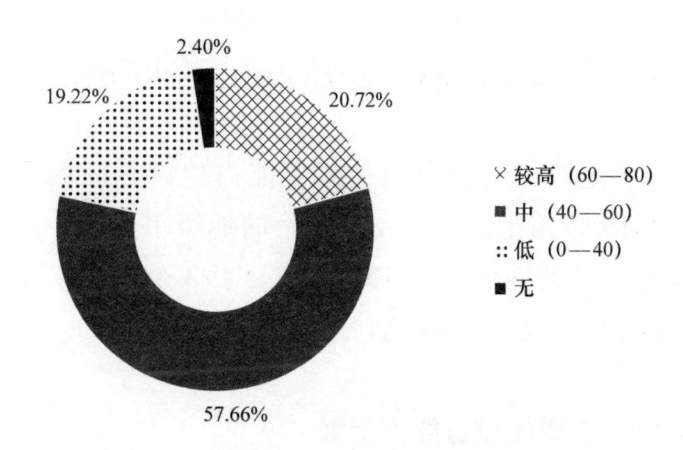

图2-37 地级市政务微信服务能力指数区间分布

与2019版政务微信服务能力指数相比，各地级市服务提供能力和微信影响力涨幅明显，由35.93和39.41分别上升至65.36和49.93，信息服务能力和参与服务能力略有上升，信息服务能力仍维持在高水平。2019版排名前5名的城市分别为佛山市（79.97）、阜阳市（77.46）、铜陵市（76.88）、滁州市（76.16）和岳阳市（75.90），2020版此5个城市的政务微信服务能力指数排名均有不同程度的下降，但仍维持在较高水平（60—80分）。

近3年来，微信服务能力指数处于低水平的地级市数量呈

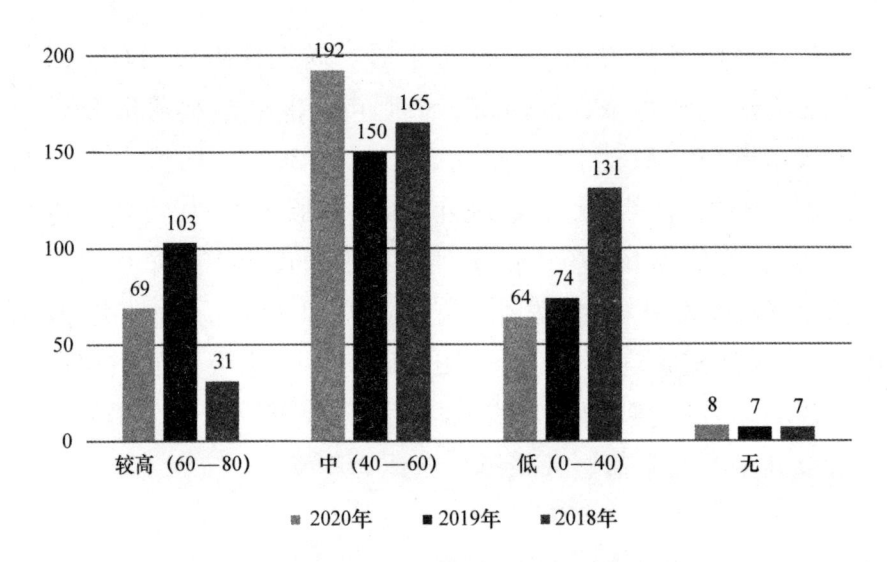

图 2-38 地级市政务微信服务能力指数区间分布年度对比

下降趋势，各地级市在政务微信服务能力建设方面取得了一定成效。与2019版相比，达到较高水平的地级市由103个下降至69个，中等水平的地级市由150个增至192个，尚未开通微信服务渠道的地级市由7个略微上升至8个。

4. 省份政务微信服务能力指数

（1）省份政务微信服务能力指数

表 2-15　　　　省份政府微信服务能力指数

排名	省份	指数	排名	省份	指数	排名	省份	指数
1	安徽省	65.47	7	湖南省	54.87	13	内蒙古自治区	49.10
2	河北省	58.31	8	海南省	54.66	14	宁夏回族自治区	49.02
3	广东省	57.65	9	湖北省	52.02	15	黑龙江省	48.88
4	福建省	57.56	10	山西省	51.16	16	陕西省	47.98
5	浙江省	55.61	11	吉林省	49.24	17	四川省	47.39
6	贵州省	55.37	12	江苏省	49.11	18	西藏自治区	46.80

续表

排名	省份	指数	排名	省份	指数	排名	省份	指数
19	江西省	45.06	22	山东省	43.22	25	新疆维吾尔自治区	39.85
20	甘肃省	44.42	23	云南省	40.57	26	广西壮族自治区	36.58
21	辽宁省	41.59	24	河南省	40.42	27	青海省	35.12

（2）整体概况

在省份政务微信服务能力指数中，安徽省位列第1，河北省、广东省、福建省和浙江省分列第2—5名。省级政务微信前五强的河北省、湖南省、贵州省、广东省、浙江省中，河北省、广东省和浙江省在省份政务微信服务能力指数的表现依旧突出，这也反映出这几个省份省级及其下设地级市的微信渠道建设比较均衡。排名靠后的省份主要集中在中西部地区，其微信渠道的建设和发展水平整体滞后。另外，全国各省份的微信服务能力指数均值为48.78，有15个省份高于平均水平，占比55.56%。

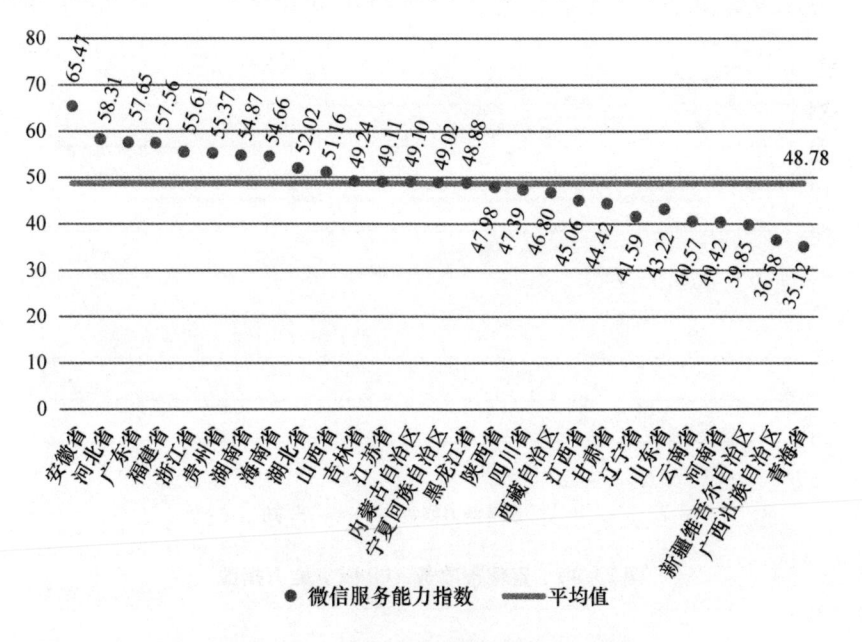

图 2-39　省份政府微信服务能力指数

(五) 省市政府政务 APP 服务能力指数

1. 直辖市政务 APP 服务能力指数
(1) 直辖市 APP 服务能力指数

表 2-16　　　　　　　直辖市政务 APP 服务能力指数

排名	直辖市	指数	排名	直辖市	指数
1	重庆市	74.52	3	天津市	43.98
2	北京市	67.83	4	上海市	43.27

(2) 整体概况

4 个直辖市中，重庆市的政务 APP 服务能力位列第 1，不仅功能全面、信息完备，且能很好地迎合用户的使用习惯。北京市和天津市分列第 2、3 位，在信息的丰富度、APP 使用体验以及用户反馈机制上稍显逊色。上海市位列第 4。

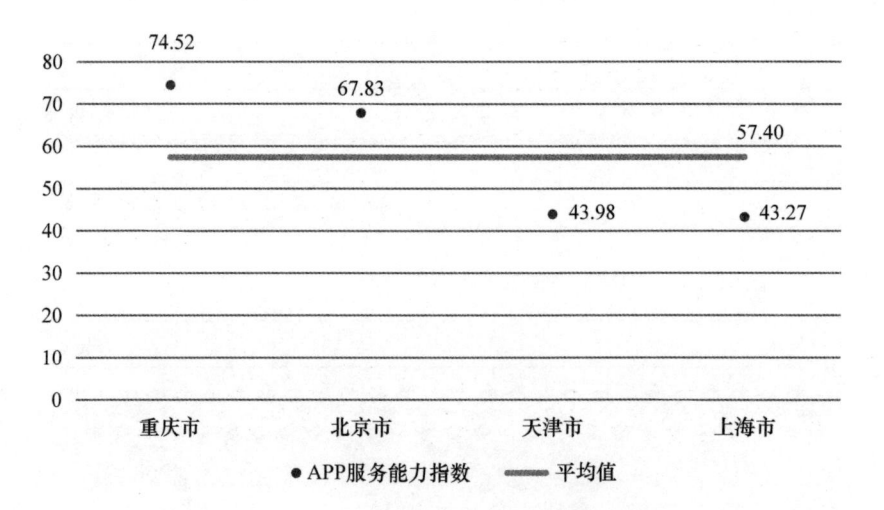

图 2-40　直辖市政务 APP 服务能力指数

从 APP 服务能力的总体维度指数来看,4 个直辖市整体的服务提供能力处于较高水平,指数均值为 81.25;信息服务能力处于中等水平,指数均值为 52.75;事务服务能力较强,除上海市外均为满分。具体来看,重庆市除了参与服务能力,其余各个维度均为第 1,没有明显短板,北京市、天津市和上海市则分别在参与服务能力、信息服务能力和事务服务能力上存在差距。

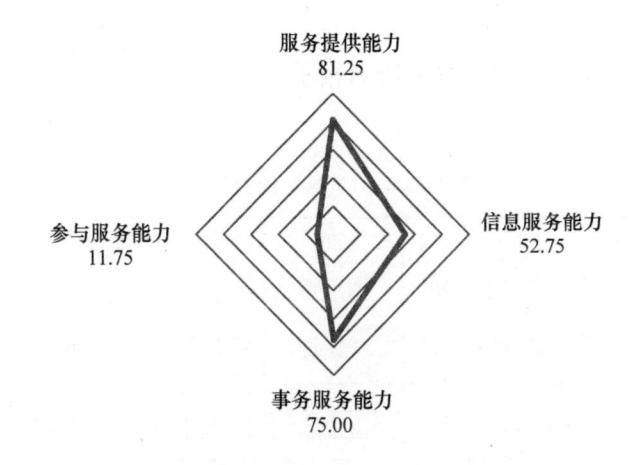

图 2-41　直辖市政务 APP 服务子能力总体指数

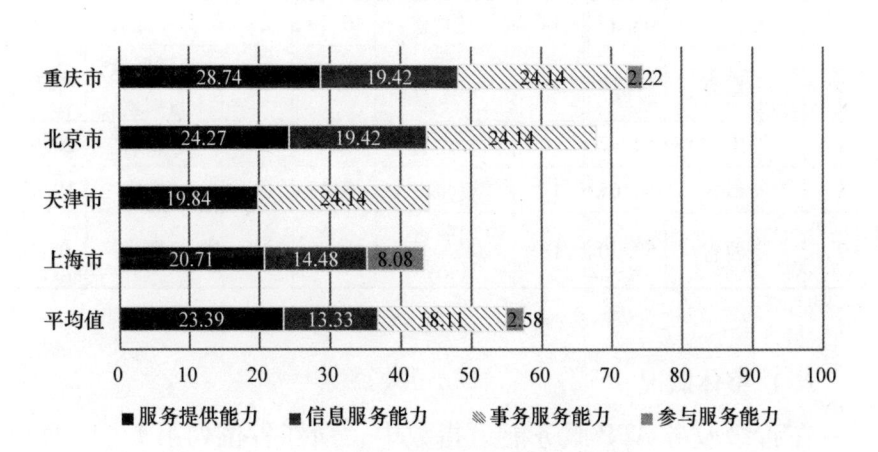

图 2-42　直辖市政务 APP 服务子能力指数

注:服务提供能力满分 28.74 分,信息服务能力满分 25.29 分,事务服务能力满分 24.14 分,参与服务能力满分 21.84 分,总分 100.01 分。

在2019版《政府电子服务能力指数报告》中,直辖市排名次序为上海市、重庆市、北京市、天津市。2020版,北京市的APP指数稍有上升,上海市的APP指数则大幅度下降至直辖市末位,重庆市指数略有下降,但排名升至第1位,天津市有了符合测评标准的官方政务APP,指数排名第3。

2. 省级政务APP服务能力指数

(1) 省级政务APP服务能力指数

表2-17　　　　　省级政务APP服务能力指数

排名	省份	指数	排名	省份	指数	排名	省份	指数
1	浙江省	90.19	10	四川省	56.91	19	陕西省	41.30
2	广西壮族自治区	87.47	11	江苏省	53.32	20	山东省	40.09
3	云南省	84.39	12	新疆维吾尔自治区	52.52	21	河南省	38.81
4	海南省	77.37	13	湖北省	49.80	22	西藏自治区	37.24
5	吉林省	66.39	14	河北省	46.78	23	黑龙江省	33.59
6	山西省	65.18	15	辽宁省	45.41	24	宁夏回族自治区	32.01
7	湖南省	64.77	16	福建省	45.38	25	甘肃省	26.94
8	安徽省	64.65	17	贵州省	45.23	26	广东省	19.95
9	江西省	59.30	18	内蒙古自治区	45.05	27	青海省	0.00

(2) 整体概况

在省级政务APP服务能力指数中,浙江省位列第1,广西壮族自治区、云南省分列第2、3名。其中,浙江省的APP因其界面友好、类目清晰、操作便捷、信息服务时效性强和办事效率高的特点,备受用户好评。截至测评时,青海省尚未开通政务APP服务渠道。

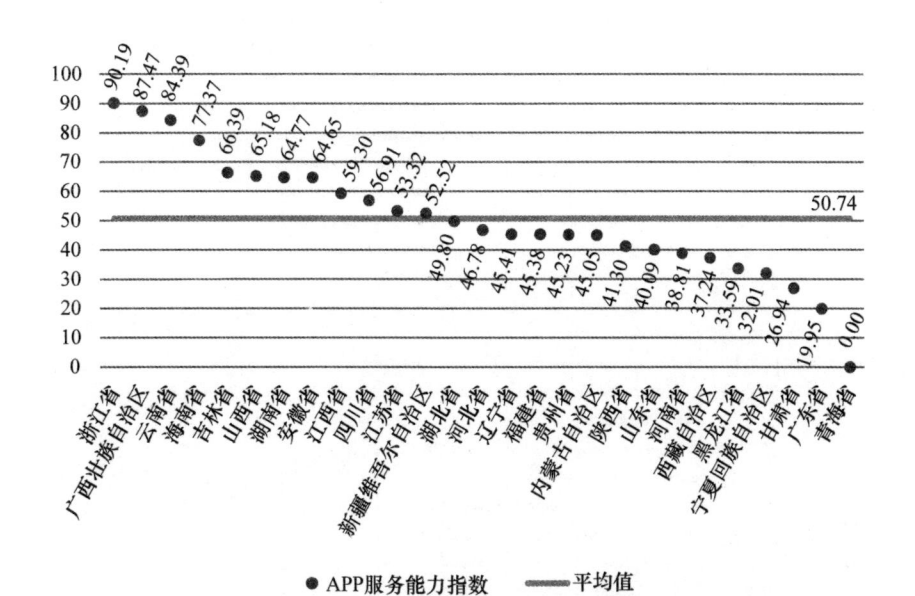

图2-43 省级政务APP服务能力指数

从APP服务能力的组成维度来看，各省政务APP整体的事务服务能力处于中等水平，参与服务能力明显滞后、亟待提升。总体而言，各省的政务APP目前仍以提供信息服务为主，事务服务能力与往年持平，参与服务功能依然处于起步阶段。

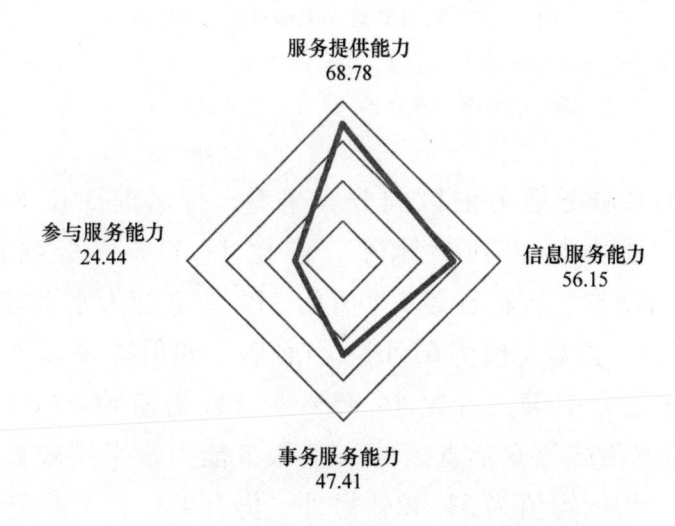

图2-44 省级政务APP服务子能力总体指数

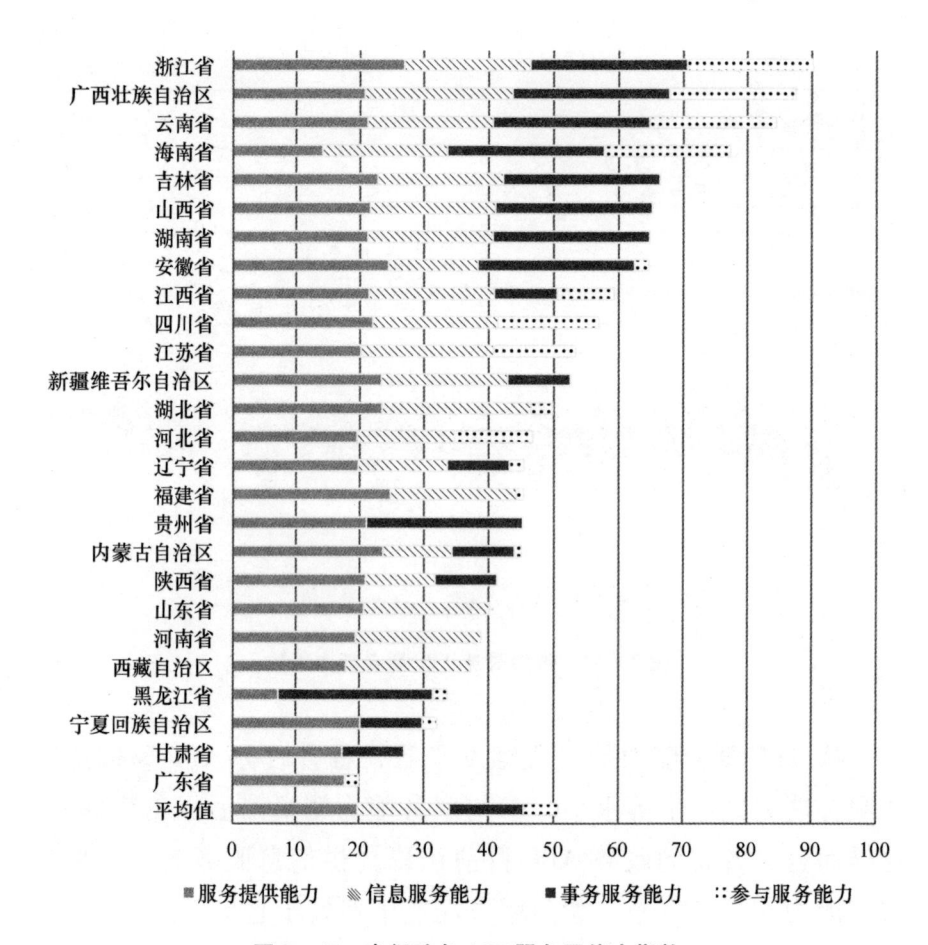

图 2-45　省级政务 APP 服务子能力指数

注：服务提供能力满分 28.73 分，信息服务能力满分 25.29 分，事务服务能力满分 24.14 分，参与服务能力满分 21.84 分，总分 100 分。

从 APP 服务能力的区间分布来看，排名前 3 位的省份的 APP 服务能力均达到高水平，占比 11.11%，指数均值为 87.35；海南省、吉林省等 5 个省的 APP 服务能力水平较高，占比 18.52%，指数均值为 67.67；江西省、四川省等 12 个省区的 APP 服务能力中等，占比 44.45%，指数均值为 48.42；河南省、西藏自治区等 6 个省区的 APP 服务能力水平还较低，占比 22.22%，指数均值为 31.42；另外，仍有 1 个省级政府尚未建成政务 APP。

表 2-18　省级政务 APP 服务能力指数区间分布

高（>80）	较高（60—80）	中（40—60）	低（0—40）	无
浙江省	海南省	江西省	河南省	青海省
广西壮族自治区	吉林省	四川省	西藏自治区	
云南省	山西省	江苏省	黑龙江省	
	湖南省	新疆维吾尔自治区	宁夏回族自治区	
	安徽省	湖北省	甘肃省	
		河北省	广东省	
		辽宁省		
		福建省		
		贵州省		
		内蒙古自治区		
		陕西省		
		山东省		

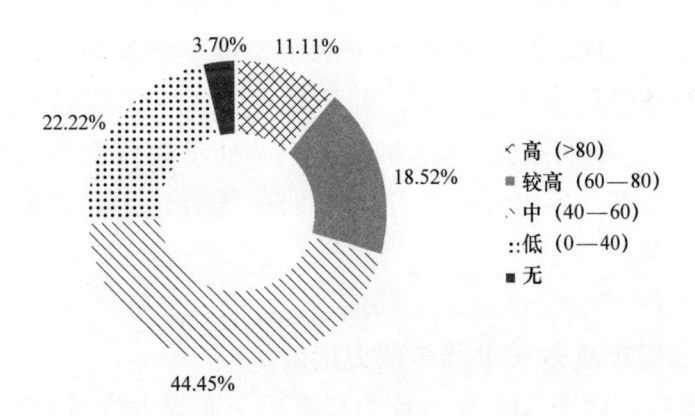

图 2-46　省级政府 APP 服务能力指数区间分布

与 2019 版省级政务 APP 服务指数相比，广西壮族自治区政务 APP 服务水平大幅度提升，由 2019 版的第 8 名跃升为第 2 名，浙江省政务 APP 各项指标依旧表现突出，成为唯一 APP 指数突破 90 分的省份。同时，开通政务 APP 服务渠道的省级政府由 2019 版的 23 个增加至 26 个。

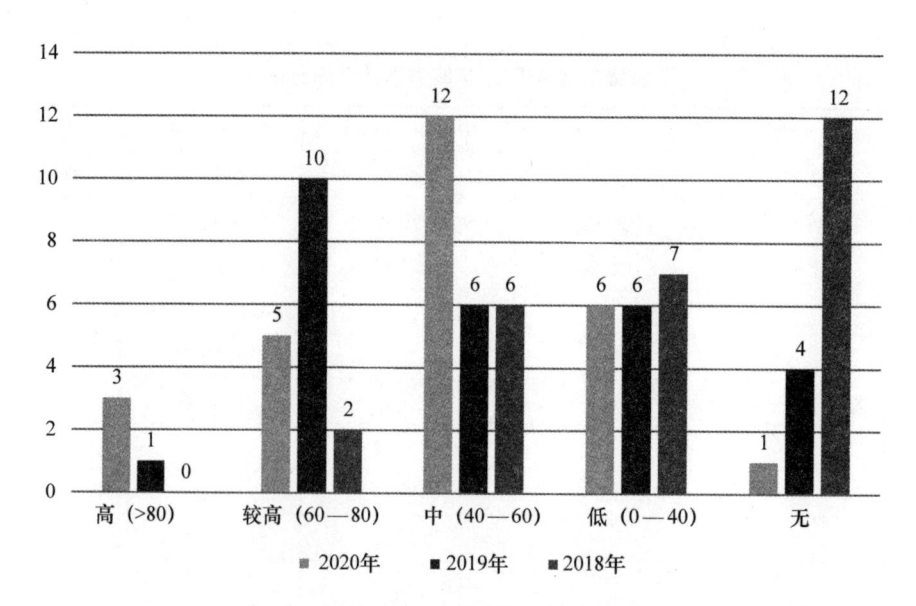

图 2-47 省级政务 APP 服务能力指数区间分布 2018—2020 年对比图

通过对比 2018—2020 年省级政务 APP 服务能力指数的区间分布，可以发现，政务 APP 服务水平整体发展态势良好，达到高水平的省份数量逐年提高，未开通政务 APP 的省份数量已由 2018 年的 12 个缩减到 2020 年的 1 个，处于较低水平的省份数量也稳中有降，多数省份政务 APP 服务能力已达到中等或较高水平。

3. 地级市政务 APP 服务能力指数

在地级市政务 APP 服务能力指数中，龙岩市位列第 1，岳阳市、三明市、嘉兴市、福州市分列第 2—5 名。截至测评时，仍有 53 个地级市尚未开通政务 APP。从 APP 服务能力的子能力指数来看，各地级市整体的服务提供能力和事务服务能力处于中等偏上水平，信息服务能力较低，参与服务能力处于起步阶段，开通政务 APP 渠道服务的 280 个地级市中仍有 127 个地级市没有参与服务功能。

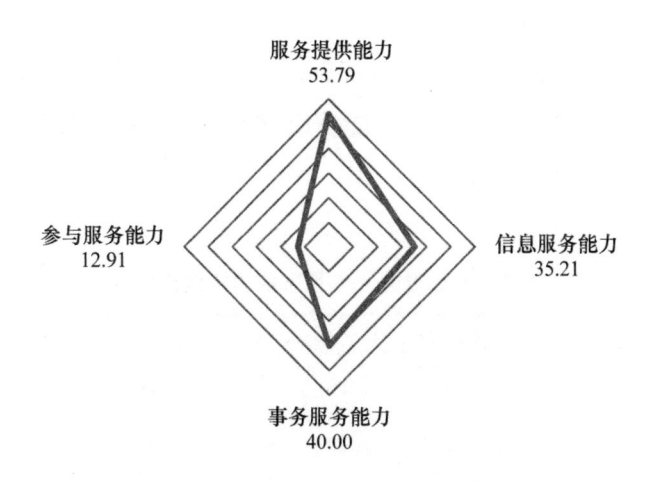

图 2-48 地级市政务 APP 服务子能力总体指数

从 APP 服务能力的地域分布来看，27 个省份中，15 个省份的政务 APP 普及率都达到了 100%。福建省有 44.44% 的城市达到高水平，且整体水平较高，总体来说，政务 APP 的服务建设进程与网站、微博相比仍有较大差距。

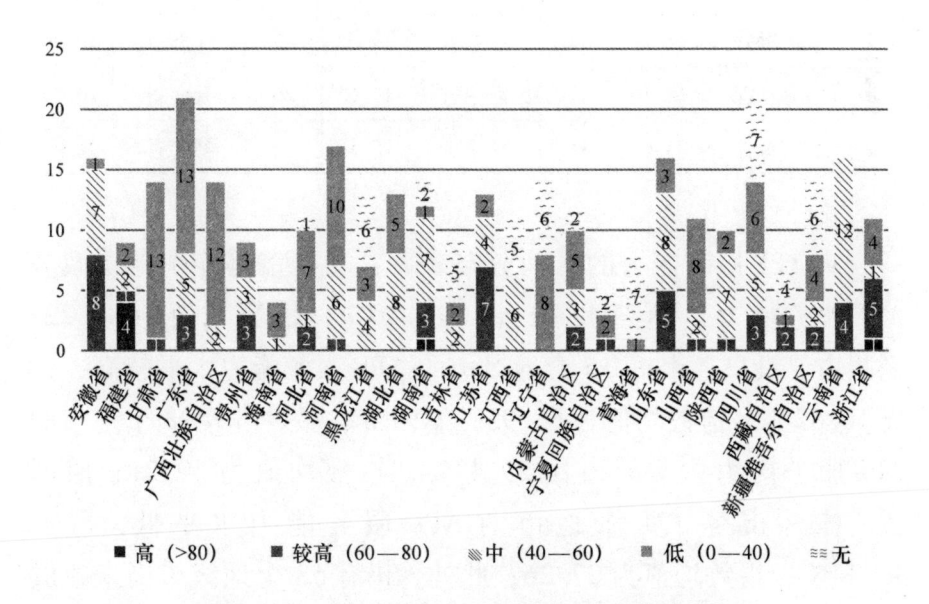

图 2-49 地级市政务 APP 服务能力指数地域分布

从省域内地级市间APP服务能力差异来看，西藏自治区、浙江省和宁夏回族自治区等地省域内地级市之间的网站服务能力差异比较大，标准差分别为29.60、28.85和26.52；江苏省、云南省和湖北省等地省域内地级市之间的网站服务能力差异比较小，标准差分别为10.96、10.29和8.12。

表2-19　省域内地级市间APP服务能力指数差异表

排名	省份	标准差	排名	省份	标准差	排名	省份	标准差
1	西藏自治区	29.60	10	黑龙江省	23.03	19	陕西省	13.71
2	浙江省	28.85	11	福建省	22.16	20	山东省	12.77
3	宁夏回族自治区	26.52	12	广西壮族自治区	20.77	21	甘肃省	11.92
4	新疆维吾尔自治区	26.03	13	海南省	20.73	22	山西省	11.32
5	江西省	26.02	14	贵州省	20.66	23	青海省	11.17
6	吉林省	25.65	15	内蒙古自治区	20.53	24	安徽省	10.96
7	四川省	24.74	16	广东省	19.62	25	江苏省	10.96
8	河北省	24.20	17	河南省	17.62	26	云南省	10.29
9	湖南省	23.65	18	辽宁省	15.18	27	湖北省	8.12

从APP服务能力的区间分布来看，龙岩市等6个地市政务APP服务能力达到高水平，占比1.80%，指数均值为86.29；亳州市、秦皇岛市等55个地级市的APP服务能力水平较高，占比16.52%，指数均值为65.95；厦门市、郑州市等98个地市的APP服务能力中等，占比29.43%，指数均值为49.21；威海市、桂林市等121个地市的APP服务能力水平低，占比36.34%，指数均值为27.26；此外，仍有53个地级市尚未建成政务APP，占比达到15.91%。

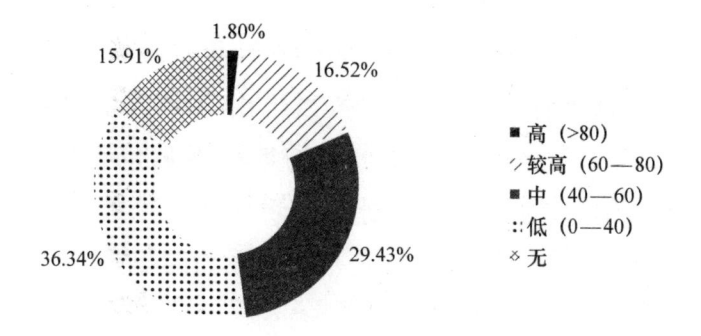

图 2-50 地级市政务 APP 服务能力指数区间分布

地市政务 APP 指数方面，总体情况好于 2019 版，指数处于较高和中等水平的地市数量都较 2019 年有所增长，尚未开通政务 APP 的地市数量大幅度下降。但具体到各个地市，指数的变化趋势则不尽相同，以 2019 版排名前 5 名的城市分别为淄博市（91.04）、宁波市（88.54）、马鞍山市（87.60）、龙岩市（85.29）、扬州市（83.73）为例，在 2020 版中，除龙岩市仍在前 5 名，其余 4 个城市指数均有不同程度的下滑。

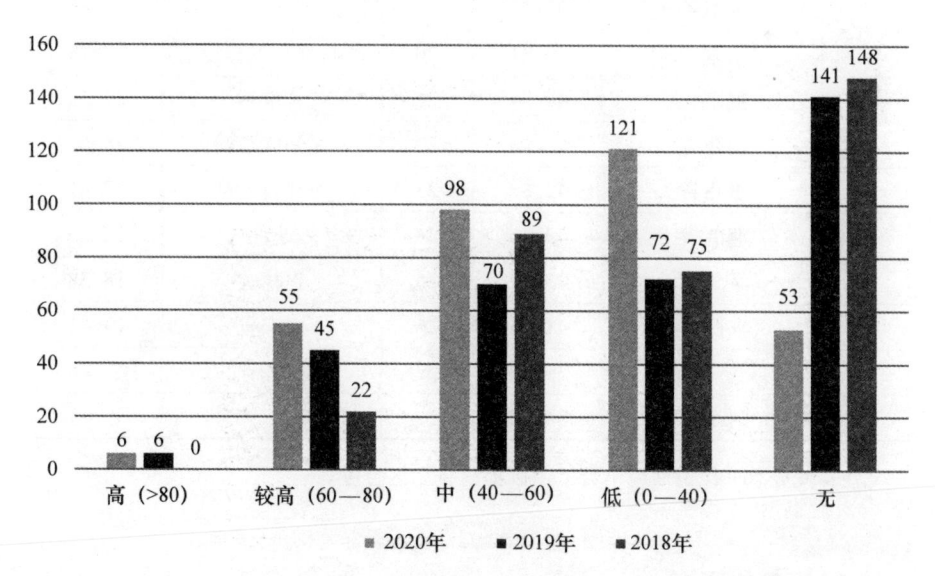

图 2-51 地市级政务 APP 服务能力指数区间分布 3 年对比图

通过对比2018—2020年地市级政务APP服务能力指数的区间分布，可以发现，越来越多的地市开始重视政务APP的建设，3年间，未开通政务APP的地市数量已由2018年的148个锐减至2020年的53个，处于较高水平的地市数量也逐年增多。不过，处于中低水平的地市仍占据参与测评地市总数的八成以上，说明我国地市的政务APP服务能力还有很大的提升空间。

4. 省份政府APP服务能力指数

(1) 省份政府APP服务能力指数

表2-20　　　　　省份政府APP服务能力指数

排名	省份	指数	排名	省份	指数
1	福建省	62.88	15	广西壮族自治区	36.08
2	安徽省	57.99	16	广东省	33.68
3	江苏省	57.48	17	四川省	31.90
4	浙江省	55.73	18	河北省	31.61
5	云南省	53.21	19	江西省	28.85
6	山东省	49.91	20	新疆维吾尔自治区	27.78
7	湖南省	47.34	21	甘肃省	27.52
8	山西省	43.98	22	宁夏回族自治区	26.65
9	贵州省	43.88	23	西藏自治区	23.66
10	海南省	43.76	24	黑龙江省	22.25
11	湖北省	43.39	25	吉林省	18.38
12	陕西省	41.25	26	辽宁省	14.41
13	内蒙古自治区	39.09	27	青海省	3.72
14	河南省	38.72			

注：此处总分保留两位小数，用以提高排名区分度。

(2) 整体概况

在省份政府APP服务能力指数中，福建省位列第1，安徽省、江苏省、浙江省和云南省分列第2—5名,这几个省及其下设地市的APP渠道建设相对均衡。排名靠后的省份主要集中在中西部地区和东北地区,在APP渠道的建设和发展上整体滞后。另外,全国各省份的APP服务能力指数均值为37.88。

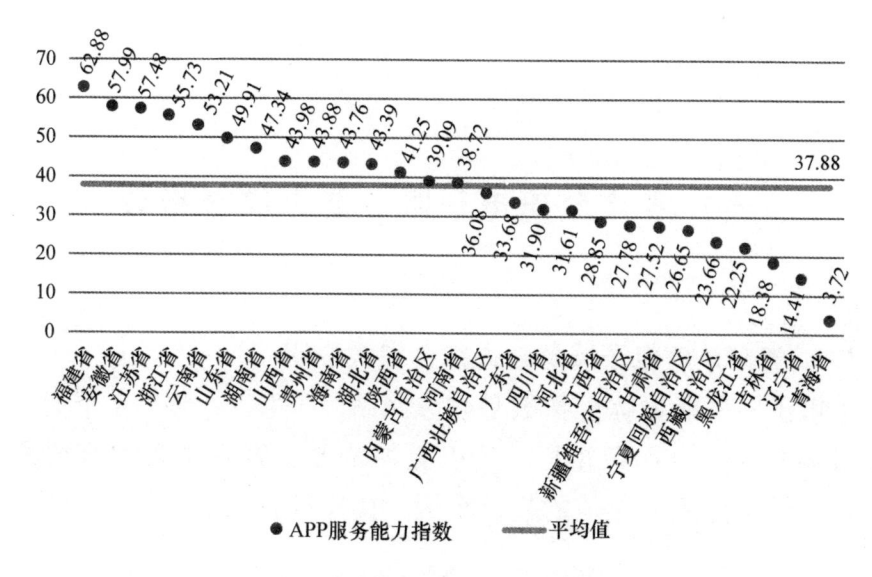

图2-52 省份政府APP服务能力指数

三 省市政府电子服务能力综合指数

（一）省市政府电子服务能力综合指数

1. 省市政府电子服务能力综合指数说明

电子服务能力综合指数是政务网站、"两微一端"4个渠道服务能力的综合测评指标，用以更加全面、客观地评价现阶段中国电子政务服务渠道的建设水平。其计算公式如下：

$$EGSAI_C = \sum_{i=1}^{4} \sigma_i EGSCI_i$$

其中，$EGSAI_C$ 为政府电子服务能力渠道综合指数，σ_i 指权重，$EGSCI_i$ 为政府电子服务能力各渠道指数，$i=1,2,3,4$。

2. 直辖市政府电子服务能力综合指数
（1）直辖市政府电子服务能力综合指数

表3-1　　　　直辖市政府电子服务能力综合指数

排名	直辖市	综合指数	网站指数	微博指数	微信指数	APP指数
1	北京市	82.17	88.37	87.97	85.61	67.83
2	重庆市	74.03	76.85	68.81	71.72	74.52
3	上海市	73.82	94.52	82.41	70.42	43.27
4	天津市	66.25	94.03	75.80	39.49	43.98

（2）整体概况

4个直辖市中，北京市政府电子服务渠道建设综合水平位列第1，在政务网站和两微一端的建设上成效显著，重庆市和上海市分列第2、3位，重庆的"新媒体"渠道建设及上海的网站建设的完整性与易用性值得肯定。而天津市由于微信及APP渠道服务能力有待提高，导致其综合指数略低。

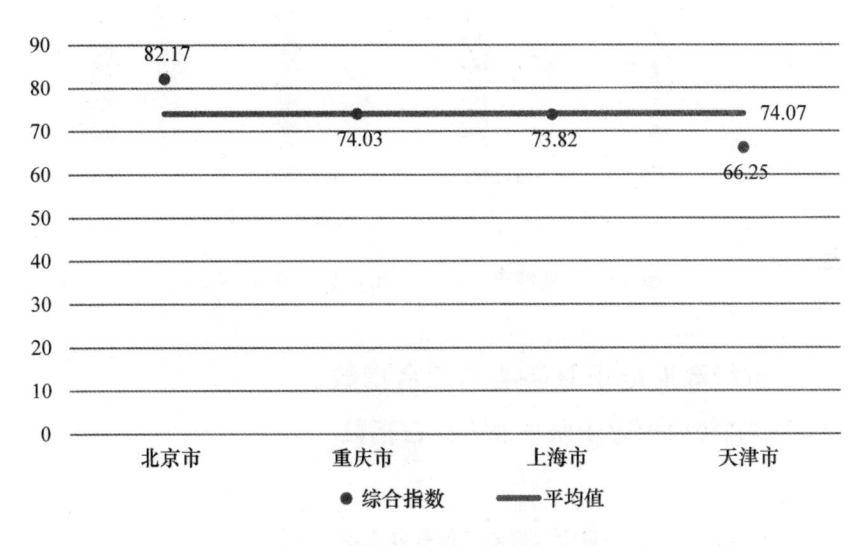

图3-1 直辖市政府电子服务能力综合指数

从政府电子服务能力综合指数的组成维度来看，4个直辖市中，北京市和重庆市各渠道之间建设和发展水平较为均衡，上海市由于APP渠道建设有待加强因此排名第3，而天津市的微信及APP渠道都还有较大进步空间，因此影响到其电子政务服务的总体质量。

直辖市政府电子服务能力综合指数排名情况与2019年相比有所变动，4市综合指数平均值有较大提升，但4个渠道发展依旧不够平衡，网站与微博指数明显领先，其中网站指数较2019年有明显提高，APP建设仍较为落后。

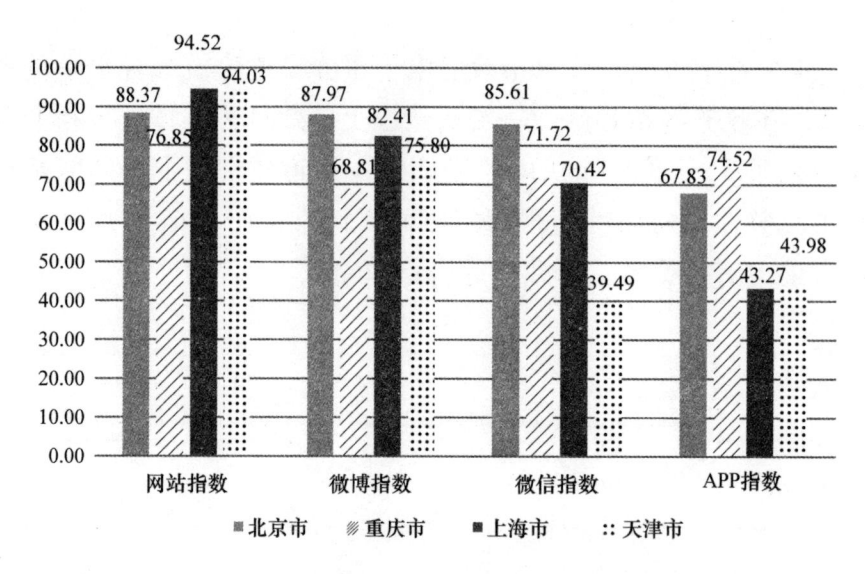

图 3-2 直辖市政府电子服务能力渠道指数

3. 省级政府电子服务能力综合指数

（1）省级政府电子服务能力综合指数

表 3-2 省级政府电子服务能力综合指数

排名	省（自治区）	综合指数	网站指数	微博指数	微信指数	APP 指数
1	浙江省	82.84	85.67	78.81	71.23	90.19
2	海南省	76.66	90.16	51.94	67.59	77.37
3	云南省	75.78	71.60	78.39	70.69	84.39
4	安徽省	74.15	89.45	66.43	64.07	64.65
5	湖南省	73.15	75.06	73.57	80.03	64.77
6	山西省	70.41	83.42	75.29	51.12	65.18
7	贵州省	69.63	84.70	61.55	78.80	45.23
8	四川省	66.61	84.85	83.51	36.25	56.91
9	广西壮族自治区	65.99	58.35	47.74	63.92	87.47
10	湖北省	65.86	84.31	76.19	47.19	49.80
11	江西省	65.25	71.39	83.00	50.85	59.30
12	吉林省	64.47	72.55	79.89	38.29	66.39

续表

排名	省（自治区）	综合指数	网站指数	微博指数	微信指数	APP 指数
13	广东省	63.50	80.92	78.90	77.80	19.95
14	福建省	62.97	79.32	56.53	60.38	45.38
15	江苏省	62.38	72.53	77.51	46.48	53.32
16	河北省	61.45	52.74	82.32	81.99	46.78
17	陕西省	60.68	72.72	76.84	53.73	41.30
18	内蒙古自治区	59.13	69.42	69.14	52.49	45.05
19	河南省	58.94	79.42	68.16	42.53	38.81
20	黑龙江省	58.67	81.83	51.38	54.06	33.59
21	新疆维吾尔自治区	58.28	76.31	73.52	24.38	52.52
22	甘肃省	57.57	73.53	86.99	49.55	26.94
23	西藏自治区	55.34	67.93	65.86	49.37	37.24
24	宁夏回族自治区	55.31	77.62	44.92	51.89	32.01
25	山东省	55.14	73.67	71.66	31.18	40.09
26	辽宁省	51.21	58.24	62.52	39.11	45.41
27	青海省	44.57	64.55	66.06	51.91	0.00

（2）整体概况

在省级政府电子服务能力综合指数中，浙江省位列第1，海南省、云南省、安徽省、湖南省分列第2—5名。这五个省份在电子政务服务的渠道建设上均有较好的表现，其中浙江省凭借其APP渠道建设的便民易用给公众带来了良好的用户体验，海南省的网站功能较为健全完善，云南省、安徽省和湖南省各渠道建设较为均衡，且都保持在较高水准。排名靠后的省份在渠道建设的完整性上明显不足，难以整合多渠道服务，同时普遍缺乏重要事项的网上办理。总体而言，中国省级政府电子服务能力综合指数的均值为63.55，已处于较高水平。全国范围内共有12个省级政府超过全国平均水平。

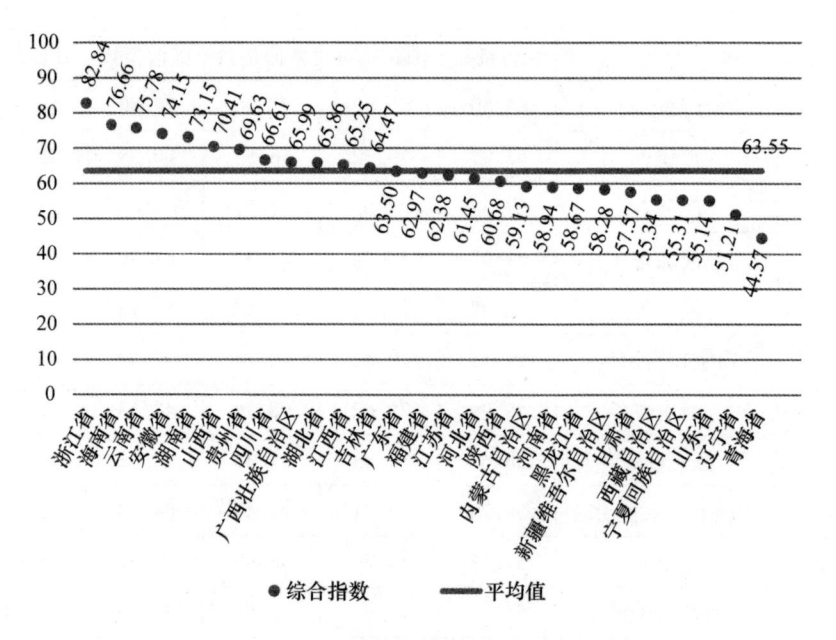

图 3-3 省级政府电子服务能力综合指数

从省级政府电子服务能力综合指数的组成维度来看，浙江省、海南省、云南省、安徽省总体水平高，且各渠道表现较为均衡，整体管理推进机制较为完善。从整体来看，中国大部分省级政府电子服务的 4 个渠道建设水平仍不平衡，特别是微信和 APP 这两种新型政务服务渠道的建设经验还严重缺乏，与网站和微博渠道相比，处于弱势地位。从渠道建设的完整性来看，仅有青海省仍缺少 APP 服务渠道，其他各省政府已基本具备完整的电子服务体系。

从省级政府电子服务能力综合指数各渠道的平均水平来看，政务微博和政务网站建设的总体情况优于政务微信和政务 APP。以百分制记，各省政务网站服务能力指数均值为 75.27，明显领先于其他 3 个渠道，说明近年来国家推动的全国一体化在线政务服务平台建设已初见成效，微博服务能力的指数均值为 69.95，处于较高水平；但 APP 和微信的建设水平稍逊一等，指数均值分别为 50.74 和 55.07，仍有很大提升空间。

从省级政府电子服务能力综合指数的区间分布来看，各省电子服务综合能力的建设水平梯次分布明显，大部分处于较高水平。浙江省政府电子服务能力已达到高水平，此外，海南省、云南省、安徽省等16个省级政府电子服务能力也已达到较高水平，占比59.26%；河南省、新疆维吾尔自治区、甘肃省等10个省级政府处于中等水平，占比37.04%。

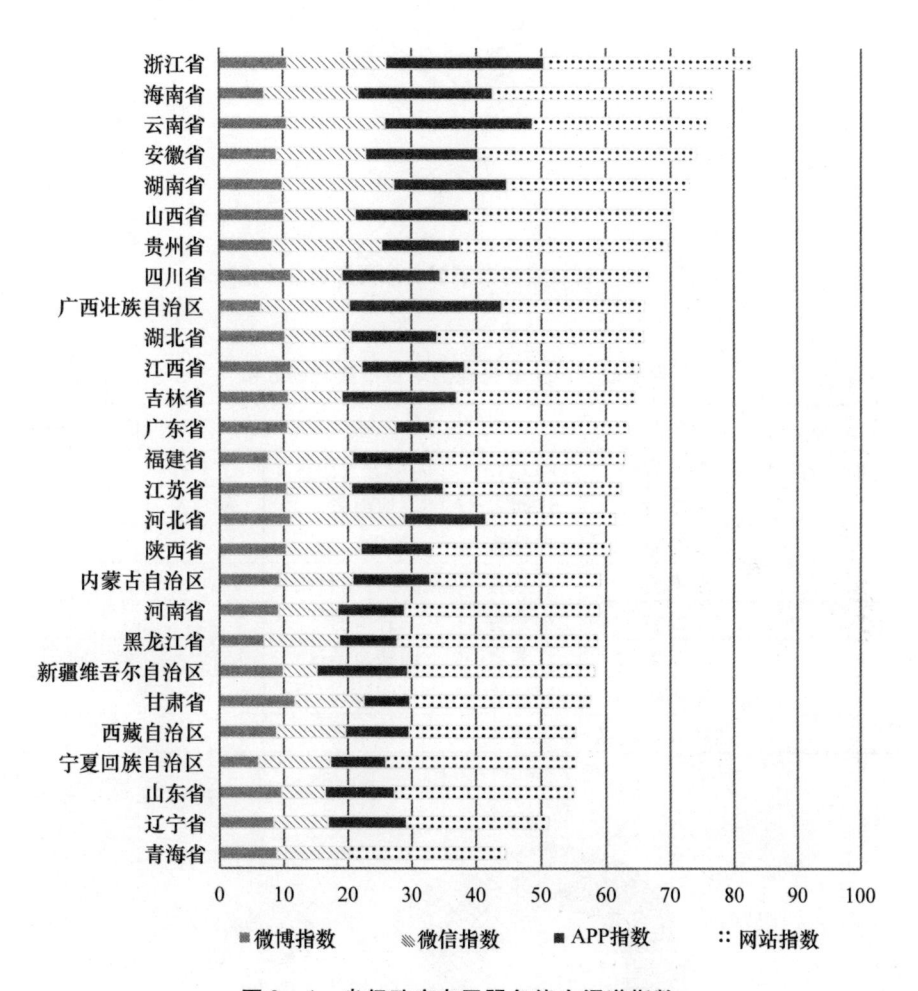

图 3-4 省级政府电子服务能力渠道指数

注：综合指数中，微博指数满分为13.51，微信指数满分为21.62，APP指数满分为27.03，网站指数满分为37.84，总分100分。

网站指数
75.27

APP指数
50.74

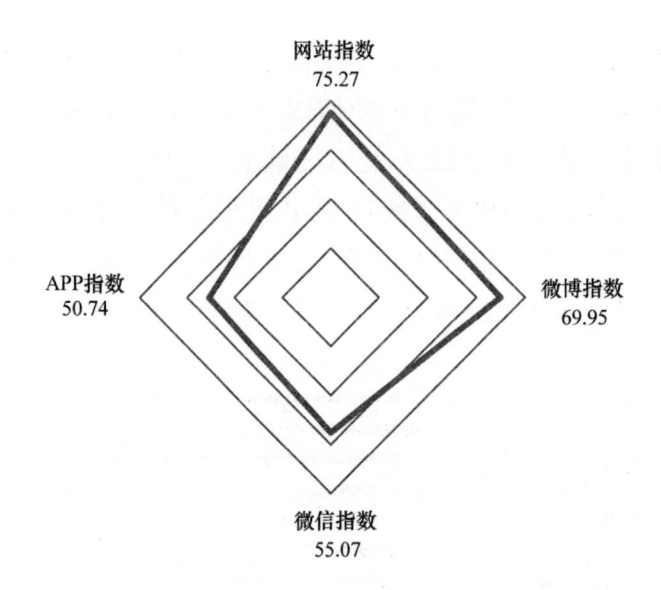

微博指数
69.95

微信指数
55.07

图 3-5　省级政府电子服务能力渠道总体指数

表 3-3　省级政府电子服务能力综合指数区间分布

高（>80）	较高（60—80）		中（40—60）		低（0—40）
浙江省	海南省	湖北省	内蒙古自治区	辽宁省	
	云南省	江西省	河南省	青海省	
	安徽省	吉林省	黑龙江省		
	湖南省	广东省	新疆维吾尔自治区		
	山西省	福建省	甘肃省		
	贵州省	江苏省	西藏自治区		
	四川省	河北省	宁夏回族自治区		
	广西壮族自治区	陕西省	山东省		

3.70%
37.04%
59.26%

高（>80）
较高（60—80）
中（40—60）
低（0—40）

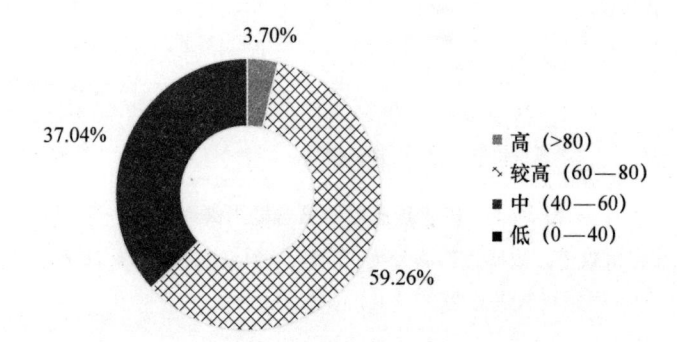

图 3-6　省级政府电子服务能力综合指数区间分布

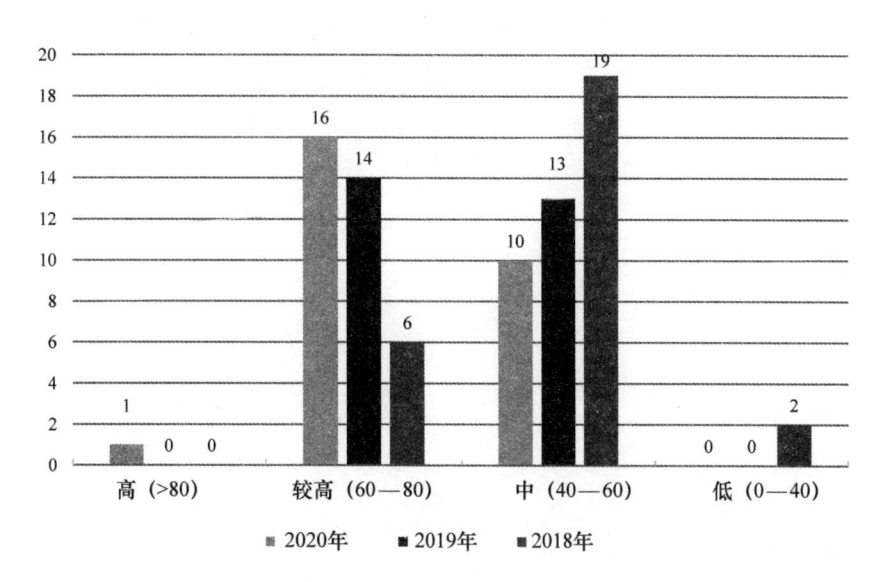

图3-7 省级政府电子服务能力综合指数区间分布年度对比图

省级政府电子服务能力综合指数方面，与2019版相比总体分布趋势一致，均值稳中有升，由60.79上升至63.55。浙江省表现突出，明显领先于其他各省。海南省和云南省也进步明显，由去年的中等水平上升到了较高水平。相较于2019年，4个渠道中网站进步最大，其次是APP，微博和微信服务能力水平略有下降。

4. 地级市政府电子服务能力综合指数

在地级市政府电子服务能力综合指数中，岳阳市位列第1，龙岩市、三明市、亳州市和嘉兴市分列第2—5名。全国地级市综合指数的平均得分为56.84，处于中等水平，但相比2019版地级市综合指数平均值有明显提升，全国共有180个地级市的综合指数得分超过平均水平。

从地级市政府电子服务能力综合指数各维度的平均水平来看，各地市4个渠道的指数分布极不均衡，网站指数均值达到74.29，大幅高于其他3个渠道；微博居于其后，均值为62.01；

微信和 APP 指数则明显落后,均值分别为 48.01 和 36.84。其中 APP 虽仍居末位,但较去年已有明显提升。

网站指数
74.29

微博指数
62.01

微信指数
48.10

APP指数
36.84

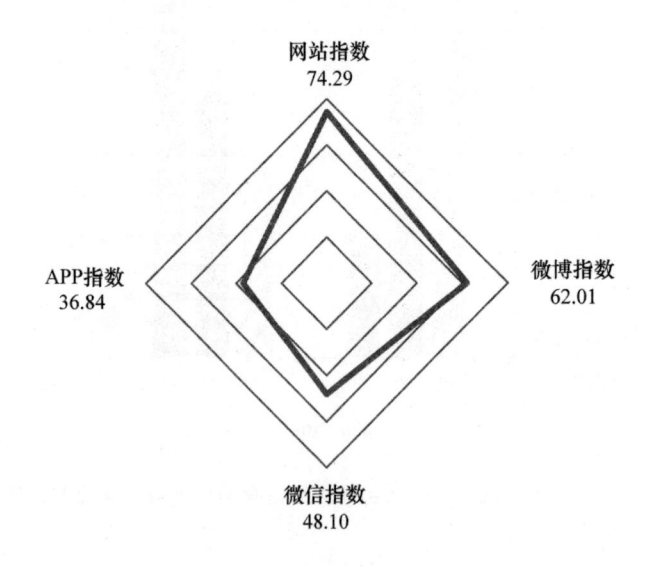

图 3-8　地级市政府电子服务能力渠道总体指数

省内地级行政区之间的电子服务能力也都存在一定差异。其中,地级市间电子服务能力综合指数差异最小的是湖北省,其标准差为 3.17;其次是江苏省,标准差为 4.35。可见,即使是标准差最小的两个省,省域内地级行政区之间的电子服务能力综合指数差异也不小。标准差最大的两个省区是海南省和西藏自治区,标准差分别为 15.41 和 18.74。这些省份内地级行政区综合指数标准差极大的主要原因是省内个别地级市有渠道缺失的情况,导致低分极低,从而导致标准差较大。

表 3-4　省域内地级行政区间电子服务能力综合指数差异

排名	省份	标准差	排名	省份	标准差
1	湖北省	3.17	4	甘肃省	4.87
2	江苏省	4.35	5	江西省	5.60
3	安徽省	4.66	6	河南省	5.75

续表

排名	省份	标准差	排名	省份	标准差
7	陕西省	6.28	18	四川省	9.18
8	吉林省	6.48	19	辽宁省	9.57
9	山东省	6.58	20	湖南省	10.28
10	内蒙古自治区	6.96	21	广西壮族自治区	10.43
11	山西省	7.01	22	贵州省	10.61
12	福建省	7.42	23	新疆维吾尔自治区	10.89
13	浙江省	7.61	24	宁夏回族自治区	11.22
14	广东省	7.91	25	青海省	12.68
15	云南省	8.26	26	海南省	15.41
16	河北省	8.59	27	西藏自治区	18.74
17	黑龙江省	8.75			

从地级市政府电子服务能力综合指数的区间分布来看，仅有岳阳市综合指数为81.12，达到高水平；龙岩市、三明市等143个地市的综合指数已达到较高水平，占比25.45%；阳泉市、延边州等165个地市的综合指数处于中等水平，占比56.89%；桂林市、牡丹江市等24个地市的综合服务能力明显滞后，占比17.36%。由此可以看出，大部分地级市的电子政务服务渠道的建设水平已处于较高及中等水平，但处于高水平的政府数量略显单薄，处于低水平的地级市需要加强重视"互联网+政务服务"与加快落实相关政策要求，逐步提升政府服务整体水平。

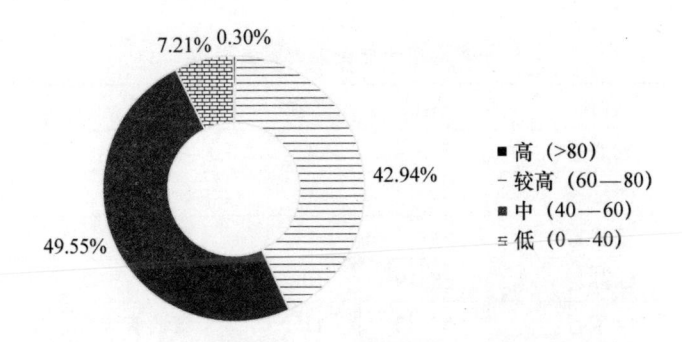

图3-9 地级市政府电子服务能力综合指数区间分布

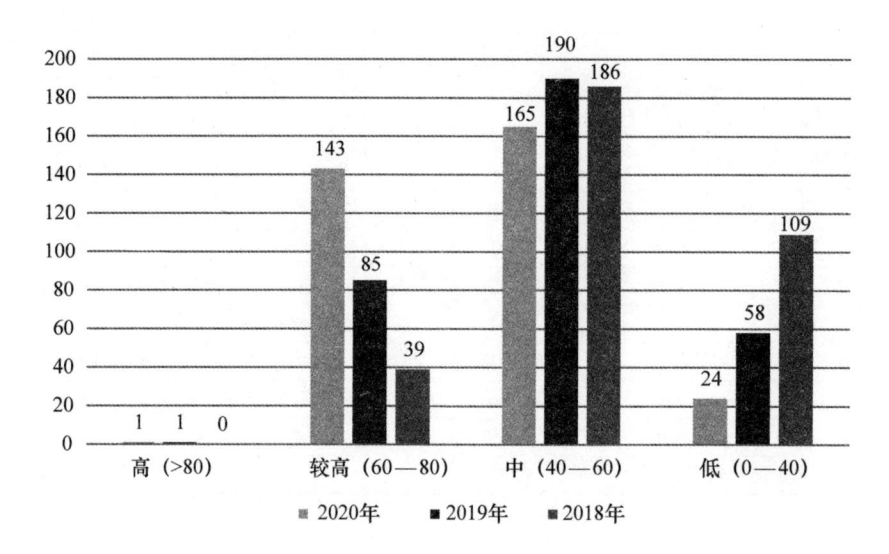

图 3-10　地级市政府电子服务能力综合指数区间分布年度对比图

2019版《政府电子服务能力指数报告》中全国地级市综合指数的平均得分为51.22，处于中等水平，2020版平均得分较2019版略有提升，得分为56.84。处于较高水平的地级市数量大幅度上升，同时处于低水平的地级市数量明显减少。说明地级市的电子服务能力水平也在稳步提高，但达到高水平的数量还有待增加。

5. 省份政府电子服务能力综合指数

（1）省份政府电子服务能力综合指数

表 3-5　　　　省份政府电子服务能力综合指数

排名	省份	指数	排名	省份	指数
1	安徽省	71.24	7	湖北省	62.36
2	浙江省	69.13	8	湖南省	62.18
3	福建省	69.11	9	广东省	60.15
4	江苏省	68.19	10	四川省	59.51
5	山东省	63.86	11	江西省	58.51
6	贵州省	63.47	12	陕西省	57.96

续表

排名	省份	指数	排名	省份	指数
13	内蒙古自治区	57.85	21	甘肃省	52.01
14	云南省	57.52	22	吉林省	51.91
15	山西省	57.00	23	黑龙江省	50.53
16	海南省	56.22	24	新疆维吾尔自治区	46.35
17	河南省	56.09	25	辽宁省	44.55
18	河北省	55.87	26	西藏自治区	39.77
19	宁夏回族自治区	53.12	27	青海省	32.00
20	广西壮族自治区	52.67			

注：此处总分保留两位小数，用以提高排名区分度。

（2）整体概况

在省份政府电子服务能力指数中，安徽省位列第1，浙江省、福建省、江苏省和山东省分列第2—5名，这几个省及其下

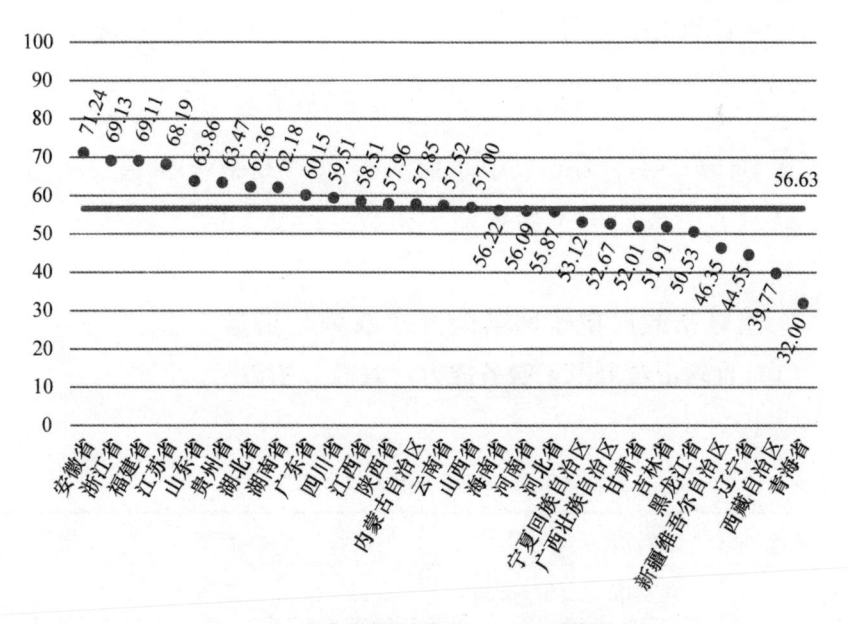

图3-11 省份政府电子服务能力综合指数

设地市的综合渠道建设相对均衡。排名靠后的省份主要集中在中西部地区和东北地区,在电子服务能力的建设和发展上整体滞后。另外,全国各省份的电子政务服务能力指数均值为56.63,有15个省份高于平均水平。

总体而言,与2019年相比,绝大多数省份的综合指数都是有进步的,安徽省、浙江省和江苏省则稳定在前5名中,指数低于40的省份也仅剩两个,这两个省份还需要进一步加大政府电子服务建设力度,提高电子服务能力水平。

(二)省市政府电子服务能力"双微"指数

1. 省市政府电子服务能力"双微"指数说明

政府电子服务能力"双微"指数是政务微信、政务微博两个渠道服务能力的综合测评指标,用以客观和全面地评价现阶段中国大陆地区(港澳台除外)政府电子服务的"双微"建设情况。其计算公式如下:

$$EGSAI_{dw} = \sum_{i=2}^{3} \sigma_i EGSCI_i$$

其中,$EGSAI_{dw}$ 为政府电子服务能力"双微"指数,σ_i 指权重,$EGSCI_i$ 为政府电子服务能力指数,$i=2,3$。

2. 直辖市政府电子服务能力"双微"指数

(1)直辖市政府电子服务能力"双微"指数

表3-6　　直辖市政府电子服务能力"双微"指数

排名	直辖市	指数	排名	直辖市	指数
1	北京市	86.52	3	重庆市	70.60
2	上海市	75.03	4	天津市	53.45

（2）整体概况

4个直辖市中，北京市和上海市的"双微"指数分列第1、2位，"双微"建设均处在平均水平以上，在政务微博和政务微信的建设上成效显著。重庆市和天津市分列第3、4位，而由于天津市的政务微信服务能力指数与其他3个直辖市差距较大，导致其"双微"指数明显低于平均值。

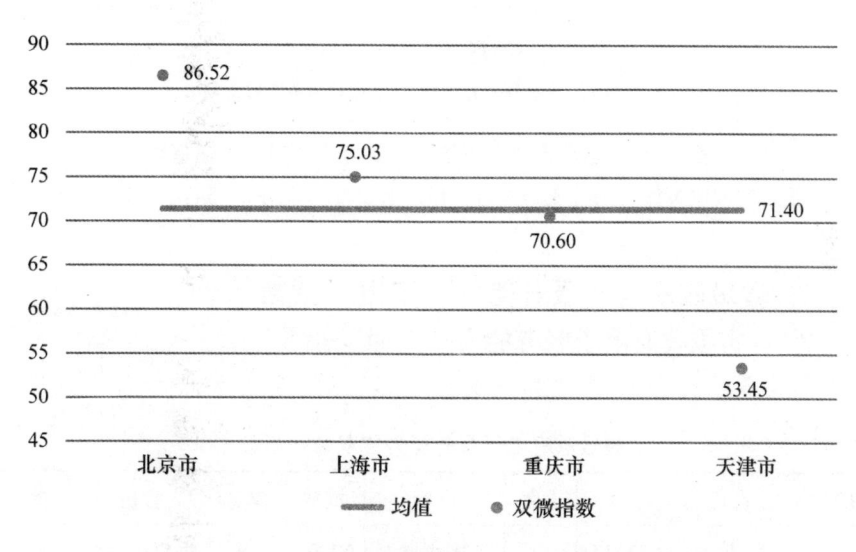

图 3-12 直辖市政府电子服务能力"双微"指数

从直辖市"双微"指数的组成维度来看，北京市和重庆市的"双微"建设水平虽相对均衡，但北京市的微博指数仍略高于微信指数，上海市和天津市的微博指数则明显高于微信指数；且天津市的微博指数大幅度超过微信指数，微博指数达到70以上，而微信指数不到40。总体看来，政务微信的建设仍然落后于政务微博，微信渠道可供开发利用的服务功能还没有被充分挖掘。但由于在计算"双微"指数得分时，微信渠道的权重大于微博渠道的权重，因此从"双微"渠道指数图来看，会出现微信服务能力指数高于微博能力指数的相反情况。

70　国家智库报告

图 3-13　直辖市政府电子服务能力"双微"渠道指数

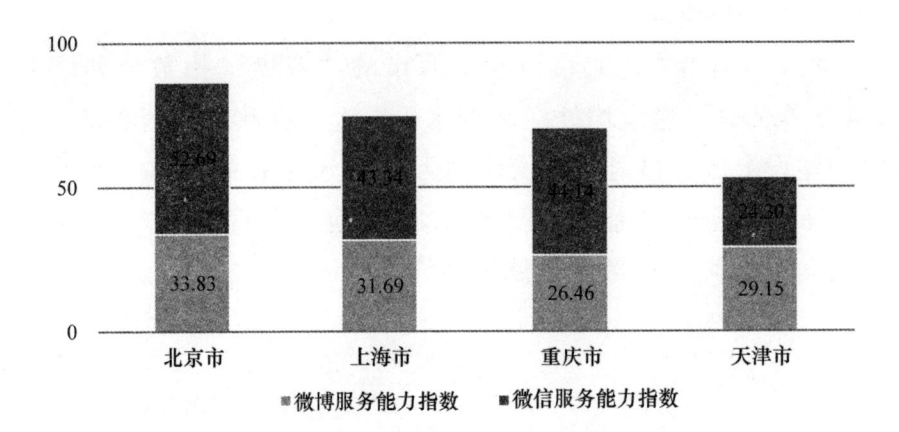

城市	微博服务能力指数	微信服务能力指数
北京市	33.83	52.69
上海市	31.69	43.34
重庆市	26.46	44.14
天津市	29.15	24.30

注：微博服务能力满分 38.46 分，微信服务能力满分 61.54 分，总分 100 分。

3. 省级政府电子服务能力"双微"指数

（1）省级政府电子服务能力"双微"指数

表 3-7　省级政府电子服务能力"双微"指数

排名	省份	指数	排名	省份	指数	排名	省份	指数
1	河北省	82.12	10	陕西省	62.62	19	西藏自治区	55.71
2	广东省	78.22	11	海南省	61.57	20	四川省	54.43
3	湖南省	77.55	12	山西省	60.42	21	吉林省	54.29
4	浙江省	74.14	13	福建省	58.90	22	黑龙江省	53.03
5	云南省	73.65	14	内蒙古自治区	58.89	23	河南省	52.39
6	贵州省	72.16	15	江苏省	58.41	24	宁夏回族自治区	49.21
7	安徽省	64.98	16	湖北省	58.34	25	辽宁省	48.11
8	甘肃省	63.95	17	广西壮族自治区	57.70	26	山东省	46.75
9	江西省	63.21	18	青海省	57.35	27	新疆维吾尔自治区	43.28

（2）整体概况

在省级政府电子服务"双微"指数中，河北省位列第1，广东省、湖南省分列第2、3名。排名前五位的省份在"双微"渠道的建设上均有较好的表现，双微发展较为均衡，其中广东省较去年进步很大，排名上升了11位，微信服务能力和微博服务能力都处于较高水平，微博微信均衡发展。排名靠后的省份，仍将"双微"渠道主要作为单向信息发布的工具，微博和微信表现差距较大，尤其是微信服务能力较为落后。各省的"双微"指数均值为60.79，总体处于较高水平，省级政府在"双微"建设上大部分都表现较好。

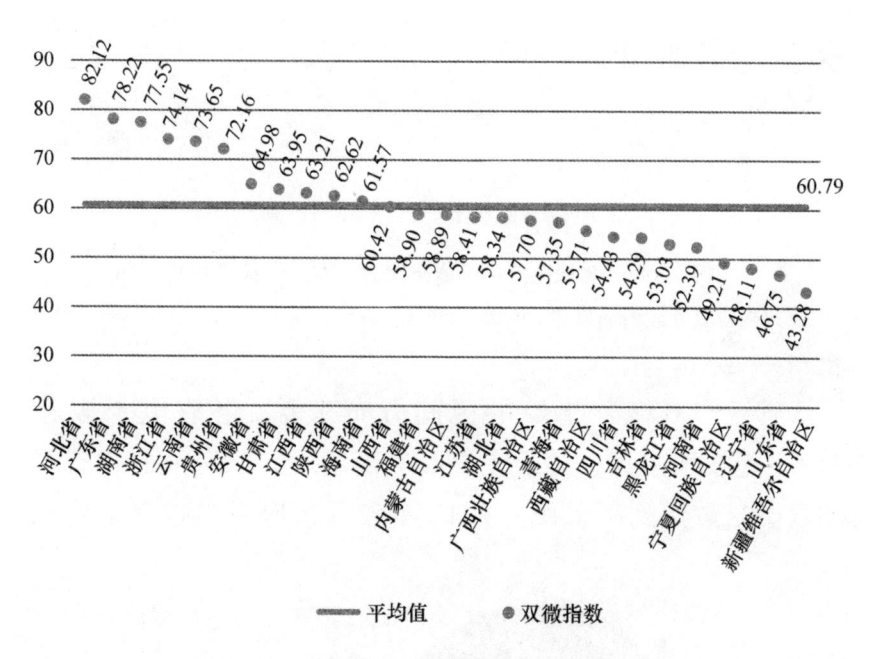

图 3-14 省级政府电子服务能力"双微"指数

从省级"双微"指数的组成维度来看，排名位于前半部分的省级政府，两个单项渠道能力指数相对较为均衡。但总体看来，各省的双微发展不平衡态势仍旧明显，特别是排名靠后的省份，微信的建设情况普遍弱于微博。一方面可能由于微信本身的功能限制而导致部分功能无法实现；另一方面则可能由于省级政府的服务观念传统老旧，未能发掘和充分利用新媒体的特性。

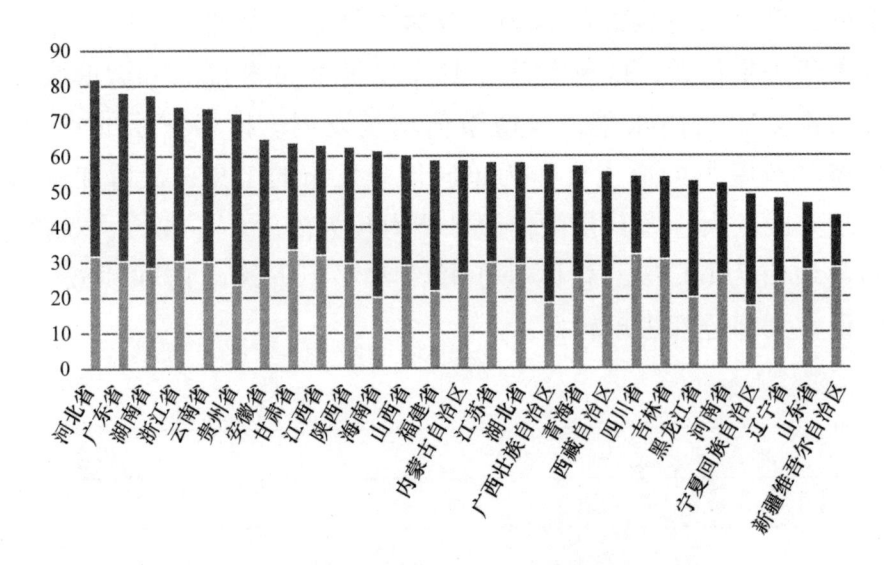

■ 微博服务能力指数　　■ 微信服务能力指数

图 3-15　省级政府电子服务能力"双微"渠道指数

注：微博服务能力满分 38.46 分，微信服务能力满分 61.54 分，总分 100 分。

从省级"双微"指数的区间分布来看，各省电子服务的"双微"建设水平大多处于中等及较高水平，只有河北省省级政府的双微指数达到高水平。有 11 个省级政府双微指数达到较高

高 (>80)
较高 (60—80)
中 (40—60)

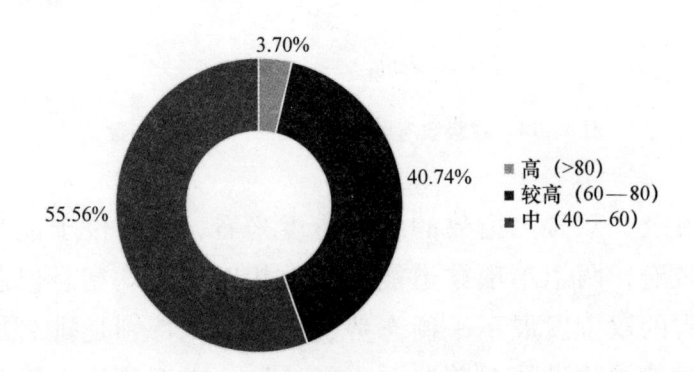

图 3-16　省级政府电子服务能力"双微"指数区间分布

水平,占比40.74%,指数均值为68.41;有15个省级政府双微服务能力处于中等水平,占比55.56%,指数均值为53.79。

表3-8　省级政府电子服务能力"双微"指数区间分布

高（>80)	较高（60—80)	中（40—60)	低（0—40)	无
河北省	广东省	福建省		
	湖南省	内蒙古自治区		
	浙江省	江苏省		
	云南省	湖北省		
	贵州省	广西壮族自治区		
	安徽省	青海省		
	甘肃省	西藏自治区		
	江西省	四川省		
	陕西省	吉林省		
	海南省	黑龙江省		
	山西省	河南省		
		宁夏回族自治区		
		辽宁省		
		山东省		
		新疆维吾尔自治区		

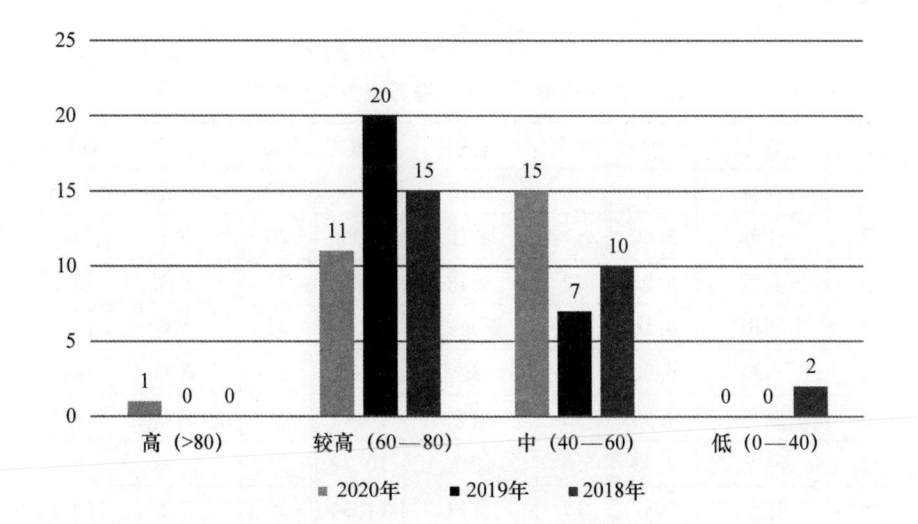

图3-17　省级政府"双微"服务能力指数区间分布年度对比图

与2019版省级政府电子服务能力"双微"指数相比，河北省跃居首位，成为第一个进入高区间水平的省份，其微博服务能力和微信服务能力表现都较为突出。在省级政府电子服务能力"双微"指数区间分布方面来看，与2019版相比，双微指数大于80分的省份数目增加1个，双微指数在60—80分区间的省份数目减少9个，40—60分中水平区间省份数目增加8个。

4. 地级市政府电子服务"双微"指数

在地级市政府电子服务能力"双微"指数中，安徽省合肥市位列第1，安徽省宿州市位列第2，这两个地市双微的服务能力很强，微博指数均高于80，微信指数也都在70以上。全国地级市的"双微"指数均值为53.43，处于中等水平。

从地级市层面来看，省域内地级市之间也存在着双微服务能力指数差异。吉林、江苏、安徽、四川、新疆等省区内地级行政区之间的双微服务能力指数差异较小，标准差为3.96分、5.60分、5.95分、6.16分、6.90分；海南、辽宁、广西等省份内地级行政区之间的双微服务能力指数差异较大，标准差分别为18.89分、19.14分、20.10分。

表3-9　　省域内地级市"双微"服务能力指数差异

排名	省份	标准差	排名	省份	标准差	排名	省份	标准差
1	吉林	3.96	10	河南	8.72	19	广东	12.61
2	江苏	5.60	11	浙江	8.88	20	湖南	13.29
3	安徽	5.95	12	福建	9.57	21	云南	13.41
4	四川	6.16	13	黑龙江	9.84	22	宁夏	13.60
5	新疆	6.90	14	内蒙古	9.88	23	青海	14.94
6	湖北	7.39	15	山东	10.12	24	西藏	15.52
7	河北	7.43	16	江西	10.32	25	海南	18.89
8	甘肃	7.57	17	贵州	11.34	26	辽宁	19.14
9	陕西	7.72	18	山西	12.60	27	广西	20.10

从地级市"双微"指数的区间分布来看,大部分地级市的"双微"渠道的建设都处于较高或中等水平,高水平序列中的地级市还不存在,因此各地级市需更加重视并促进加快落实"互联网+政务服务"的政策要求,进一步提升"双微"渠道的服务水平。具体而言,有118个地市的"双微"指数处于较高水平,占比35.44%,指数均值为65.45。有167个地市的"双微"指数处于中等水平,占比50.15%,指数均值为52.37。有45个地市的"双微"指数为低水平,占比13.51%,指数均值为29.39。另外,仍有3个地市的"双微"指数为0,占比0.90%。

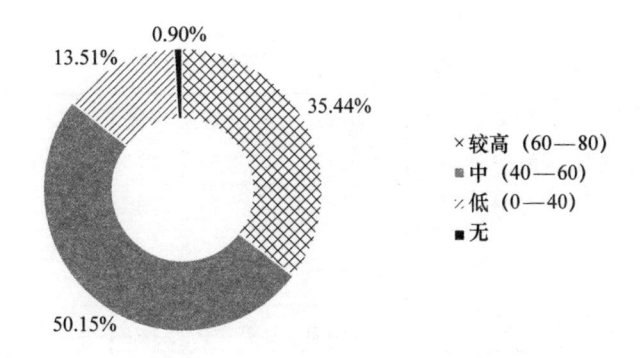

图3-18 地级市政府电子服务能力"双微"指数区间分布

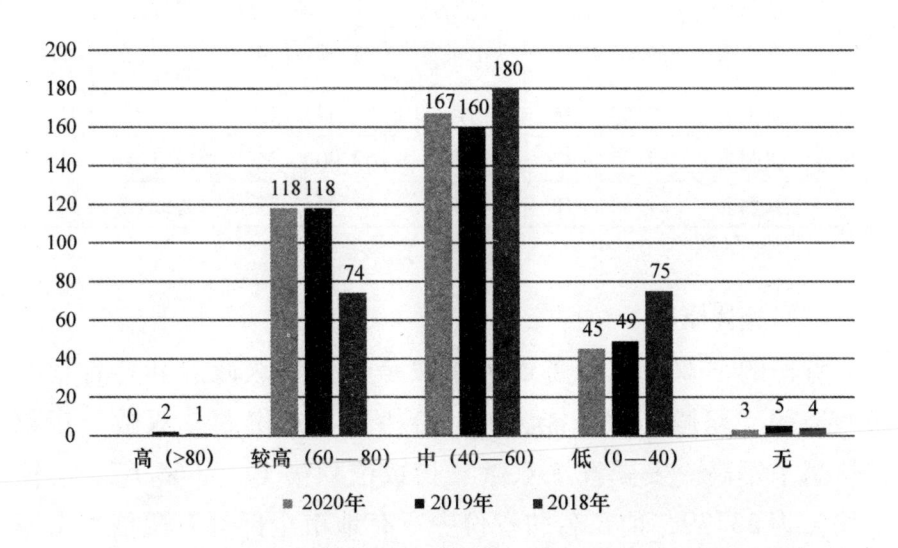

图3-19 地级市政府"双微"服务能力指数区间分布年度对比图

与2019版地级市政府电子服务能力"双微"指数相比,从分布方面来看,"双微"指数大于80分的地级市数目减少2个,"双微"指数在60—80分较高水平区间的地级市数目保持不变,40—60分中水平区间地级市数目增加7个,0—40分低水平区间地级市数目减少4个,尚无政务微博和微信的地级市数目减少2个。

5. 省份政府电子服务能力"双微"指数

(1) 省份政府电子服务能力"双微"指数

表3-10　省份政府电子服务能力"双微"指数

排名	省份	指数	排名	省份	指数	排名	省份	指数
1	安徽省	68.67	10	四川省	57.33	19	河南省	50.06
2	浙江省	62.03	11	吉林省	57.27	20	黑龙江省	49.98
3	河北省	61.06	12	福建省	56.85	21	宁夏回族自治区	49.68
4	江苏省	59.82	13	陕西省	56.76	22	云南省	48.59
5	广东省	59.78	14	内蒙古自治区	55.62	23	新疆维吾尔	47.16
6	湖北省	59.03	15	山东省	52.90	24	广西壮族自治区	43.46
7	湖南省	57.55	16	山西省	52.34	25	辽宁省	41.62
8	贵州省	57.55	17	甘肃省	52.00	26	西藏自治区	41.04
9	江西省	57.52	18	海南省	51.77	27	青海省	34.13

(2) 整体概况

省份的"双微"服务能力指数是包含省级政府和各省地级市政府的"双微"服务能力的综合指数,省份的"双微"指数整体水平不高。安徽省"双微"指数位列第1,为68.67,总体平均值为53.39,前6名的省份中所有地市全部都有微信和微博服务平台;有些省份排名靠后,主要也是因为其中的地级市有些没有微博或微信服务平台。

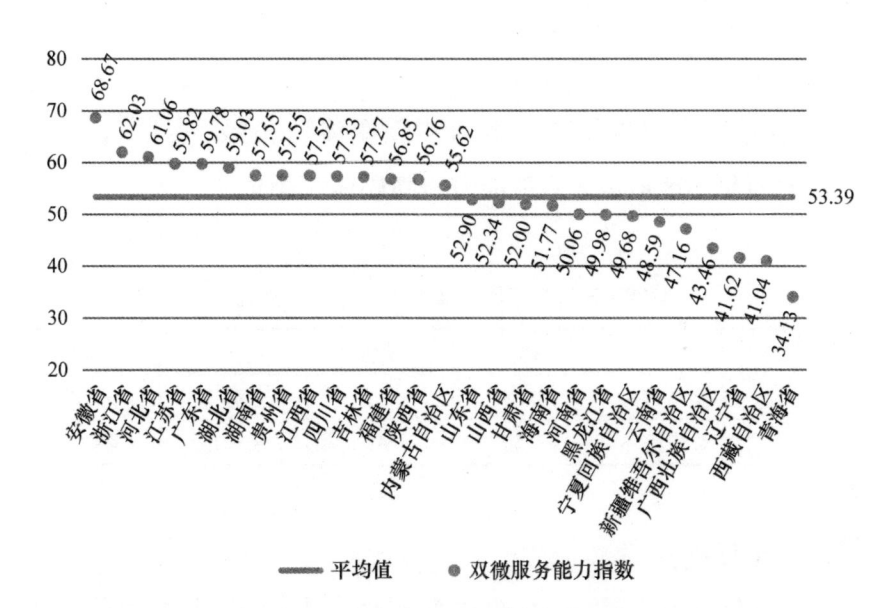

图 3-20　省份政府电子服务能力"双微"指数

总的来说，与2019版相比，四大直辖市的"双微"指数排名没有变化；而除去安徽省仍位列第1外，省级政府双微指数排名变化较大，特别是自治区的省级政府大幅进步。省级、地市级政府电子服务能力"双微"指数总体提高，各省之间的差距逐渐缩小，政府电子服务发展渐趋均衡，详细数据见附录4。

（三）省市政府电子服务能力"新媒体"指数

1. 省市政府电子服务能力"新媒体"指数说明

"新媒体"指数是政府官方微信、官方微博和APP三个渠道服务能力的综合测评指标，用以测评政府电子服务的"两微一端"建设情况。其计算公式如下：

$$EGSAI_{nm} = \sum_{i=2}^{4} \sigma_i EGSCI_i$$

其中，$EGSAI_{nm}$为电子政务服务能力"新媒体"指数，σ_i指权重，$EGSCI_i$ 为电子政务服务渠道指数，$i = 2,3,4$，分别代表微博、微信和 APP 政务服务能力指数（见第二章）。

2. 直辖市政府电子服务能力"新媒体"指数

（1）直辖市政府电子服务能力"新媒体"指数

表 3-11　　直辖市政府电子服务能力"新媒体"指数

排名	直辖市	指数	排名	直辖市	指数
1	北京市	78.38	3	上海市	61.22
2	重庆市	72.30	4	天津市	49.33

（2）整体概况

4 个直辖市中，北京市的"新媒体"服务能力指数位列第1，重庆市和上海市分列第 2、3 位，三者在"两微一端"的建设上相对均衡，整体服务能力相差不大。天津市由于微信公众号服务能力与其他直辖市差距较大从而影响了其"新媒体"指数，排名第 4。

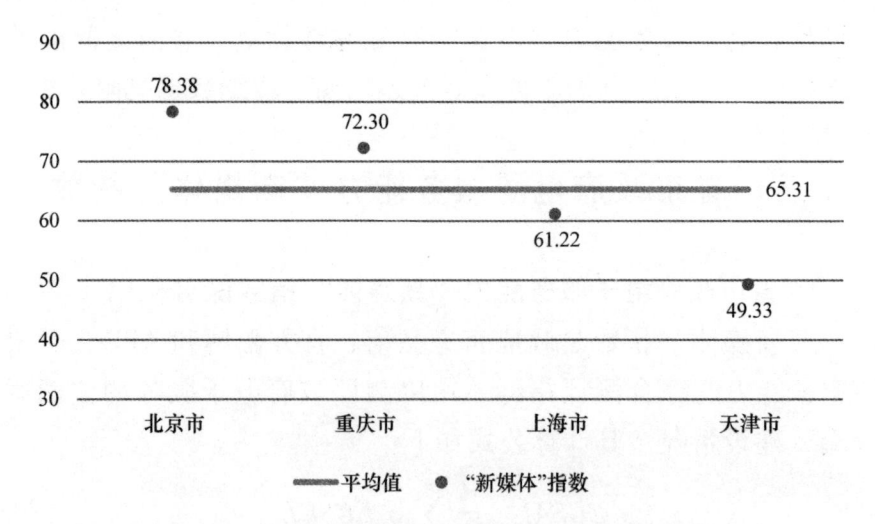

图 3-21　直辖市政府电子服务能力"新媒体"指数

从直辖市"新媒体"指数的组成维度来看,4个直辖市的微博渠道建设水平较为均衡,且都达到较高水平,微信渠道建设和APP渠道建设存在比较大的差异。

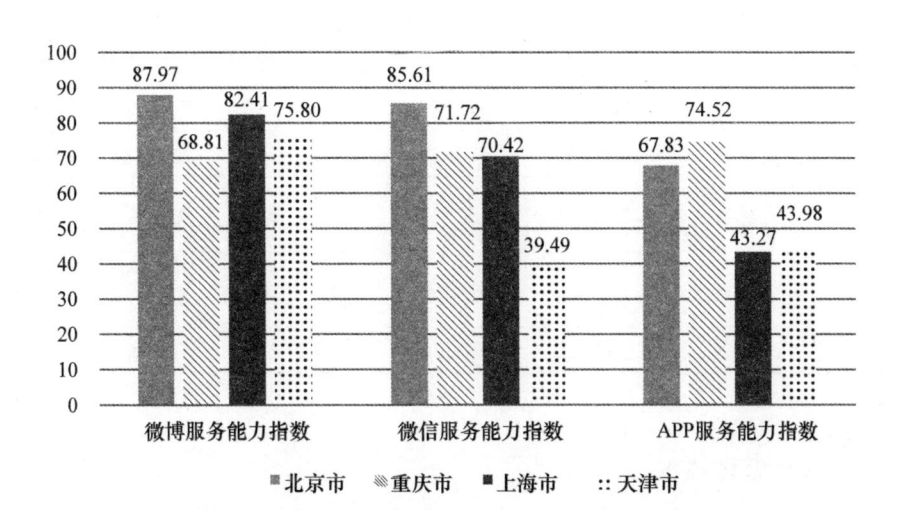

图3-22 直辖市政府电子服务能力"新媒体"渠道指数

直辖市"新媒体"指数方面,2019版排名次序为上海市、重庆市、北京市、天津市。2020版上海市与北京市的排名对换了位置,说明北京市2020年的新媒体指数有明显上升,上海市则明显下降,重庆市较去年略有下降,天津市虽然名次未变,但因为新开通了政务APP,所以指数有较大提升。

3. 省级政府电子服务能力"新媒体"指数

（1）省级政府电子服务能力"新媒体"指数

表3-12 省级政府电子服务能力"新媒体"指数

排名	省（自治区）	指数	排名	省（自治区）	指数	排名	省（自治区）	指数
1	浙江省	81.11	3	湖南省	71.99	5	海南省	68.43
2	云南省	78.32	4	广西壮族自治区	70.64	6	河北省	66.74

续表

排名	省（自治区）	指数	排名	省（自治区）	指数	排名	省（自治区）	指数
7	安徽省	64.83	14	湖北省	54.62	21	新疆维吾尔自治区	47.29
8	山西省	62.48	15	陕西省	53.34	22	辽宁省	46.93
9	江西省	61.50	16	福建省	53.01	23	河南省	46.48
10	贵州省	60.45	17	广东省	52.88	24	黑龙江省	44.57
11	吉林省	59.54	18	内蒙古自治区	52.87	25	山东省	43.85
12	江苏省	56.19	19	甘肃省	47.85	26	宁夏回族自治区	41.73
13	四川省	55.50	20	西藏自治区	47.67	27	青海省	32.41

（2）整体概况

在省级"新媒体"服务能力指数中，浙江省位列第1，云南省、湖南省、广西壮族自治区和海南省分列第2—5名。这5个省份在电子政务服务的"新媒体"建设上均有较好的表现，其中浙江省的APP服务能力突出，在APP上为使用者提供了非常全面的办事信息和便捷的参与渠道，云南省各方面建设较为均衡，湖南省在总体服务能力较为均衡的基础上，微信服务能力较为优秀，广西壮族自治区和海南省在APP服务方面较好的表现也使得其跻身前列。总体而言，各省"新媒体"指数的均值为56.42，整体处于中等水平。

从省级"新媒体"指数的组成维度来看，大部分省的3个渠道建设参差不齐，例如排名第1的浙江省和排名第2的云南省APP渠道的服务能力较为优秀，而排名第3的湖南省的微信渠道建设则明显高于其他两个渠道。总的来说，大部分排名靠前的省级政府的政务APP建设得最好；而排名靠后的省级政府的政务微博建设得最好，微信次之，APP较差。这是由于APP服务能力指数在"新媒体"指数中所占比重较大。另外，目前仅有青海省的"新媒体"缺失 APP 渠道，导致新媒体指数较低。

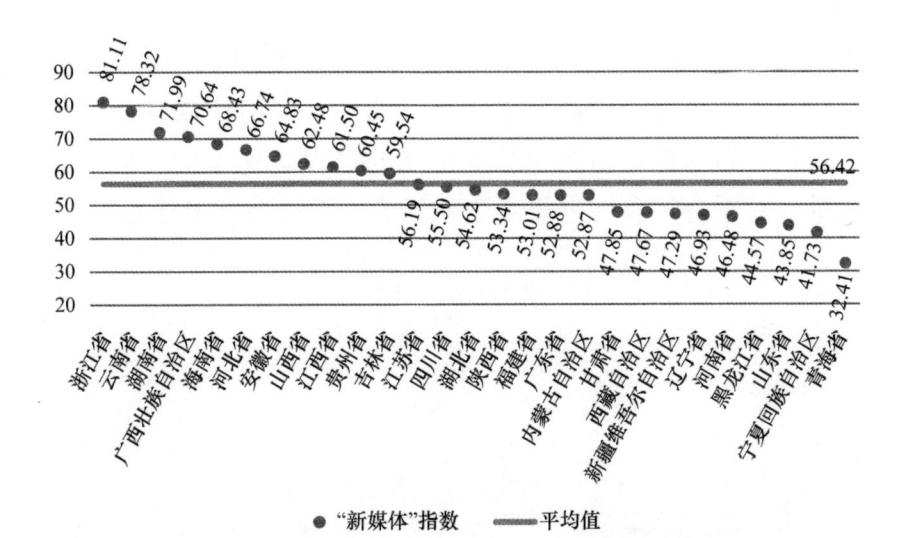

图 3-23 省级政府电子服务能力"新媒体"指数

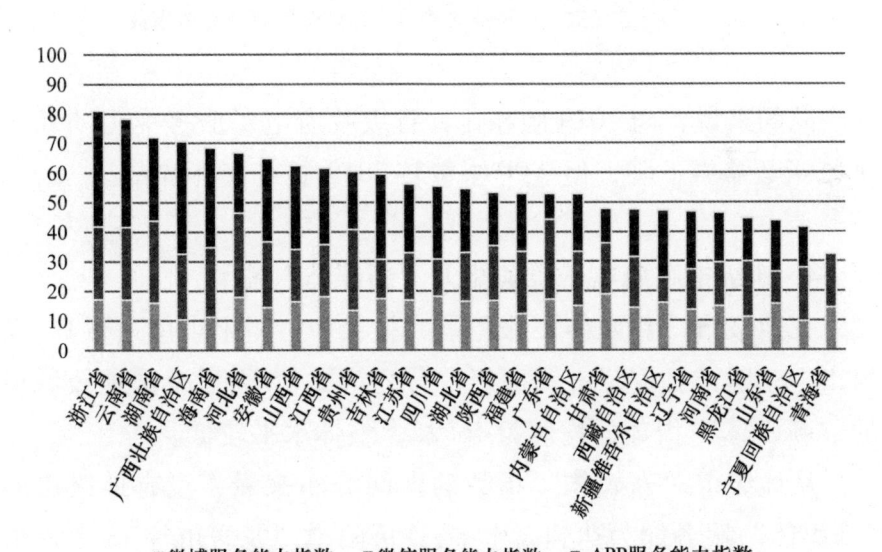

图 3-24 省级政府电子服务能力"新媒体"渠道指数

注："新媒体"指数中，微博指数满分为 21.74，微信指数满分为 34.78，APP 指数满分为 43.48，总分 100 分。

从省级"新媒体"指数各渠道维度的平均水平来看,微博的建设最优,微信和APP与之差距较大。各省的微博指数均值为69.95,处于较高水平;微信指数和APP指数的均值分别为55.07和50.74,处于中等水平。究其原因,APP对于线上服务的覆盖范围较窄,公众互动交流功能还有待加强,微信建设则存在仅偏重于新闻发布功能,而忽视其他功能的培育和建设的问题,而且微信本身的平台特点一定程度上限制了功能的进一步开发。

图3-25 省级政府电子服务能力"新媒体"渠道总体指数

总的来说,与2019版相比,省级政府电子服务能力"新媒体"指数略微下降,但APP指数较2019版有些许增长。

4. 地级市政府电子服务能力"新媒体"指数

在地级市"新媒体"服务能力指数中,岳阳市位列第1,龙岩市、三明市、铜陵市和福州市分列第2—5名。全国地级城市的"新媒体"指数的均值为46.22,整体水平较低。

从地级市"新媒体"指数的区间分布来看,没有地级市的"新媒体"服务能力达到高水平,;岳阳市、龙岩市等48个地市的"新媒体"服务能力达到较高水平,占比14.41%;三亚市、佛山市等184个地市的"新媒体"服务能力处于中等水平,占比55.26%;哈尔滨市、大连市等101个地市的"新媒体"服务能力处于低水平,占比30.33%。

从省域内地级市间电子服务能力"新媒体"指数来看，地级市服务能力差异最小的是湖北省，其标准差为4.62；其次是江苏省，标准差为5.86。可见，即使是标准差最小的两个省，省域内地级行政区之间的服务供给能力差异也不小。标准差最大的两个省区是宁夏回族自治区和西藏自治区，标准差分别为16.47和16.59。这些省份内地级行政区"新媒体"指数标准差极大的主要原因是省内个别地级市有渠道缺失的情况，导致低分极低，从而导致标准差较大。

表3-13 省域内地级市间电子服务能力"新媒体"指数差异表

排名	省份（自治区）	标准差	排名	省份（自治区）	标准差
1	湖北省	4.62	15	广东省	11.43
2	江苏省	5.86	16	浙江省	11.55
3	甘肃省	6.54	17	河北省	11.77
4	安徽省	6.71	18	四川省	11.81
5	山东省	7.03	19	广西壮族自治区	13.10
6	河南省	8.45	20	辽宁省	13.47
7	陕西省	8.71	21	新疆维吾尔自治区	13.82
8	内蒙古自治区	9.04	22	黑龙江省	13.90
9	山西省	9.09	23	贵州省	14.15
10	江西省	9.52	24	湖南省	14.51
11	云南省	9.53	25	海南省	15.61
12	青海省	9.62	26	宁夏回族自治区	16.47
13	吉林省	9.83	27	西藏自治区	16.59
14	福建省	11.14			

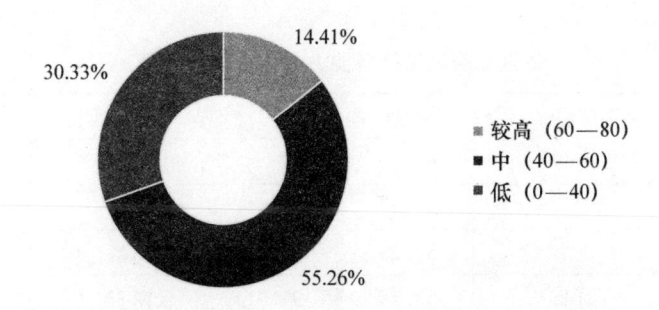

图3-26 地级市政府电子服务能力"新媒体"指数区间分布

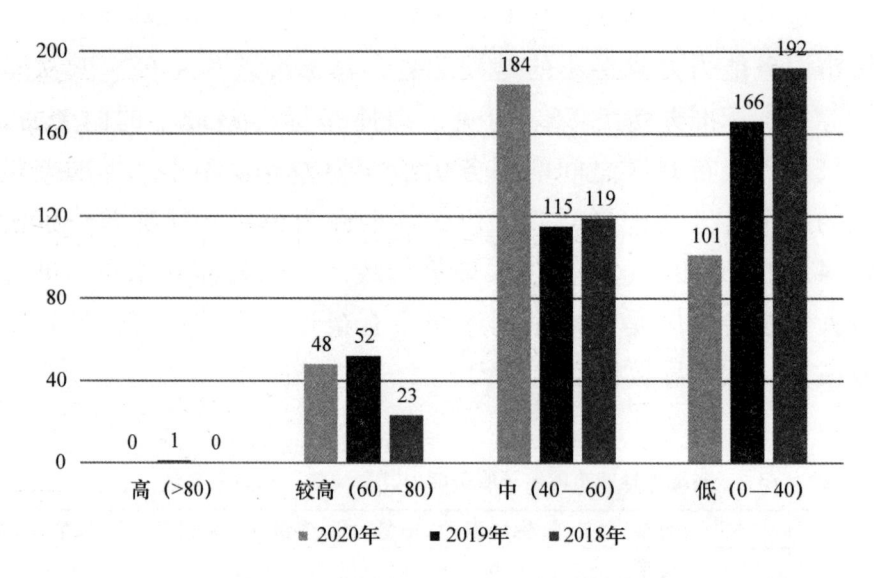

图 3-27 地级市政府电子服务能力"新媒体"指数区间分布年度对比图

总的来说，与 2019 版相比，地级市政府电子服务能力"新媒体"指数均值有所提高，其中"新媒体"指数处于中等水平的地级市数目有大幅度的上升，同时处于低水平的地级市数量大幅下降，说明总体而言，地级市的"新媒体"服务能力是有进步的。

5. 省份政府电子服务能力"新媒体"指数

（1）省份政府电子服务能力"新媒体"指数

表 3-14　　　　省份政府电子服务能力"新媒体"指数

排名	省（自治区）	指数	排名	省（自治区）	指数
1	安徽省	63.69	6	山东省	52.49
2	福建省	59.47	7	湖北省	52.22
3	浙江省	59.29	8	贵州省	51.60
4	江苏省	58.79	9	云南省	50.60
5	湖南省	53.10	10	陕西省	50.01

续表

排名	省（自治区）	指数	排名	省（自治区）	指数
11	山西省	48.70	20	吉林省	40.35
12	内蒙古自治区	48.43	21	广西壮族自治区	40.25
13	广东省	48.43	22	宁夏回族自治区	39.66
14	海南省	48.28	23	新疆维吾尔自治区	38.72
15	河北省	48.25	24	黑龙江省	37.92
16	四川省	46.27	25	西藏自治区	33.48
17	河南省	45.12	26	辽宁省	29.78
18	江西省	45.05	27	青海省	20.90
19	甘肃省	41.35			

注：此处总分保留两位小数，用以提高排名区分度。

（2）整体概况

在省份政府电子服务能力"新媒体"指数中，安徽省位列第1，福建省、浙江省、江苏省和湖南省分列第2—5名，这几

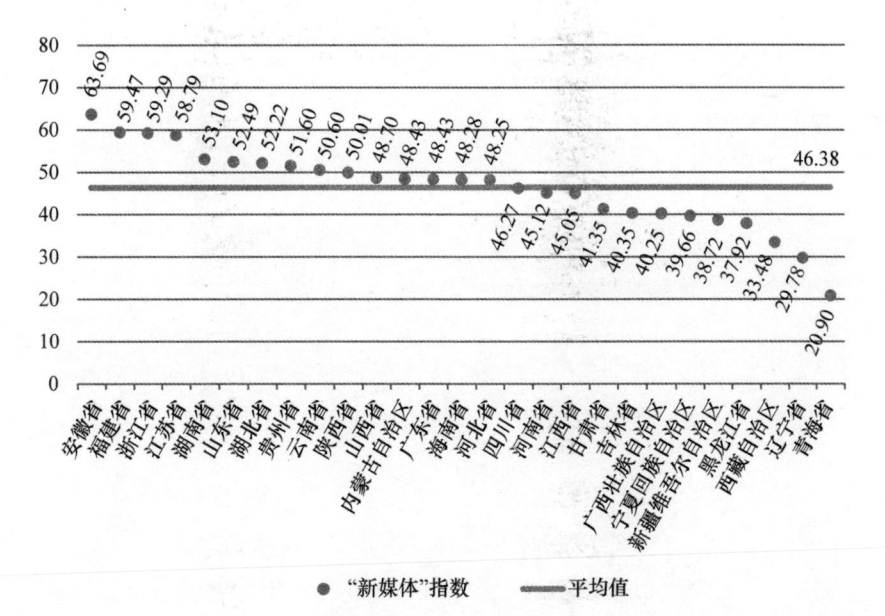

图 3-28 省份政府电子服务能力"新媒体"指数

个省及其下设地市的"新媒体"渠道建设相对均衡。排名靠后的省份主要集中在中西部地区和东北地区，在"新媒体"渠道的建设和发展上整体滞后。

四 省市政府电子服务最佳实践

（一）政府电子服务最佳实践甄选

在政府电子服务领域，随着科技发展，社会公众日益增长的服务需求与实际供给不足、质量不高的矛盾逐渐显现，各省市服务供给能力水平差距逐渐拉大。如何缩小各地区差距，保障不同地区、行业、阶层、群体的利益，是目前电子政务服务持续发展首先要解决的问题。本报告选取了政府电子服务能力水平较高的优秀案例，希望对各省市政府电子服务建设起到启发性的作用。

通过筛选，在政务网站、政务微博、政务微信和政务 APP 4 个渠道中各选取 8 个省（市）的电子服务媒体作为最佳实践。政务网站的最佳实践分别是上海市人民政府、海南省人民政府、南宁市人民政府等；政务微博的最佳实践分别是"北京发布""甘肃发布""武汉发布"等；政务微信的最佳实践分别是"首都之窗""河北发布""江门发布"等；政务 APP 的最佳实践分别是"重庆市政府""浙里办""e 龙岩"等。

这里的最佳实践是根据工作团队对"两微一端"及政务网站进行测评所得的各项渠道指数排名，分别从直辖市、省级和地级市政府中甄选出指数排名较高的最佳实践案例。

(二) 省市政务网站最佳实践

1. 直辖市政务网站最佳实践

上海市在直辖市网站服务能力指数中位列第1，其官方网站"上海市人民政府"在信息服务能力、事务服务能力、参与服务能力、服务提供能力和服务创新能力方面均有出色表现。在信息服务能力方面，上海市政务网站的机构职能介绍完整、清晰，信息发布权威、时效性高，基本满足市民对信息互通互联、资源共享的需求。

图4-1 上海市人民政府网站首页

上海市人民政府网在事务服务能力和服务提供能力方面十分突出，其办事服务页有专项的服务板块，包括政务服务、便民服务和利企服务,服务门类齐全。政务服务进一步按照个人、法人和部门进行划分,查找方便。该市办事服务页面同时设置"本市居民""非本市居民""商贸人士""境外人士"等专题频道以及热门查询栏目,服务门类清晰,界面友好,办事效率高。

图4-2 上海人民政府一网通办首页

在参与服务能力方面,上海市人民政府网领跑全国,其在政企互动和市民参与两方面都有出色表现。在互动交流页面设立了市长之窗和市委领导信箱等交流平台,方便市民与企业直接向市长、市委领导等反映问题、提出建议、表达诉求。

2. 省级政务网站最佳实践

(1) 海南省

海南省在省级网站服务能力指数中排名第1,其官方网站"海南省人民政府"在信息服务能力、事务服务能力、参与服务能力和服务提供能力等方面均有出色表现。海南省政务网站功能上支持多种语言和辅助老人、盲人使用的无障碍浏览,并且有帮助市民使用网站的智能机器人。在信息服务方面,该网站及时发布权威要闻及政策动态,基本满足市民的信息需求。

图4-3　上海市政民互动界面

图4-4　海南省人民政府导航界面

在事务服务和服务提供能力方面，海南政务服务网对事项进行了多个维度的合理划分，如"个人服务""法人服务""部门服务""主题服务"等。服务门类清晰，查找方便，办事效率高。而且网站还提供了办事指南、进度、证照、物流以及支付等多种查询，实现了事务的全网通办，全方位服务市民。

在参与服务能力方面，海南省有十分出色的表现。其"互动"模块设立了省长信箱、网上信访、在线访谈、业务知识库、征集调查、人大建议、政协提案和12345热线等板块，提

图4-5 海南政务服务网首页

供了市民和企业向省长、副省长反映问题和表达诉求的交流平台。

(2) 安徽省

安徽省官方网站"安徽省人民政府"在政务网站渠道表现优异。在信息服务能力方面,安徽省政务网站的信息发布权威、时效性强,可为公众提供党中央、国务院、安徽省的各类政策和新闻,而且其导航栏的"徽风皖韵"模块有强烈的本省特色。

在参与服务能力方面,"安徽省人民政府"除政民互动模块外还单独开辟了"省长之窗"模块,将各位省长、副省长的分管工作和个人简介详细列出,并为公众开放所有省长的通信渠道。

在服务提供能力方面,其政务服务网提供了清晰的导航栏,包括个人服务、法人服务、阳光政务、办事互动、全程网办、办好一件事、场景式服务和服务好差评,并在主页提供了"主题集成服务""跨区域通办服务"和"特色服务"三个模块，服务事项分门别类，清晰可查。

图4-6 安徽省人民政府首页

图4-7 安徽省人民政府"省长之窗"

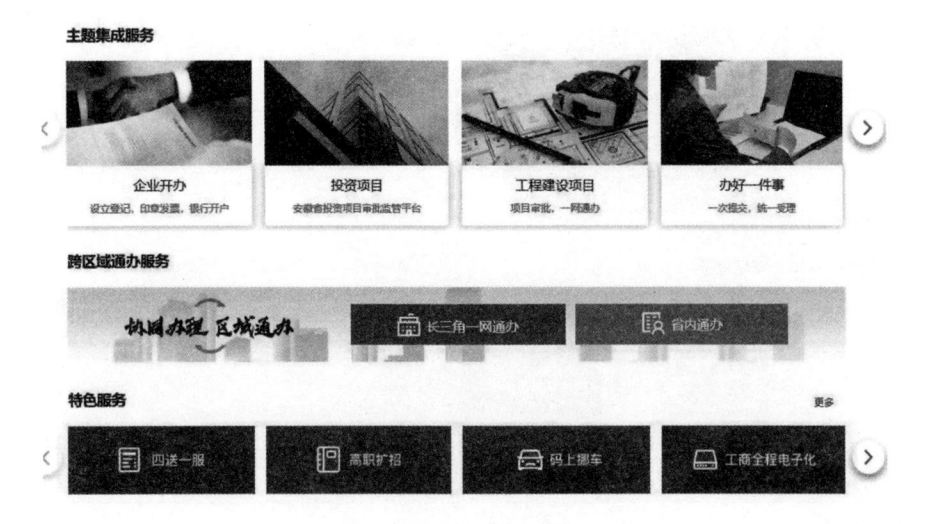

图 4-8　安徽政务服务网

(3) 浙江省

浙江省官方网站"浙江省人民政府"网站具有鲜明的本省特点，其首页分为"浙里看""浙里办""浙里督"和"浙里

图 4-9　浙江省人民政府首页（上）

图 4-10 浙江省人民政府首页（下）

问"四大模块，分别从信息服务、事务服务和参与服务等方面全方位为市民提供政务服务。

在事务服务能力方面，浙江省提供了个人服务、法人服务、部门窗口和服务清单等多种类别。网站同时还提供了服务满意度、服务用户数和特色服务等在线服务成效数据，在"好差评"模块提供省级单位和各地市的办件量、差评数和按期整改率，

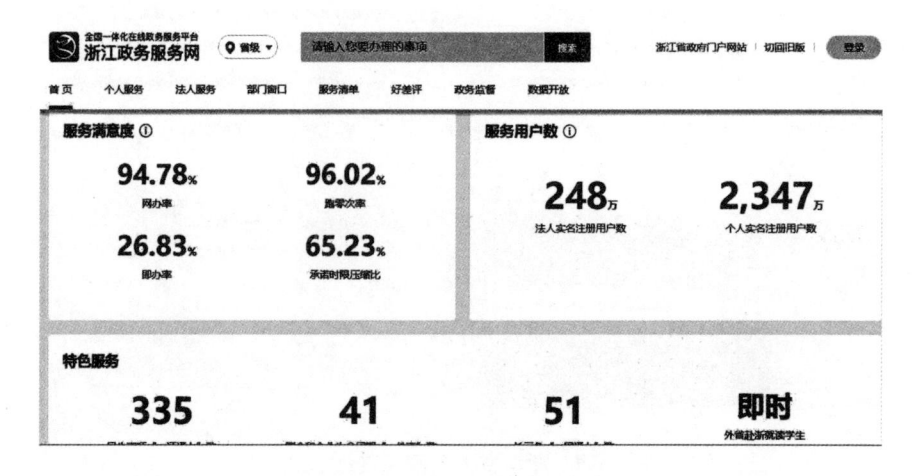

图 4-11 浙江政务服务网首页

对评价渠道进行可视化展示,并列出了部分公众评价。

浙江省在网站导航中还提供了专门的"数据开放"平台接口,在数据开放平台中将数据按领域和部门进行归类,并且为了方便公众使用开放数据,网站还提供了数据预览、新手指南、接口申请和应用提交等使用指南。截至目前,该平台已开放42个省级单位,1104个数据集(含555个API接口),5662项数据项,48846294条数据。

图4-12 浙江省数据开放平台首页

浙江省搭建了统一政务咨询投诉举报平台,方便公众线上参政议政。而且,浙江省在"政民互动"模块的"领导信箱"中对每位省长和副省长的职责进行清晰介绍,方便群众根据自己的问题选择合适的领导写信。

3. 地级市政务网站最佳实践

(1) 南宁市

南宁市在地市级网站服务能力指数中排名第一,其官方网站"广西南宁市人民政府门户网站"在信息服务能力、事务服务能力、参与服务能力、服务提供能力和服务创新能力等方面

图 4-13　浙江省政务服务网"领导信箱"

均有出色表现。在信息服务能力方面，南宁市网站能够及时更新新闻资讯、提供全面的政府职能介绍、对政策进行解读等。网站还根据当地民族特色提供了多种少数民族语言版本。

图 4-14　广西南宁市人民政府门户网站首页

在事务服务能力方面，其政务服务网分为"我要看""我要查""我要问"和"服务超市"4个部分,并且提出了"政务服务'简易办'"的概念,将服务事项分为个人服务、法人服务、部门服务和便民服务4个类别,列出每个类别的热门服务,并按照主题归类。

图4-15 南宁市政务服务网首页

在参与服务方面,南宁市提供多种渠道,包括给市长写信、

图4-16 南宁市政府网站政民互动板块

网上信访、网上举报、在线咨询和智能问答。除此之外，网站还包括民意征集、常见问题和在线访谈几个模块，并列出了一些真实的咨询、投诉案例。

（2）马鞍山市

马鞍山市的官方网站"马鞍山市人民政府"在政务网站的建设上表现优异。在信息服务方面，政务网站的信息发布权威、时效性强，将重点建设项目、市政府信息和依申请公开等方面的信息分门别类地整理列出。

图4-17 马鞍山市人民政府网站首页

网站专门开辟了数据开放板块，将开放数据按照领域和机构进行划分。截至目前，已开放30个部门的173个数据集，共2781824条数据，32443次下载。通过数据开放，促进数字经济健康发展，提高政府治理能力和服务水平，激发市场活力和社会创造力。

图 4-18 马鞍山市人民政府网站数据开放板块

在事务服务和服务提供能力方面,其政务服务网将个人服务、法人服务和热门服务中的事项按照主题进行整理,使群众能够快速便捷地找到目标。同时,该网站还对办理事项的数据进行了公开。

在参与服务能力方面,该网站设置了咨询投诉、市长信箱、部门信箱、征集调查、在线访谈、市长热线、效能投诉和政风行风热线等多种类别的参政渠道,并且详细介绍了每种渠道的参政类型。

(3) 黄山市

黄山市官方网站"黄山市人民政府"在政务网站的建设上有突出的表现。信息服务能力方面,黄山市政务网站能够及时发布权威信息,对政府各项动态、相关政策以及重点领域等方面的资讯进行展示,方便市民全面了解政务信息。

图4-19　马鞍山市人民政府网站互动交流板块

图4-20　黄山市人民政府网站首页

　　事务服务和服务提供能力方面，黄山市人民政府网站同样有出色表现。其办事服务页类目清晰，除按热点服务、个人办事、法人办事和部门办事对事项进行划分外，还设置了民生领域服务、场景式服务和便民服务模块，为公众办事提供了便利。

该网站同时对办事状态进行了公示,主动接受公众监督。

图 4-21 黄山市人民政府网办事服务板块

4. 省份政务网站最佳实践

省份的网站服务能力指数是包含省级政府以及所有省辖市网站服务能力的综合指数。浙江省整体的网站服务能力指数为85.21,在所有省份中排名第1,其省级政府和省辖市政府的网站服务能力都比较好。

(1) 浙江省及省辖市政务网站服务能力指数排名

在地级市网站服务能力指数排名中,浙江省内地级市总分位居全国前20%的城市共有6个,占浙江省地级市总数的54.55%,表明浙江省有超过一半的地级市政务网站服务能力位于全国前列。浙江省内排名前两位的地级市是丽水市(网站服务能力指数为90.77)和杭州市(网站服务能力指数为90.39),两市分别位居全国第16、18位。与此同时,在全国333个地级市的排名中,浙江省有10个城市的排名位列全国前百名且分数在80分以上,仅舟山市处于第179位,表明浙江省的政务网站服务能力较国内其他省份优势明显。

从2020版报告与2019版报告的排名对比来看,虽然浙江省整体政务网站服务能力保持第1位，但其省内地级市的整体排名却略有下降。具体来说，浙江省省级政务网站服务能力排名从2019版的第12位上升至第3位，丽水市、杭州市和嘉兴市分别上升了27位、15位、59位。而其余8个地级市的排名则均有不同程度的下降。

(2) **浙江省政务网站服务能力指数**

从政务网站服务能力整体得分情况来看，浙江省平均服务能力指数为85.28，全国平均服务能力指数为74.36，表明浙江省的政务网站服务能力远高于全国平均水平，领先全国平均水平14.69%。在表4-1中可以看到，浙江省下属11个地级市的政务网站服务能力指数全部高于全国平均水平，说明浙江省整体的服务水平在全国范围内处于领先地位。

表4-1　　浙江省及省辖市政务网站服务能力指数排名对比

排名 地区	2020 排名	2019 排名	排名变化
浙江省	3	12	↑9
丽水市	16	43	↑27
杭州市	18	33	↑15
湖州市	30	7	↓23
嘉兴市	44	103	↑59
宁波市	60	2	↓58
衢州市	63	16	↓47
温州市	70	63	↓7
金华市	73	20	↓53
绍兴市	79	53	↓26
台州市	83	59	↓24
舟山市	179	51	↓128

(3) **浙江省政务网站典型案例**

浙江省官方网站"浙江省人民政府"在所有省级网站服务

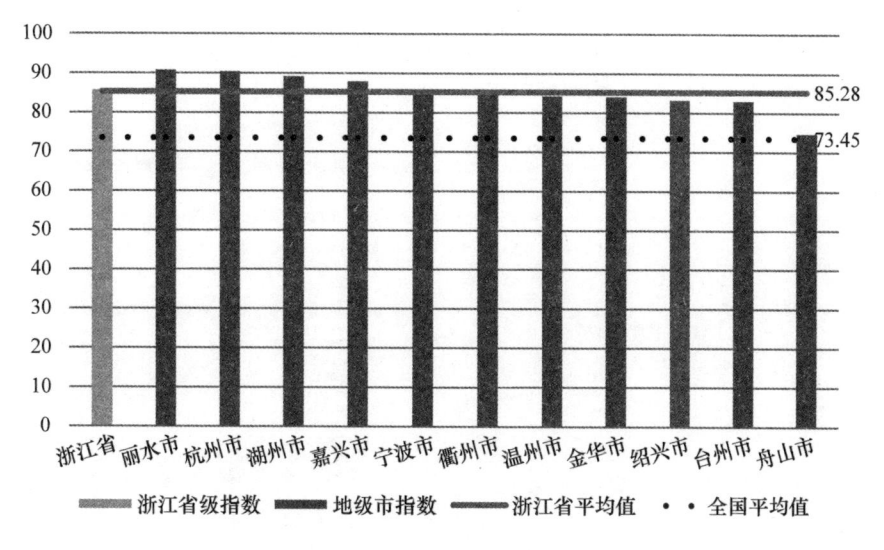

图 4-22 浙江省政务网站服务能力指数

能力指数排名中位列第 3 名，在 5 个维度均有不俗的表现，特别是其全省统一的政务服务网为公众办事提供了极大的便利，也使得省内地级市的事务服务能力和服务提供能力都相对较高。除此之外，浙江省的各地级市也均有自己的特色。

丽水市在浙江省下属 11 个地级市的政务网站服务能力指数排名中列第 1 位，其事务服务能力和服务创新能力甚至达到满分。网站不仅能够及时发布有用信息，而且服务门类清晰，便捷易用。底部菜单栏中提供公用模块，对网站地图、隐私声明、网站声明、使用帮助和联系方式进行详细的说明与讲解。

杭州市政务网站服务能力指数在浙江省所辖地级市中排名第 2 位，其官方网站"中国杭州"在信息服务能力、事务服务能力、参与服务能力和服务提供能力方面均有不俗表现，但服务创新能力略逊一筹。网站将杭州市的旅游城市属性发挥得淋漓尽致，在首页侧方的主导航栏中列出"旅游名城"和"电子地图"两个板块，给出旅行攻略等全方位相关信息，极大地方

图 4-23 丽水市人民政府网站公用模块

便了外地游客。

而且，杭州市地理信息公共服务平台十分完善，在地图服务下设在线地图、专题图层、地图 API、在线更新、标准地图和成果目录几个板块；在开发资源中为开发者提供应用程序开发接口和在线服务资源，能够满足各类基于地理信息的应用开发需求；在典型应用中列出了地理信息专业知识服务系统、地质云、中央气象台·台风网/AIS 信息服务平台、国家数据和国家突发事件预警信息发布网等相关应用内平台。

湖州市官方网站"湖州市人民政府"在浙江省所辖地级市政务网站服务能力指数位列第 3，其事务服务能力和服务创新能力达到满分。网站的"政务公开"模块建设得清晰明了，将各类公开项目分门别类，按照流程划分为决策公开、执行公开、管理公开、服务公开和结果公开五大方面。同时，网站又根据公开项目的内容和领域进行分类整理，并在页面上列出"四张清单"（政府权力清单、政府责任清单、企业投资负面清单和专项资金管理清单）以及"新媒体矩阵"（APP 矩阵、微信矩阵和微博矩阵）的链接图标，一目了然。

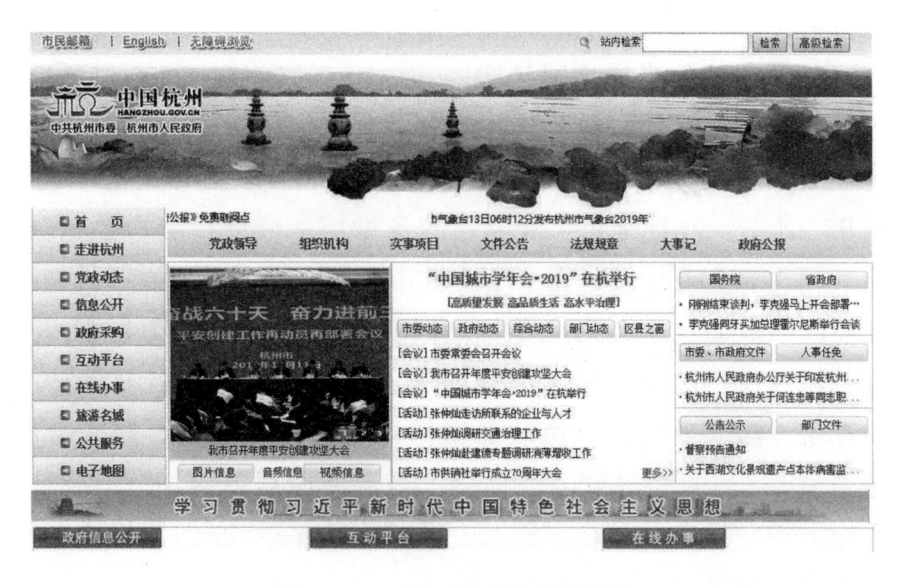

图 4-24 "中国杭州"网站首页

图 4-25 湖州市人民政府网站政务公开页面（部分）

（三）省市政务微博最佳实践

1. 直辖市政务微博最佳实践

北京市在直辖市微博服务能力指数中排名第1，服务创新能力和服务提供能力均达到满分，信息服务能力也极为优秀，达到92.67分。相比之下，北京市政务微博的微博影响力要稍弱，但其拥有843万粉丝，在4个直辖市中粉丝数量位居第1，受众规模巨大。而且"北京发布"微博于2011年11月17日正式上线，可以说是最早一批采纳微博这一新媒体途径进行政务传播的省份。深入分析北京市政务微博，其微博影响力分数较低的原因主要是活跃度和交互性偏弱，即微博原创内容和微博点赞、评论、转发的数量较低，建议后期多增加一些原创性板块，并注意加强与民众之间的互动。

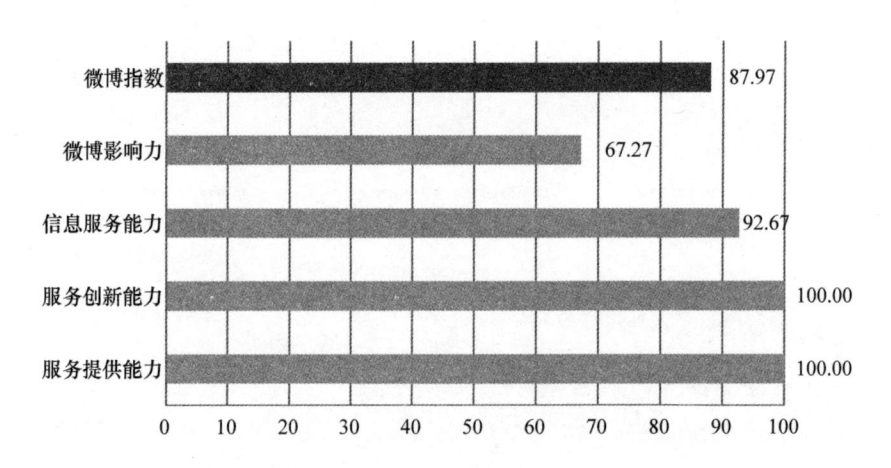

指标	分数
微博指数	87.97
微博影响力	67.27
信息服务能力	92.67
服务创新能力	100.00
服务提供能力	100.00

图4-26 "北京发布"微博总指数与各子能力维度指数

北京发布的微博内容主要是用于传递政务信息，为群众提供服务资讯，及时倾听群众诉求和发布群众所关注的信息。纵览"北京发布"的微博主页，政务新闻、生活资讯、宣传教育、理念传播等内容通过各种多媒体形式展现，包括视频、图片、文章、链接等。如图 4-27、图 4-28 显示，北京市政务微博还引入了直播和微博投票等新形式，创新了与人民群众之间互动与交流的新途径。

图 4-27 "北京发布"微博采用直播形式进行信息交流发布

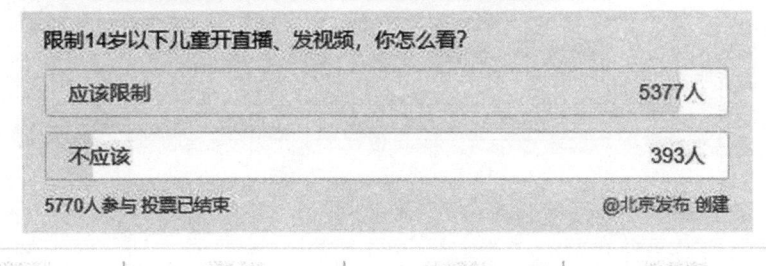

图 4-28 "北京发布"微博采用微博投票形式进行民众意见调查

此外，"北京发布"微博中会时常发布北京市政务微信的相关内容链接与二维码,加强新媒体矩阵之间的联系,实现导流。通过各种新渠道的信息展示,让"北京发布"的服务创新能力分值达到满分。

2. 省级政务微博最佳实践

(1) 甘肃省

甘肃省在省级微博服务能力指数中排名第1,其服务创新能力和服务提供能力均达到满分水平,信息服务能力也几近满分,高达98.72分。从各子能力维度指标来看,其微博影响力分数偏低的原因是因为其政务微博的活跃度和交互性较差,是"甘肃发布"政务微博亟待提高的两个指标。

甘肃省政务微博的主要功能是为民众提供甘肃政务民生资讯和带领群众领略甘肃独特魅力。在信息服务能力方面,"甘肃发布"在实用性和时效性指标上表现极为出色,其微博发布内容紧跟社会热点与潮流,积极响应国家号召。例如在新中国成立70周年之际,甘肃省举办"甘肃宣传思想文化发展成就展",将其展区入口展示在甘肃省政务微博首页正上方显眼处,方便群众积极参与,极大程度地提高了政务信息资源获取的效率。

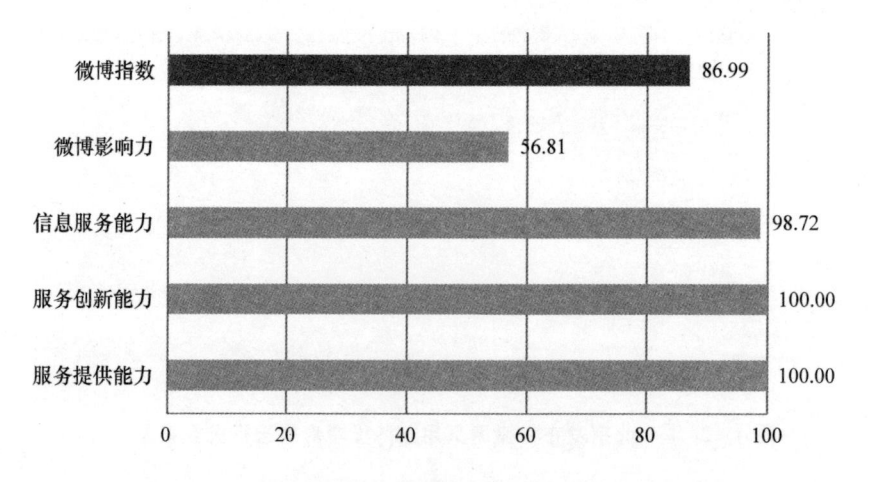

维度	分值
微博指数	86.99
微博影响力	56.81
信息服务能力	98.72
服务创新能力	100.00
服务提供能力	100.00

图4-29 "甘肃发布"微博总指数与各子能力维度指数

图 4-30 甘肃省政务微博有效链接"甘肃宣传思想文化发展成就展"

(2) 四川省

四川省在省级微博服务能力指数中排名第 2，其政务微博的服务提供能力和信息服务能力表现较为优异，子能力指数分别达到 100 分和 96.28 分；其政务微博影响力子能力指数虽然仅有 67.27 分，但该维度此分数在省级 27 个政务微博中已是最高分水平。"四川发布"自从 2010 年 12 月 29 日上线以来，粉丝数达到 536 万，信息规模（总发博数）达到 6 万多条，在省级政务微博中具有较大影响力。

四川省政务微博的口号是"始终站在你身边，为你传递政务信息，提供群众服务资讯。爱生活，爱天府。"该口号在"四川发布"微博中有良好体现。其微博发布的内容不仅涵盖政务新闻资讯，还包含了许多生活技能、娱乐、美景等，极大程度

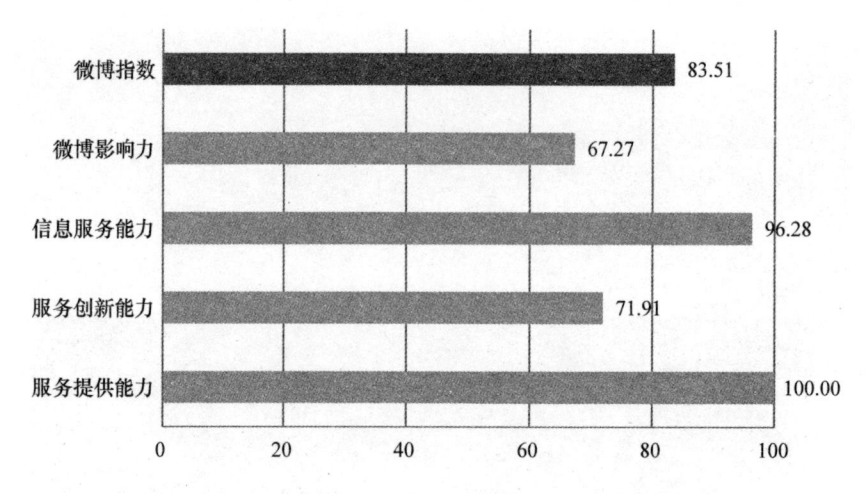

微博指数	83.51
微博影响力	67.27
信息服务能力	96.28
服务创新能力	71.91
服务提供能力	100.00

图 4-31 "四川发布"微博总指数与各子能力维度指数

地提高了民众的浏览兴趣。

在服务创新能力方面，四川省政务微博在吸收能力指标方面表现较为良好。特别是在微信公众号的新媒体链接上，"四川发布"将其微信公众号的二维码直接附在其微博主页的正上方，而其他政务微博大多需要在主页内进行逐页查找或是关键词搜索，并进行一定的信息量筛选后才能得到微信相关推送。该行为极大程度地减小民众获取信息的困难，节省了巨大的时间成本。

(3) 江西省

江西省在省级微博服务能力指数中排名第3，其服务提供能力达到满分；信息服务能力和服务创新能力的表现也较好，分数较为接近，分别为93.72分和89.36分；微博影响力方面表现中等，子能力指数为56.36分。

在信息服务能力方面，"江西发布"政务微博的权威性指标表现较好。其政务微博在内容发布的同时十分关注版权与知识产权等意识，会在其发布的微博中标注出转载信息的来源和出处，既提高了其微博内容的可信程度，也保障了内容的专业性和权威性。

图4-32 "四川发布"将其微信公众号二维码附在微博首页

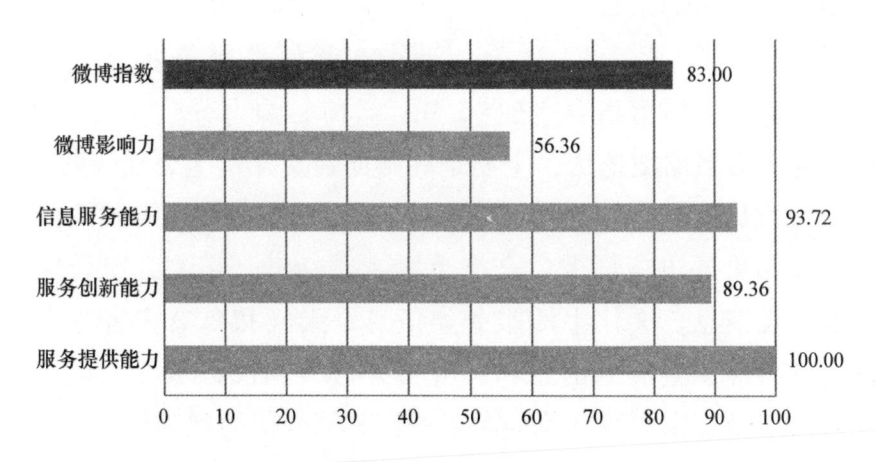

图4-33 "江西发布"微博总指数与各子能力维度指数

在服务创新能力方面，"江西发布"政务微博在其微博主页的左侧功能栏里清晰地列出其省直单位与地市发布的微博账号，生成新媒体地矩阵，便于民众根据其具体需求进行准确的账号获取，极大程度地节省了民众的时间成本，并避免了民众获取假冒、错误微博官方账号的可能。

3. 地级市政务微博最佳实践

（1）武汉市

湖北省武汉市在地级市微博服务能力指数中排名第1，服务提供能力和服务创新能力达到满分，且发布时长、采纳能力、吸收能力等3项指标均为满分。其信息服务能力表现也

图4-34 "江西发布"微博首页省直单位、地市发布的矩阵展示

十分优异，子能力指数达到95分；微博影响力分数相较其他3项子能力分数略微落后，主要是其微博在交互性上表现较弱。

"武汉发布"政务微博的主要功能为发布市委、市政府的中心工作和重要决策部署，全市重大主题活动，市委、市政府新闻发布类信息，文化生活服务类信息，天气和自然灾害等突发性公共事件预警应对信息和回应督办落实网民诉求等。整体内容较为丰富，极大程度地提高了关注其账号的粉丝黏性。

在信息服务能力方面，武汉市政务微博的易得性指标表现优异且达到满分。"武汉发布"在其微博首页的正上方通过流动图片，详细地给出了网民留言办理流程的具体内容，包括可留

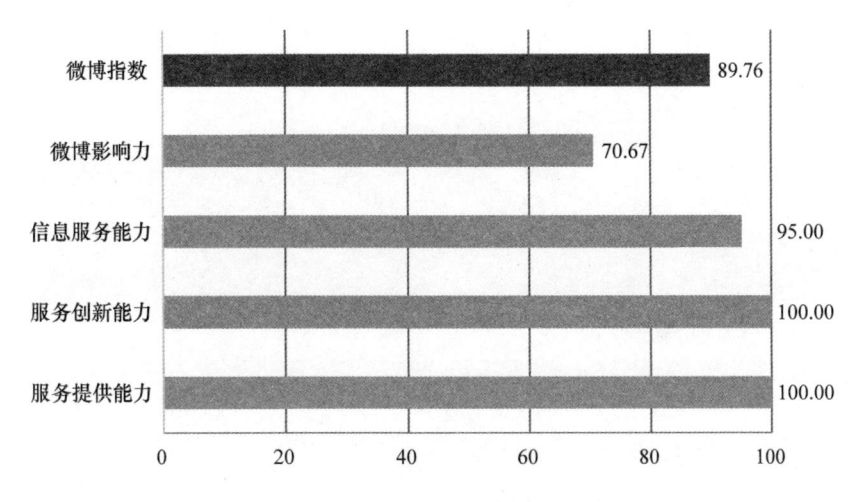

维度	分数
微博指数	89.76
微博影响力	70.67
信息服务能力	95.00
服务创新能力	100.00
服务提供能力	100.00

图 4-35 "武汉发布"微博总指数与各子能力维度指数

言具体方式(如网站、APP、官方微信),以及收件、回复、通报、评议的具体情况。网上办事的流程透明化是每一个政务服务平台都应该做到的基本功能。

(2) 广州市

广东省广州市在地级市微博服务能力指数中排名第2,其服务创新能力和服务提供能力表现优异,分数均为100分;信息服务能力表现也较好,为95.12分;微博影响力由于其交互性和活跃度分数偏低,导致其分数为67.27分,但总体表现也较为良好。

"中国广州发布"微博的口号是"微"言大义,"博"系温暖,"中国广州发布"与您携手共织千年羊城美景、同绘国际商贸中心繁华、分享"幸福广州"美好生活。在信息服务能力方面,广州市政务微博在内容的组织上具有条理性,内容分类明确,实用性强。"中国广州发布"的大部分原创微博都会以各种标签的形式进行分类标出,例如"广州城事""广式生活""食在广州""小布online"等,此种方式便于群众对其感兴趣的特定话题进行直接查看,免去大篇幅筛选的步骤,极大程度地方便了群众的信息获取。

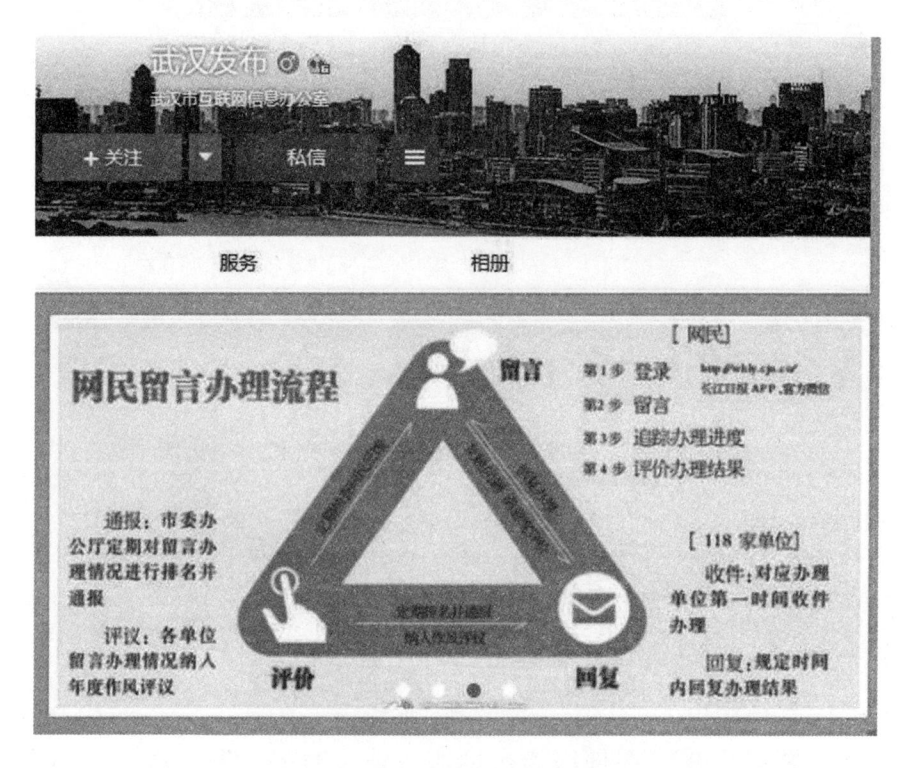

图4-36 "武汉发布"微博首页展示网民留言办理流程

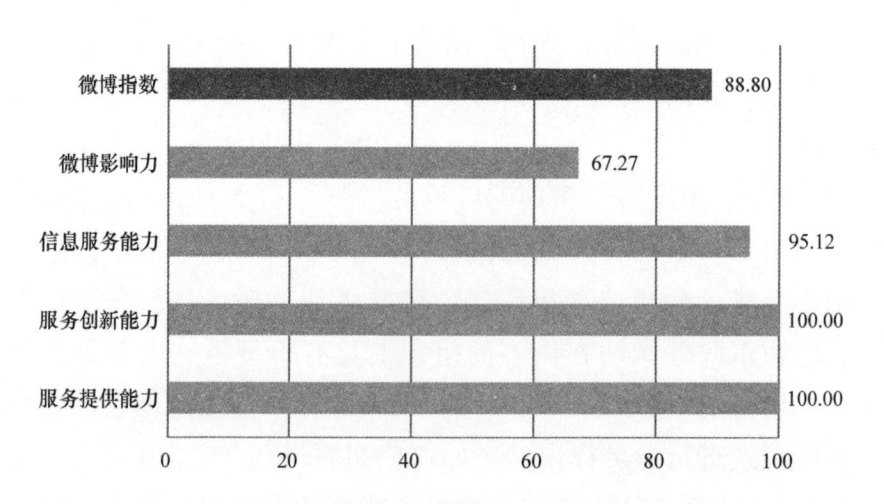

图4-37 "中国广州发布"微博总指数与各子能力维度指数

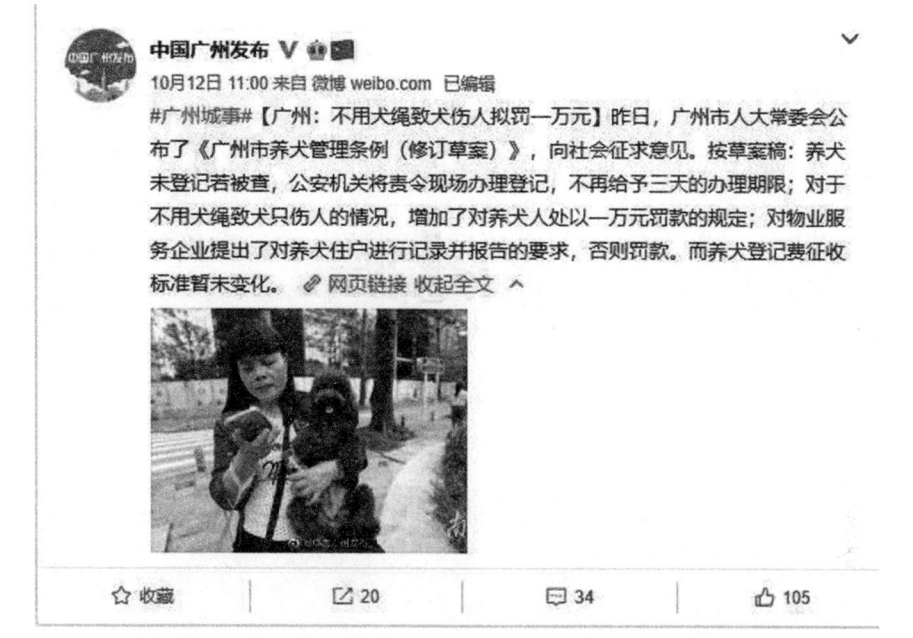

图4-38 "中国广州发布"微博通过标签形式分类内容

（3）达州市

四川省达州市在地级市微博服务能力指数中排名第3，其服务提供能力、服务创新能力、信息服务能力表现均十分优异，

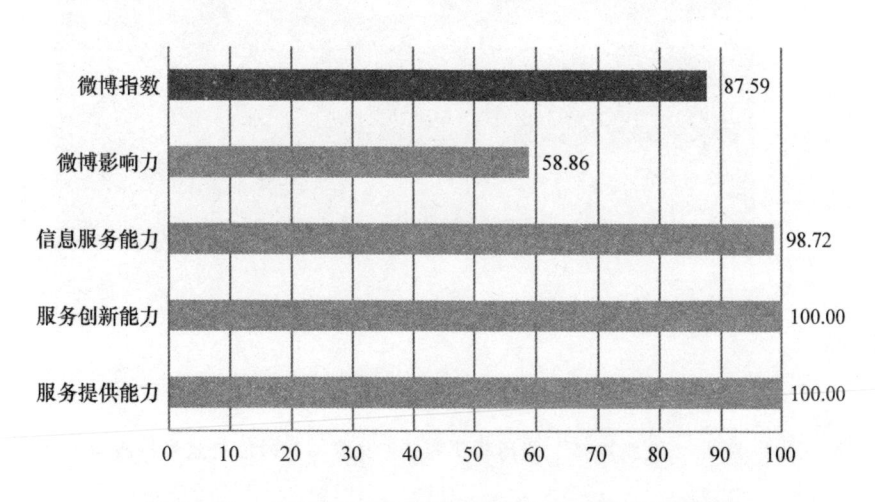

维度	指数
微博指数	87.59
微博影响力	58.86
信息服务能力	98.72
服务创新能力	100.00
服务提供能力	100.00

图4-39 "达州发布"微博总指数与各子能力维度指数

子能力指数分别为 100 分、100 分和 98.72 分。唯一不足的是其政务微博在微博影响力上的表现略微落后,主要是由于其微博交互性较差。

"达州发布"政务微博的口号是依偎在巴人故里、红色达州的怀抱倾听心跳;站立于凤凰山上眺望中国气都、幸福达州的恢宏发展。诗意且有情调的口号风格与达州市的山水人情完美融合,而达州市政务微博也将这种风格进行融入,带来的就是其微博文字的优美,图文、视频、文章等内容的排版清晰流畅,极大程度地提高了民众的浏览兴趣。

在服务创新能力方面,"达州发布"在其微博进行新闻公告发布时,会将其政府的微信公众号内容附为文章链接在微博中。此举在一方面提高了达州市新媒体运营的效率,另一方面也成功将新媒体的多渠道进行打通导流。

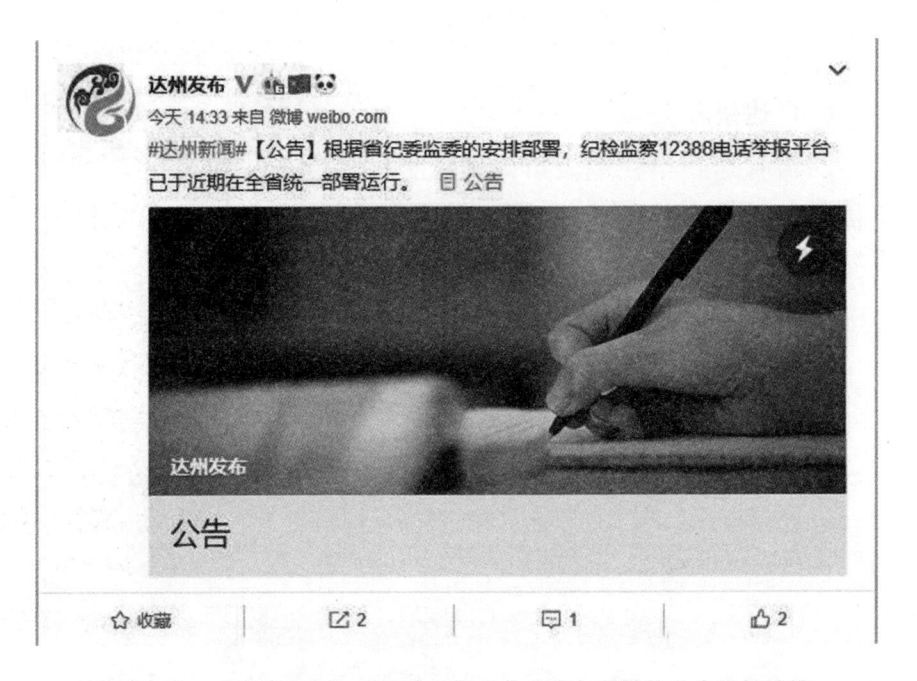

图 4-40　"达州发布"微博将新闻公告文章与其微信公众号相链接

4. 省份政务微博最佳实践

省份的微博服务能力指数是包含省级政府以及该省地级市微博服务能力的综合指数。在省份政务微博服务能力排行中，省份综合指数排名第1的是江西省，省份综合微博服务能力指数为77.45分。

（1）江西省政务微博服务能力指数排名情况

在地级市政务微博服务能力指数排名中，江西省内地级市总分位居前10%的城市共有4个，占江西省地级市总数的36.36%，表明江西省接近三分之一地级市的政务微博服务能力水平在全国处于领先地位，且江西省级政务微博的服务能力指数排名也从2019版报告中的第2位跃居第1位。江西省地级市中，政务微博服务能力指数排名第1的是新余市，以总分85.59分的高水平居全国第6位。与此同时，在全国333个地级市排名中，江西省有9个城市排名位列全国排名的前三分之一，表明江西省政务微博服务能力水平较国内其他城市表现优异。

与2019版报告相比，江西省内地级市的政务微博服务能力排名整体上升较快。其中景德镇市排名上升幅度最大，从2019版的86名跃升到2020版的18名，排名上升68位。除此以外，新余市排名提高21位，抚州市排名提高18位，九江市排名提高61位，萍乡市排名提高23位，上饶市排名提高37位。而其中南昌市、宜春市、赣州市、鹰潭市、吉安市排名略有下降，但整体来看，江西省地级市的整体服务能力水平都有大幅度提升。

表4-2　　　　江西省政务微博服务能力排名的年度对比

排名 地区	2020年报告排名	2019年报告排名	排名变化
江西省	3	13	↑10

续表

排名 地区	2020年报告排名	2019年报告排名	排名变化
新余市	6	27	↑21
南昌市	17	7	↓10
景德镇市	18	86	↑68
抚州市	31	49	↑18
九江市	38	99	↑61
萍乡市	48	71	↑23
宜春市	75	43	↓32
赣州市	86	83	↓3
鹰潭市	90	87	↓3
上饶市	126	163	↑37
吉安市	168	134	↓34

（2）江西省政务微博服务能力指数得分情况

从地方政府政务微博服务能力整体得分情况来看，江西省地级市政务微博服务能力平均得分为76.95分，全国平均得分为61.96分。由此可见江西省政务微博的平均服务能力水平要

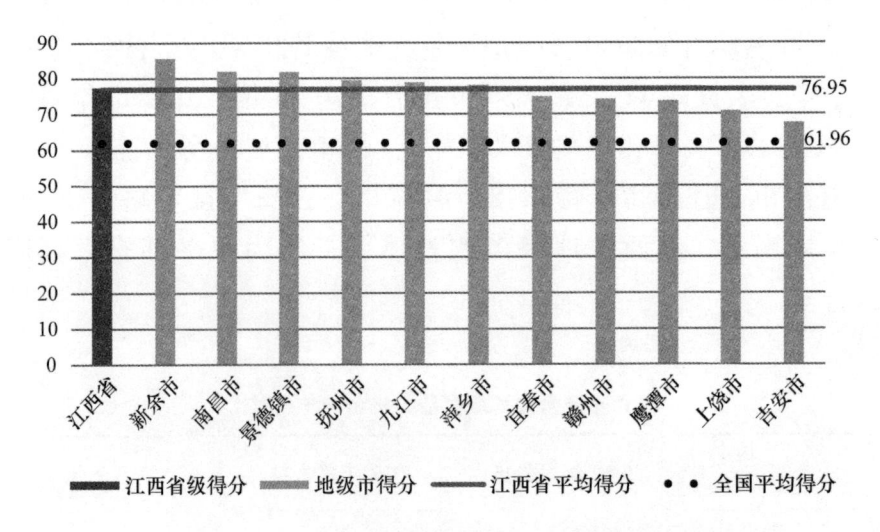

图4-41 江西省政务微博服务能力指数得分情况

远远高于全国平均水平，且江西省级政府以及11个地级市的得分情况也全部高于全国平均水平，展现出江西省政务微博服务能力在全国范围内处于绝对的领先地位，地级市内排名最高的新余市，微博服务能力指数更是超过全国平均水平23.63分。

(3) 江西省优秀地级市案例

a. 新余市政务微博"新余发布"

江西省新余市在地级市微博服务能力指数中排名第6，服务提供能力和服务创新能力表现都十分优异，指数值均达到满分；其信息服务能力表现也较好，子能力指数达到95分；微博影响力分数相较其他3项子能力分数略微落后，主要是其微博在活跃度和交互性的表现上较弱。

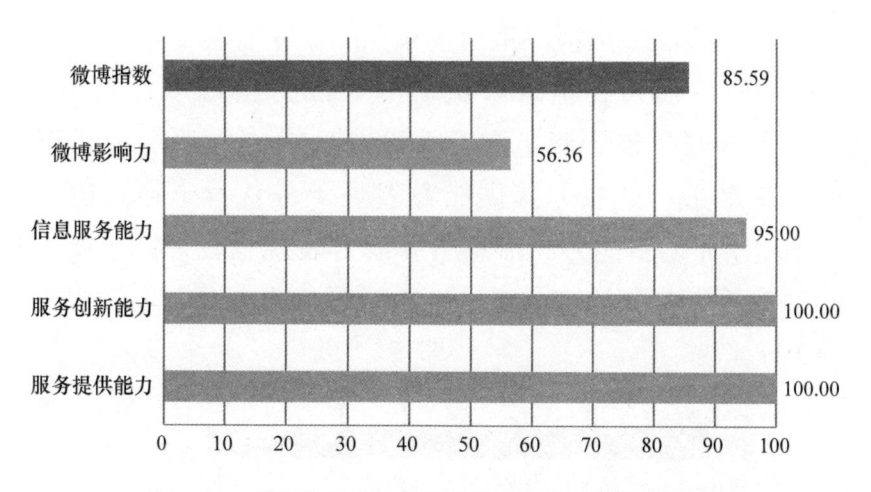

维度	指数
微博指数	85.59
微博影响力	56.36
信息服务能力	95.00
服务创新能力	100.00
服务提供能力	100.00

图4-42 "新余发布"微博总指数与各子能力维度指数

新余市政务微博的自我定位是重民生、接地气、有温情，努力方向是做新余市最好看、最有爱、最权威的官方微博。在服务创新能力方面，其吸收能力指标表现优异，"新余发布"微博将其政务渠道通过类似五环图的形式展现，并将新余发布APP的下载二维码置于微博首页显眼处，极大程度地提高了民众获取渠道信息的便捷性。

图4-43 "新余发布"将其APP下载二维码置于首页显眼处

b. 南昌市政务微博"南昌发布"

江西省南昌市在地级市微博服务能力指数中排名第17，其政务微博服务能力指数总分为81.92分，在服务能力区间中达到高水平。其服务提供能力表现十分优异，指数值达到100分；服务创新能力和信息服务能力表现也较好，子能力指数分别为89.36分和88.84分；微博影响力表现较弱，得分为58.40分。

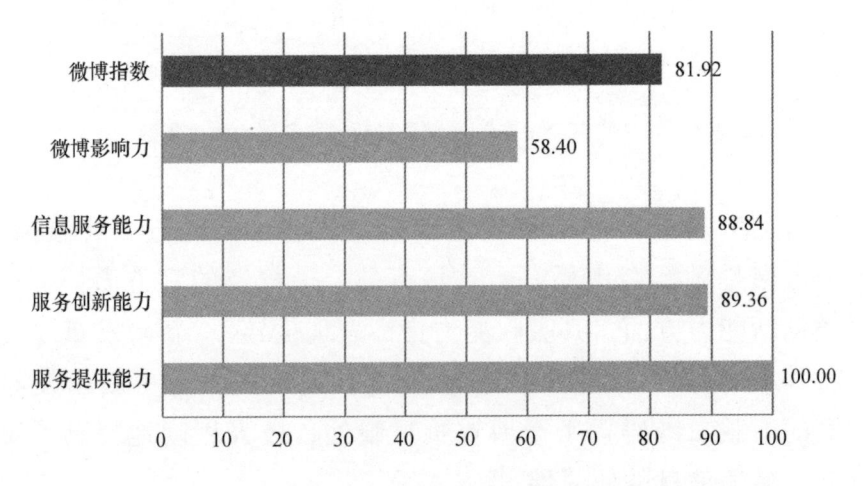

图4-44 "南昌发布"微博总指数与各子能力维度指数

南昌市政务微博的主要目标是迅捷服务传递政务信息,热切关注社会民情热点,贴心倾听百姓民生诉求。在信息服务能力方面,"南昌发布"政务微博所发布的内容大多贴合实际,紧紧跟随南昌市内时事热点,发布实用性较强且权威性较高的内容,为人民群众在信息浏览时筛去无用型、鸡汤型微博,贴合政务微博创立目标。

图4-45 "南昌发布"微博内容紧贴现实 实用性强

c. 景德镇市政务微博"景德镇发布"

江西省景德镇市在地级市微博服务能力指数中排名第18,其政务微博服务能力总分为81.79分,服务提供能力和信息服务能力表现都十分优异,指数值分别为100.00分和91.40分;相比之下,其服务创新能力和微博影响力表现较为落后,子能力指数分别为68.09分和69.77分,主要原因是其微博的采纳能力指标表现较弱,且其微博的粉丝数较少,受众规模较小,导致其微博影响力较弱。

122　国家智库报告

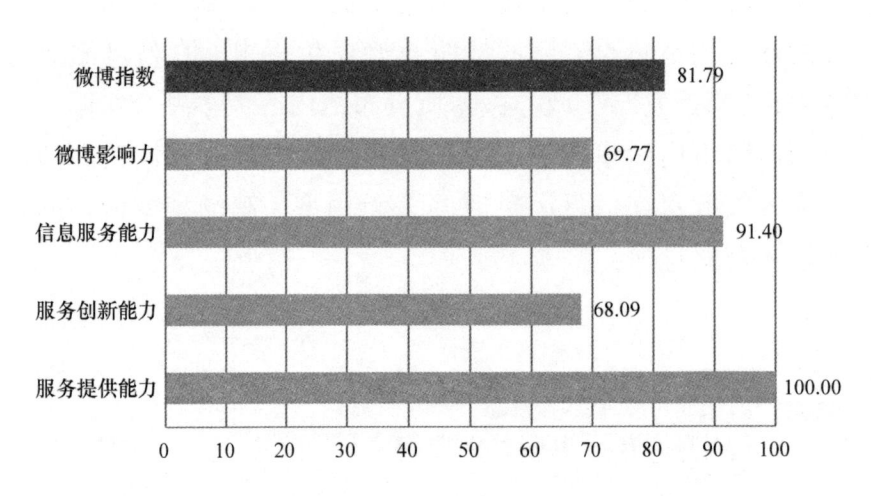

图 4-46　"景德镇发布"微博总指数与各子能力维度指数

- 微博指数　81.79
- 微博影响力　69.77
- 信息服务能力　91.40
- 服务创新能力　68.09
- 服务提供能力　100.00

景德镇政务微博的服务宗旨是"为人民服务，是媒体的责任与担当"。在微博影响力方面，虽然其微博受众规模较小，粉丝数较少，但"景德镇发布"微博仍然保持一定量的发博数，为群众带来较大的信息规模供民众浏览。在服务创新能力方面，虽然其采纳能力指标表现较弱，但选择使用清晰列出政务矩阵的方法，便于民众有针对性地选择需要的政务微博，在一定程

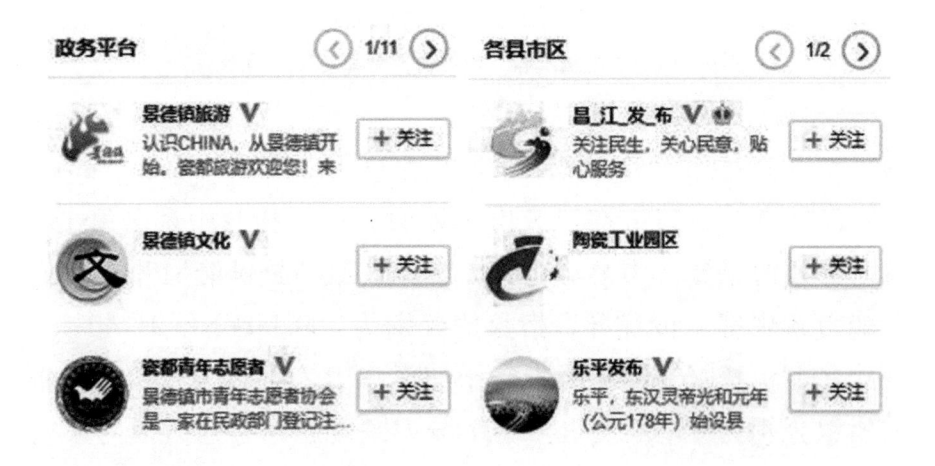

图 4-47　"景德镇发布"微博将其政务矩阵列于首页显眼处

度上节省了民众查询的时间,也在一定程度上实现了为各个政务微博导流的优势。

(四) 省市政务微信最佳实践

1. 直辖市政务微信最佳实践

北京市在4个直辖市中微信服务能力指数连年排在榜首,其政务微信"首都之窗"在信息服务能力、事务服务能力、参与服务能力、服务提供能力、微信影响力5个方面均有出色表现,实力突出而均衡。下设"微公开""微服务"和"微互动"3个一级快捷菜单,分别起到了信息公开、政务服务、政民互动的作用。

在信息服务能力上,"首都之窗"微信公众号成效显著,每日平均发布5条图文消息,其推送中大多为企业和公众密切关注的热点资讯和便民服务信息。此外,"首都之窗"在受众规模上表现突出,每日推送都有较大的阅读量和点赞量,并且每篇推送最后的推荐阅读覆盖了当天的全部推文,更加方便读者在推文间进行切换。

"首都之窗"在事务服务能力上也十分优异,其"微服务"界面不仅分类清晰,提供了北京市政务服务中心便民服务事项的办事指南,还可以在线预约部分服务事项并查询办理进度,力求真正做到"一站式"政务服务。同时微信号还设有北京市政务公开便民惠民地图,使市民在事项无法全程在线办理时,也可以很方便地查到线下办理的地点。

服务提供能力方面,其不仅设置一级和二级快捷菜单栏,同时使用在线咨询服务智能机器人,为公众提供 7×24 小时在线咨询服务,公众可向智能问答机器人咨询关于北京市政务服务事项的问题,也可以选择写信或拨打12345热线进行咨询。此外,群众直接在该公众号内用语音或文字的方式进行提问,智能咨询机器人将即刻给出针对性的答复,使用便捷。

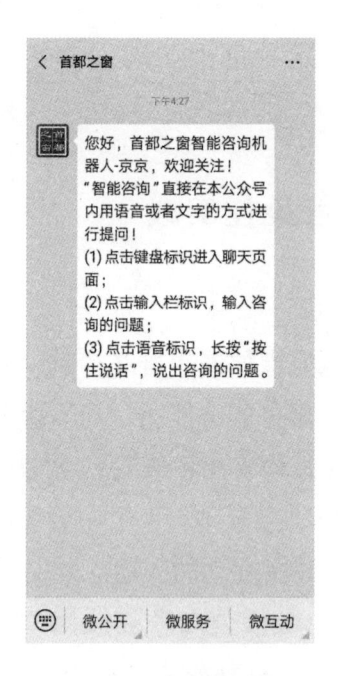

图4-48 "首都之窗"服务界面

图4-49 "首都之窗"日常推送界面

图4-50 "首都之窗""微服务"界面

图4-51 北京市政务公开惠民便民地图

图 4-52 "首都之窗"智能问答界面

2. 省级政务微信最佳实践

(1) 河北省

在全国参与测评的 27 个省级政务微信中,河北省领跑全国,其政务微信"河北发布"在信息服务能力、事务服务能力和微信影响力方面均表现突出。在信息服务建设方面,"河北发布"每日平均发布 8 条图文消息,及时推送省内热点资讯,且每日推送都有较大的阅读量和点赞量。一级菜单"发布厅"下设"新浪账号""头条账号""微信矩阵""微榜单"等二级菜单,方便公众查看其相关账号发布的信息,基本满足公众对信息互通互联、资源共享的需求。

"河北发布"在事务服务能力上也表现优异,下设网上办事、政务公开、互动交流、天气查询、违章查询等服务界面,分类明确,使用便捷。网上办事界面支持用户对个人办事和法人办事事项进行查询,并提供清晰的办事指南。

同时微信号的互动交流页面还设有咨询投诉和办件查询功能,界面简洁,方便使用。

(2) 湖南省

湖南省在省级微信服务能力指数中位列第2,其官方微信"湖南省政府门户网"在信息服务能力、事务服务能力和参与服务能力等方面各有亮点。在信息服务能力方面,其每日平均发布5条图文消息,推送中大多为企业和公众密切关注的湖南要闻及政策解读等信息。每篇推送最后的热文推荐覆盖了近期的热点推文,方便读者了解更多热点信息。

在事务服务能力上,"湖南省政府门户网"表现十分优异,其政务服务界面实现了政务微信应用与政务门户信息网站的无缝跳转,按照性质、主题、部门对服务事项进行了分类,并注明实施主体和行使层级,分类清晰、权责明确。多半服务事项支持全程网办或网上预约,可查询办理进度,同时提供服务政策解读、热点查询、网上支付、便民服务等其他服务功能,基本做到"一站式"政务服务。

参与服务能力方面,"湖南省政府门户网"在政民互动上有出色表现。其互动交流页设立了我要咨询、我要建议、我要投诉、我要查信及调查征集等板块,提供了企业和公众向省长、副省长反映问题和表达诉求的交流平台。

此外,小湘智能问答机器人提供湖南省政府门户网全站信息的智能咨询,包括新闻、政务服务、办事、互动、公共服务等内容,实现了智能的、即时的、互动式的自助服务。

图 4-53 "河北发布"服务界面

图 4-54 "河北发布"日常推送界面

图 4-55 "河北发布"办事大厅界面

图 4-56 "河北发布"咨询投诉界面

图4-57 "湖南省政府门户网"服务界面

图4-58 "湖南省政府门户网"日常推送界面

图4-59 "湖南省政府门户网"政务服务界面

图 4-60 "湖南省政府门户网"
互动交流界面

图 4-61 "湖南省政府门户网"
智能问答界面

(3) 贵州省

贵州省官方微信"贵州省人民政府网"在政务微信的建设上表现优异，排名第3。"贵州省人民政府网"每日平均发布5条图文消息，推送中大多为企业和公众密切关注的省内要闻。同时，其在受众规模上表现突出，每日推送都有较大的阅读量和点赞量，并且所有推送内容都属于按照政府信息公开条例产生的第一手资料或其他来源明确的官方资料。此外，"贵州省人民政府网"提供链接省内其他政务新媒体账号的政务矩阵，基本满足用户对信息互通互联的需求。

"贵州省人民政府网"在事务服务能力上同样表现出色，"贵人服务"是其具有政务服务功能的小程序，也是一大特色。小程序可以与贵州省社会保障卡、住房公积金、驾驶证等证照进行绑定，在线查询社保、公积金及驾驶违法等信息。办事服

图4-62 "贵州省人民政府网"日常推送界面

图4-63 "贵州省人民政府网"政务矩阵

图4-64 "贵州省人民政府网"办事服务界面

图4-65 "贵州省人民政府网"便民服务界面

务区按照热点服务与服务主体分类，分类清晰，查找方便。同时微信号还设有挂号预约、生育登记、水电费缴费、实时公交等便民事项服务板块，为公众的日常生活提供了便利。

3. 地市级政务微信最佳实践

（1）江门市

在全国参与测评的333个地市级行政单位中，广东省江门市微信服务能力指数排名第1，其政务微信"江门发布"在信息服务能力、参与服务能力、微信影响力方面均表现突出，服务提供能力表现不俗。

在信息服务能力建设上，"江门发布"微信公众号成效显著，每日平均发布9条图文消息，其推送中大多为企业、公众基层密切关注的热点资讯和便民服务信息。此外，"江门发布"在受众规模上表现突出，每日推送都有较大的阅读量和点赞量，且小编还时常精选市民的留言予以发布，互动频频。其所有推送内容都属于按照政府信息公开条例产生的第一手资料或其他来源明确的官方资料，权威性较强。

"江门发布"下设3个一级快捷菜单，分别是"政务矩阵""督查"和"微服务"。其中，"政务矩阵"提供江门市市直及各区下辖部门政务微信公众号直达链接；"督查"专栏链接国务院"互联网+督查"小程序，可将公众意见与建议等直接反馈到国务院部门，并在江门市12345政府服务热线网站及时公布，增强透明度；"微服务"板块查询、预约、服务功能全面，通过公众号基本可以实现政务服务事项的全程办理。此外，垃圾分类查询、社保查询、违章查询、天气查询等便民服务板块页面简洁明了，使用便捷。

（2）合肥市

合肥市政务微信服务能力指数位列地级市第2，其政务微信"合肥市人民政府发布"在信息服务能力、事务服务能力和参与

图4-66 "江门发布"服务界面

图4-67 "江门发布"推文互动界面

图4-68 "江门发布"政务服务界面

图4-69 "江门发布"互动交流界面

服务能力方面均表现优异，极大地发挥了政务微信在信息传播、办事服务和回应关切3个方面的作用。

在信息服务能力方面，"合肥市人民政府发布"每日平均发布5条图文消息，及时推送企业和公众所需的、密切关注的省内及市内热点资讯。一级菜单"今日合肥"及时更新政务头条、创新发展及政策文件信息，时效性较强，满足了公众对信息互通互联，资源共享的需求。在事务服务能力上，"合肥市人民政府发布"也表现优异，其政务服务界面与安徽省政务服务网合肥分厅相链接，分类清晰，不仅提供全部服务事项的办事指南，支持个人事项和法人事项的在线预约和办理进度查询，部分事项还可全程在线办理，发挥了政务微信号在办事便捷方面的作用。

其互动交流页面设有市长信箱平台和咨询、投诉、建议等板块，方便公众直接向市长和市委领导反映问题、提出建议和

图4-70 "合肥市人民政府发布"服务界面

图4-71 "合肥市人民政府发布"头条发布界面

图 4-72 "合肥市人民政府发布"办事服务界面

图 4-73 "合肥市人民政府发布"互动交流界面

表达诉求。截至写稿时,"合肥市人民政府发布"微信公众号 2019 年度受理来信总数达 16213 件。

(3) 湘潭市

湘潭市官方微信"湘潭微政务"表现不俗,在地级市微信服务能力指数中排名第 3。下设"微政务""微服务""微互动"3 个一级菜单,"微政务"栏目提供权威资讯,"微服务"栏目提供政务大厅办事、生活缴费、电话查询等服务,"微互动"栏目提供与政府交流沟通平台。

"湘潭微政务"在事务服务能力上表现出色,共有 424

项行政许可事项及 12 项公共服务事项进驻，事项按个人事项、法人事项和办事部门进行分类，查找方便，页面每月用户访问量稳步提升。此外，湘潭市全面推进政务服务"好、差评"工作，力争推动企业和公众政务服务满意度的进一步提升。

在参与服务能力方面，"湘潭微政务"在"微互动"页面设立了市长热线和市长信箱等网络问政平台，除电话和写信渠道外，还经常举办视频和图文访谈，方便公众直接向市长和市委领导反映问题、提出建议及表达诉求。

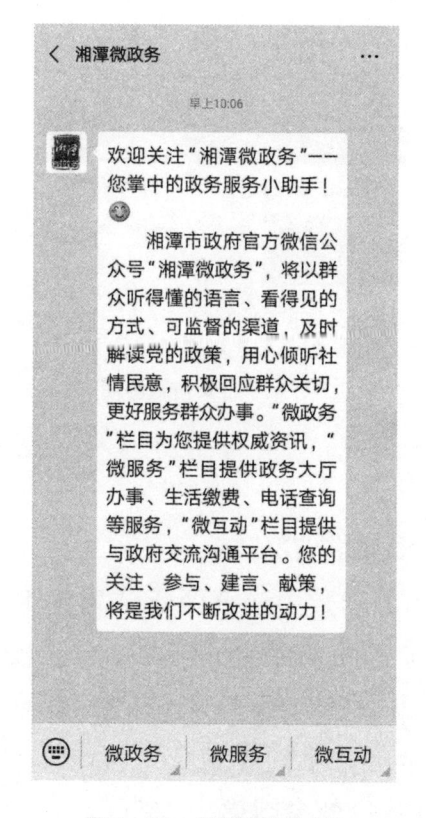

图 4-74 "湘潭微政务"服务界面

图 4-75 "湘潭微政务"日常推送界面

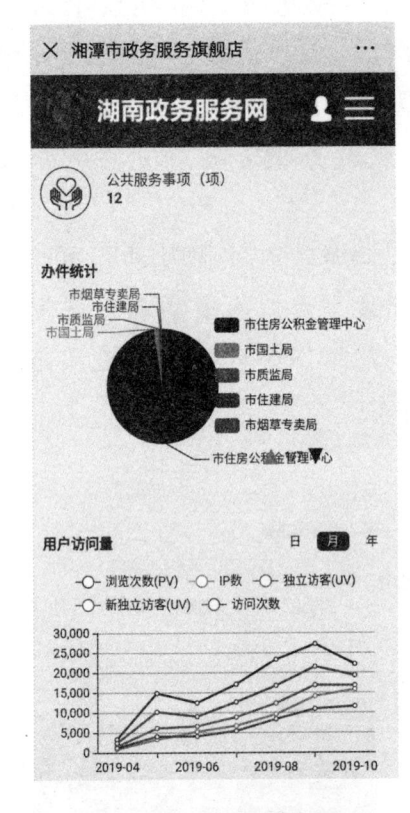

图 4-76 "湘潭微政务"
办事服务界面

图 4-77 "湘潭微政务"
市长信箱界面

4. 省份政务微信最佳实践

(1) 安徽省政务微信服务能力指数排名情况

安徽省在省份政务微信服务能力指数中连续两年位列第1，其省内地级市微信指数位居全国前10%的城市共有9个，占安徽省地级市总数的56.25%，表明安徽省有超过一半的地级市政务微信服务能力指数整体水平在全国处于领先地位。其中，省内排名第1的合肥市以78.38的分数位列全国第2。同时，在全国333个地级市中，安徽省有14个地市的排名位列全国前100位，较之其他省份优势明显。

对比2019版报告，安徽省政务微信服务能力的整体排名变化较大，合肥市是提升最快的城市，由 2019 版的第 231 位上升至第 2 位，提升幅度最大。此外，芜湖市的排名提高 194 个位次，马鞍山市、淮北市、淮南市、池州市分别提升 66 个、59 个、58 个、51 个位次，同样进步明显；宣城市、宿州市、蚌埠市等 4 个地级市的排名稳中有进。尽管铜陵市、滁州市等 6 个城市的排名均有不同程度的下降，但安徽省整体微信服务能力指数发展态势良好，表现突出。

表 4-3　　　　安徽省政务微信服务能力排名的年度对比

排名 地区	2020 年报告排名	2019 年报告排名	排名变化
安徽省	8	8	—
合肥市	2	231	↑229
铜陵市	5	3	↓2
芜湖市	7	201	↑194
宣城市	8	38	↑30
淮南市	9	67	↑58
宿州市	10	47	↑37
蚌埠市	12	58	↑46
黄山市	22	30	↑8
滁州市	25	4	↓21
淮北市	35	94	↑59
六安市	40	14	↓26
池州市	50	101	↑51
阜阳市	59	2	↓57
马鞍山市	98	164	↑66
亳州市	104	29	↓75
安庆市	264	69	↓195

(2) 安徽省政务微信服务能力指数得分情况

从政务微信服务能力整体得分情况来看，全国政务微信服务能力指数平均得分为 48.78 分，安徽省平均综合得分 65.47，领先全国平均水平 34.21%。除安庆市低于全国平均水平，安徽省下属其他 15 个地级市的微信服务能力指数均高于全国平均水平，在政务微信的建设上表现不俗，值得肯定。

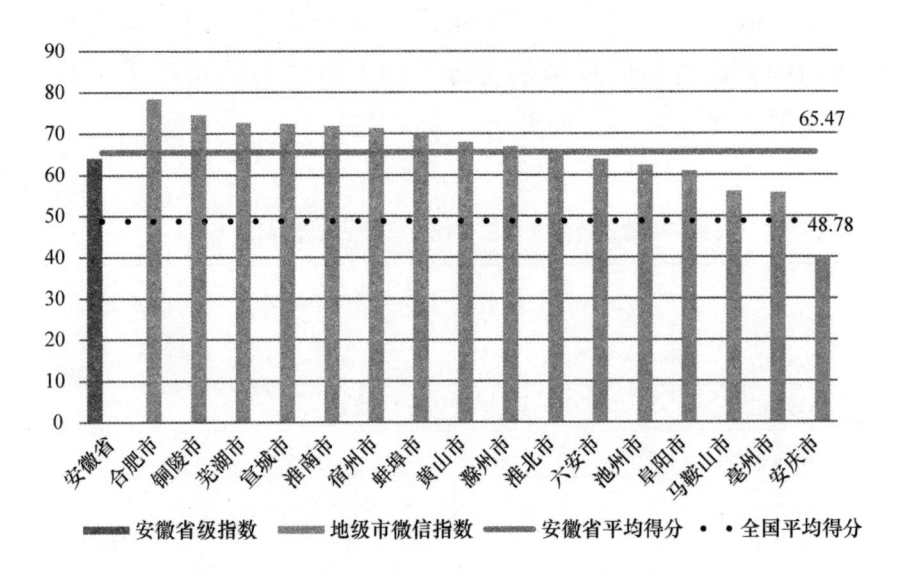

图 4-78 安徽省政务微信服务能力指数得分情况

（3）安徽省政务微信最佳实践

铜陵市政务微信服务能力指数位列全国地级市第 5，其公众号互动交流界面设置了检举揭发、问题反映、效能建设、在线咨询等交流平台，方便用户直接向领导表达诉求和提出建议。同时，该公众号能够回应公众关切，及时答复并公开公众来信，接受公众监督，充分发挥了政务微信公众号与公众互动交流、沟通信息的功能。

芜湖市政务微信"芜湖市人民政府发布"在信息服务建设上成效显著，每日平均发布 4 条图文消息，推送内容多为企业、公众密切关注的政务要闻和便民服务信息。此外，其每篇推送最后的往期回顾覆盖了近期的热点推文，方便读者在不同推文间进行切换。

图 4-79　铜陵市政务微信互动交流界面

图 4-80　芜湖市政务微信日常推送界面

宣城市政务微信"宣城市委发布"在信息服务能力和参与服务能力方面均有出色表现，下设"微政务""微服务"和"微问政"3个一级快捷菜单，"微服务"下的二级菜单"微查询"与安徽政务服务网、违章查询网、职业技能鉴定中心等相链接，方便用户轻松查询公积金、社保、交通违章、职业资格等信息，满足了公众对信息互联互通的需求。

图4-81 宣城市政务微信微服务界面

安徽省地方政府政务微信事务服务能力在全国范围内的发展状况整体优异，淮南市以100分成为安徽省事务服务能力指数最高的地级市之一。其办事服务界面设置个人服务、法人服务、场景式服务、长三角一网通办、服务好差评等服务菜单，界面简洁，类目清晰，方便用户快速获取所需的服务事项。此外,其政务服务好差评系统实时显示最新评价动态,并按评价公示单位、区划、窗口人员、后台人员排名,以评促进。截至写稿时,该系统总评价数达 548461 次,其中,"非常满意"的评价数占比高达 99.95%。

图 4-82 淮南市政务微信政务服务界面

(五)省市政务 APP 最佳实践

1. 直辖市政务 APP 最佳实践

重庆市的政务服务 APP"重庆市政府"在服务提供能力、信息服务能力、事务服务能力 3 个维度的得分均为直辖市第 1,

表现非常优异，极大地发挥了政务服务 APP 在信息传播和办事便捷两个方面的作用。

在信息传播方面，"重庆市政府"首页涵盖了各类新闻资讯，按照地区划分为重庆、中国、世界新闻；按照内容划分为财经、科技、健康、招商、数据以及政策。每一条消息点击进入详情页面后可以进行多个渠道的内容分享、设置不同的字体以及查看模式、允许收藏和评论，而且发布的信息内容都属于第一手资料或其他来源明确的官方资料，在信息有效期内第一时间向社会发布，使用体验非常好。除此之外，"重庆市政府"还开设了"云上区县"模块，可以发布区县的实时资讯。

图 4-83 "重庆市政府"首页　　图 4-84 "云上区县"模块界面

图4-85 "重庆市政府"办事界面

图4-86 "重庆市政府"问政咨询界面

在事务服务方面,"重庆市政府"开设了"渝快办"模块,允许用户进行区县定位以及办事项目搜索,并将办事项目划分为户政服务、社保服务、公积金、医疗卫生、民政服务、教育培训、交通出行、重庆旅游以及缴费服务,方便市民进行检索。同时,"渝快办"中的"政策直通车"可以让市民方便快捷地查询各类办事项目的相关政策。此外,"渝快办"模块还支持证照上传,方便在线事务办理。

在参与服务方面,"重庆市政府"提供了专门的"问政咨询"模块,选取一些重要的投诉及咨询进行公开,这样方便有同样问题的市民快速找到答案,对于政府办公人员来说也更加省时省力。

除此之外,"重庆市人民政府"APP还嵌入了政府官网的手机版,对APP中尚未实现的功能进行补充,政务服务功能更加完善。

2. 省级政务APP最佳实践

(1)浙江省

浙江省的政务服务APP在省级政务APP中排名第1,总分90.19,是27个省份中唯一一个总分超过90分的省份。其官方APP"浙里办"在APP服务提供能力、信息服务能力、事务服务能力和参与服务能力4个维度均表现优异,极大地发挥了政务服务APP在信息传播和办事便捷两个方面的作用,并且4个维度平衡发展。在来源渠道上,"浙里办"APP的下载链接在省政府官方网站醒目标出,便于查找,同时,在安卓和苹果的应用商店中均可搜索到,可得性强。而研究组在对各级政府的政务APP进行测评时,发现有相当一部分来源不够明确,可得性较差。

"浙里办"首页主要由3个服务入口构成,分别是:常用服务、热点关注和服务大厅,并在界面最上方推送当天新闻。值得一提的是,在服务大厅模块中,将服务分为了国民健康医疗专区、营商服务专区、文化旅游服务专区、公安综合服务专区、人社综合服务专区和医保综合服务专区,特色鲜明,针对性很强。与此同时,"浙里办"中允许用户进行所在地域选择,涵盖了浙江省本级及所辖地市,对于全省APP渠道服务的提升有促进作用。

在信息传播方面,"浙里办"首页的热点关注部分滚动推送当天的新闻链接,点击更多进入具体页面后分为消息、今日关注和公告3个板块,发布的信息内容都属于第一手资料或其他来源明确的官方资料,并在信息有效期内第一时间向社会发布。但缺少完整、清晰的机构职能介绍,也无法查询到完整的职能简介、负责人、联系方式、地址信息，仍有需要改进的方面。

在事务服务方面，"浙里办"可以便捷查询到个人和法人办事服务信息与相关政策，并允许用户按热点、部门或主题进行搜索，有清晰办事流程说明、能全程网上办理。另外，"浙里办"的办事界面还设置了"服务超市"模块，提供了丰富多彩的生活服务，包括交通出行、社会保险、医疗卫生、食品药品、纳税缴费、教育职考、婚育收养、场馆设施、环境气象、房屋租售等16类生活服务，每一项服务都允许用户进行订阅，大大提高了公民生活办事的效率，增强了APP的实用性。

在参与服务方面，"浙里办"提供了专门的"咨询"和"投诉"模块，能够对公民的咨询和投诉及时回复并对反馈结果进行分析，给予正面、充分回应。但其许多服务提供都需要注册并登录，一方面提高了安全性和长期使用的便捷性，但也给非本市市民带来一定服务限制性，这也是不少省市政务APP的共同问题。

综合来看，"浙里办"APP在服务提供能力、信息服务能力、事务服务能力和参与服务能力4个维度均表现不俗，如果有什么建议的地方，就是对于新手用户可以考虑增加一些引导，便于文化层次相对不高的民众使用。

(2) 广西壮族自治区

广西壮族自治区的政务服务APP在省级政务APP中排名第2，总分87.47。其官方APP"广西政府"在APP服务提供能力、信息服务能力、事务服务能力和参与服务能力4个维度均表现出色，其中又以信息服务能力最为突出。在来源渠道上，"广西政府"APP的下载二维码在省政府官方网站侧边栏悬浮窗清晰显示，便于查找，同时，在安卓和苹果的应用商店中均可搜索到，可得性强。

"广西政府"主要由3个模块构成，分别是：首页、政务公开和政务服务。

图 4-87 "浙里办"首页

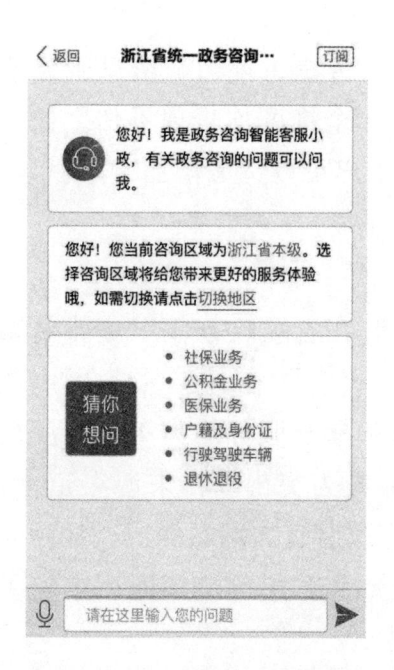

图 4-88 "浙里办"办事界面

图 4-89 "浙里办"咨询界面

图 4-90 "浙里办"个人中心界面

图 4-91　"广西政府"首页　　　图 4-92　"广西政府"政务
　　　　　　　　　　　　　　　　　　　　　公开界面

"广西政府"首页以新闻图片形式滚动推送部分要闻链接，并将所有新闻资讯分为要闻、政务活动、政府会议、政策解读、公告公示、人事信息、新闻发布等12个部分，用户可以根据自己的需求选择相应的部分访问，同时还可以使用APP内的搜索功能，输入关键词查找相关的新闻报道。发布的信息内容都属于第一手资料或其他来源明确的官方资料，且时效性强。在人事信息部分，可以看到最新的人事任免信息，但同样缺少完整、清晰的机构职能介绍，也无法查询到完整的职能简介、负责人、联系方式、地址等信息，仍有需要改进之处。

政务公开模块分为政府文件和政府机构两部分，其中，政府文件又分为自治区人民政府令、自治区人民政府文件、自治区人民政府办公厅文件和政府公报，条理清晰，同时具备关键词查询功能，方便用户使用。政府机构部分直接链接到了自治区人民政府门户网站，集中展示了各个机构的职能。政务服务模块则是直接链接到了广西数字政务一体化平台，很好地利用了网站在事务服务方面的优势。

在参与服务方面，"广西政府"首页提供了"主席信箱"，能够对公民的咨询和投诉及时回复并对反馈结果进行分析，给予正面、充分回应。用户还可从来信选登中寻找是否自己的疑问已经有人提出并得到解答，美中不足是来信选登部分没有检索功能，使得通过翻看选登来信获取有用信息的难度较大。

图 4-93 "广西政府"政务服务界面

图 4-94 "广西政府"主席信箱界面

(3) 云南省

云南省的政务服务 APP 在省级政务 APP 中排名第 3，总分 84.39。其官方 APP "办事通"在 APP 服务提供能力、信息服务能力、事务服务能力和参与服务能力 4 个维度表现优秀，充分发挥了政务服务 APP 在信息传播和办事便捷两个方面的作用，并且 4 个维度平衡发展。在来源渠道上，"办事通" APP 的下载二维码在省政府官方网站醒目展示，便于查找，同时，在安卓和苹果的应用商店中均可搜索到，可得性强。

"办事通"主要由 5 个模块构成，分别是：首页、服务、应用、互动和我的。

"办事通"首页界面简洁，主要提供了热门服务的入口及热点资讯。服务模块条理清晰，将服务项目依据对象划分为个人服务和法人服务，同时设置了指南查询和政策检索的模块。个人服务与法人服务均以主题和部门两种方式分类列示，方便用户查找。与此同时，服务模块还将办事项目分为了办理、查询、预约、缴费和行政审批 5 个大类，多样的分类标准让用户总能选出一种适合自己的查找方式。

图 4-95 "办事通"首页　　　　图 4-96 "办事通"服务界面

图 4-97 "办事通"应用界面　　图 4-98 "办事通"互动界面

  应用模块功能丰富，资讯链接汇集了最新的国内、省内的新闻热点，为用户传递最新的信息资讯，美中不足是该部分是通过嵌入另一个 APP "掌上红河"来实现，如果需要进行点评等操作，用户还需要下载安装掌上红河 APP，较为不便，同时，用户在"办事通"里也无法将这些新闻资讯转发至其他社交平台，传播性互动性略有不足。"办事通"的应用部分还设置了行业应用、便民缴费、便民服务、悦享生活等功能，覆盖了民众生活的多个方面。

  在参与服务方面，"办事通"的互动模块设有 12345 信箱、12345 热线、非法集资举报和失物招领随手拍 4 个部分，用户可以依照需求进入相应的渠道进行互动，也可以查询互动的进度。

  值得一提的是，"办事通" APP 内嵌了一个智能服务机器人，在各个界面都有显示，通过智能机器人，可以了解部分热门服务的办事指南。由此可见，越来越多先进的科学技术已经应用在政务 APP 的建设中，今后的政务 APP 也势必会更加成熟。

图 4-99 "办事通"智能服务机器人界面

图 4-100 "e 龙岩"首页

3. 地级市政务 APP 最佳实践

（1）龙岩市

龙岩市的政务服务 APP "e 龙岩"在所有地级市政务 APP 中排名第 1，总分 89.08，在服务提供能力、信息服务能力、事务服务能力和参与服务能力 4 个维度均表现优异，平衡发展。

下载"e 龙岩"APP 后，其欢迎界面有一句宣传语"让市民办事像网购一样方便"，让人印象深刻，这也正是在当前这个数据时代中国政务信息系统建设的导向。

在信息传播方面，"e 龙岩"提供要闻、政策、就业、旅游、市情、龙岩 TV、政府公报、红色故事等频道传播资讯，滑动屏幕可以浏览更多内容，并对重点资讯置顶推送，对感兴趣的资讯可收藏、分享。此外，用户还可以对资讯频道进行个性化设置，根据个人习惯对频道进行增减，重新排序等操作。

在事务服务方面，行政审批、公共服务、便民服务均向手机端转移，用户在 APP 内拥有个人数字证书，还可以进行电子签名。同时，推出"手机亮证"便民服务，在公共服务和行政执法领域逐步推广使用电子证照，极大地方便了群众办事。

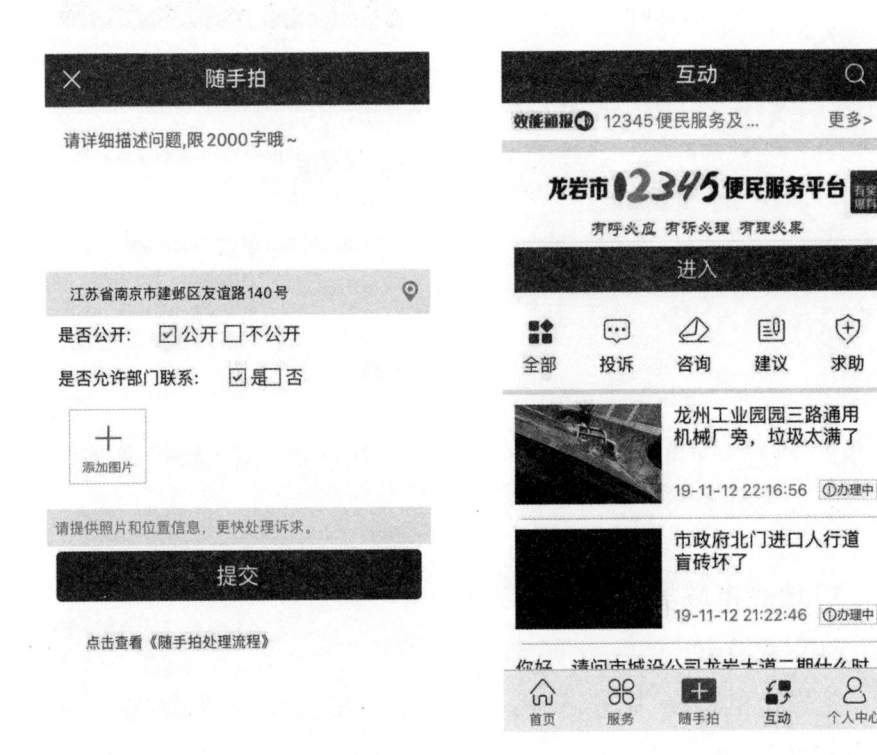

图 4 – 101　"e 龙岩"随手拍界面　　图 4 – 102　"e 龙岩"互动界面

在参与服务方面，推出"随手拍""政企直通车"，群众和企业可以通过手机随时随地反映问题建议，投诉、咨询、建议分类显示，便于查询。关于问题的处理进度全程可查询，还可对结果进行即时评价，形成了"提交—分办—办理—反馈—评价—激励"闭环。

(2) 岳阳市

岳阳市的政务服务 APP"岳阳市人民政府"在所有地级市政务 APP 中排名第 2，总分 88.61，服务提供能力、信息服务能力、事务服务能力和参与服务能力 4 个维度无明显短板，均衡发展。

图 4-103 "岳阳市人民政府"首页

"岳阳市人民政府"首页分为 6 个部分，分别为资讯、市情、公告、人事、问政、旅游。

资讯部分发布的信息内容均来自《岳阳日报》，在来源的广度上有提升的空间。"市情"部分对岳阳市的基本情况、经济社会发展以及其他信息进行介绍，可以对城市文化进行很好的宣传。另外，"公告"和"人事"分别对部门公告、政府规划、人事任免等信息进行介绍，信息较为翔实。此外，"岳阳市人民政府"的"政府"模块介绍了现任政府领导、公示公告、法规文件、解读回应等信息，与"公告"和"人事"部分的内容存在一定程度的重合，其他政务 APP 中也不乏类似的现象，可见在模块设置方面仍有优化的空间。

在事务服务方面，"岳阳市人民政府"专设了"服务"模块，将办事服务分为法人办事、个人办事和部门服务，功能全面，办理流程可查询，且基本都可以实现全程在线办理。同时，该模块还设有文件知识目录、互动知识目录、服务知识目录，用户办事前可以查询到相应事项最新的管理办法。

图 4-104 "岳阳市人民政府"公告界面

图 4-105 "岳阳市人民政府"政府界面

图 4-106 "岳阳市人民政府"服务界面

图 4-107 "岳阳市人民政府"问政界面

参与服务的功能通过首页的"问政"部分实现，下设市长信箱、热点信件、12345 热线、办理统计 4 个板块，其中，办理统计板块将公民的咨询和投诉按照部门进行分类，进入各个部门的频道可对信件进行搜索。

（3）铜陵市

铜陵市的政务服务 APP"中国铜陵"在安徽省地级市政务 APP 中排名第 2，在全国排名第 9，总分 73.41，是全国唯一一个服务提供能力达到满分的地级市政务 APP。

"中国铜陵"首页共有三大部分。首先是各类新闻资讯，分为政务要闻、区县动态、部门信息、便民提示和通知公告 5 类。

其次是信息公开，涵盖了政策法规、政策解读、政府工作报告、新闻发布会、人事信息、机构设置6个大类，信息覆盖面广，内容翔实。同时，用户还可将在APP内看到的信息、资讯分享到微博、微信、朋友圈、QQ等主流社交平台，社交性强。最后是互动交流。市民可以在此反映各类问题，在线咨询求助等。在整个测评过程中，"中国铜陵"APP都保持了很高的流畅度，完全无卡顿，且页面清晰美观，用户体验很好。

图4-108 "中国铜陵"首页　　图4-109 "中国铜陵"分享功能

在事务服务方面，"中国铜陵"设有"在线服务"栏目，将办事服务分为个人办事、法人办事和部门服务，功能全面，办理指南及申请材料均可查询，且基本都可以实现全程在线办理。

参与服务的功能通过的"互动交流"栏目实现，下设领导信箱、回复选登、网上调查、意见征集、行风热线反馈5个版块，功能齐全。不足之处是进行咨询后，收到回复的时间偏长，且选登的回复没有分类，查找起来较为不便。

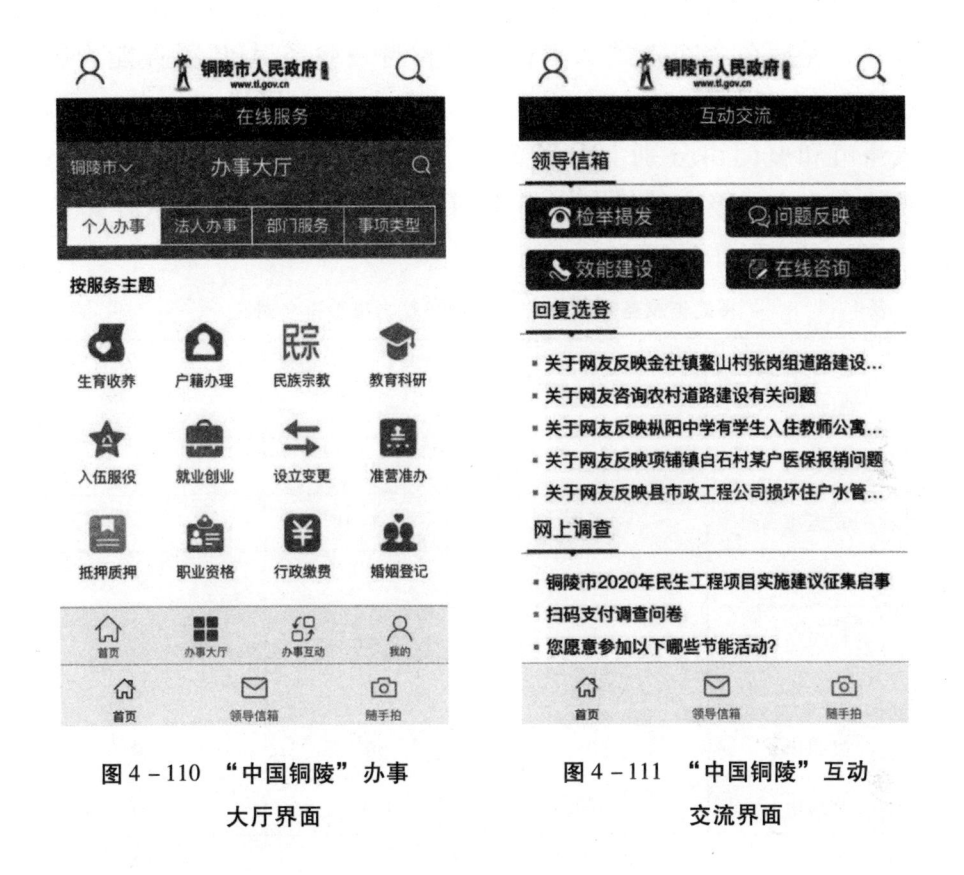

图4-110 "中国铜陵"办事大厅界面

图4-111 "中国铜陵"互动交流界面

4. 省份政务APP最佳实践

（1）福建省政务APP服务能力指数排名情况

省份APP服务能力指数是包含省级政府及其所有省辖市APP服务能力的综合指数。2019年，福建省就以55.11的省份政务APP服务能力指数（以下简称省份指数）名列全国首位，在2020年，其表现依旧出色，以62.88的省份指数继续领跑全国。其省辖市政府的APP服务能力尤为出色。9个省辖市中，4个进入了全国地级市APP服务能力指数前十名（分列第1、3、5、6位），且均达到80分以上的高水平，7个进入了全国前百，与其余省市相比较优势明显。

与2019版报告相比,福建省及其省辖市政务APP服务能力指数排名有升有降。具体来说,龙岩市、三明市和福州市稳中有升,保持在全国先进水平;福建省省级政务APP服务能力排名从2019版的第20位上升至第16位,也有所进步;莆田市、泉州市和厦门市分别上升了34位、29位、119位,进步明显;而其余3个地级市的排名则有不同程度的下降。

表4-4　福建省及省辖市政务APP服务能力指数排名对比

排名 地区	2020年排名	2019年排名	排名变化
福建省	16	20	↑4
龙岩市	1	4	↑3
三明市	3	12	↑9
福州市	5	6	↑1
莆田市	6	40	↑34
泉州市	29	58	↑29
厦门市	62	181	↑119
宁德市	81	69	↓12
南平市	211	49	↓162
漳州市	219	154	↓65

(2) 福建省政务APP服务能力指数得分情况

从政务APP服务能力整体得分情况来看,福建省平均服务能力指数为62.88,全国平均服务能力指数为37.88,表明福建省的政务APP服务能力远高于全国平均水平,领先全国平均水平66.00%。在图4-112中可以看到,福建省下属9个地级市中,有7个政务APP服务能力指数高于全国平均水平,说明福

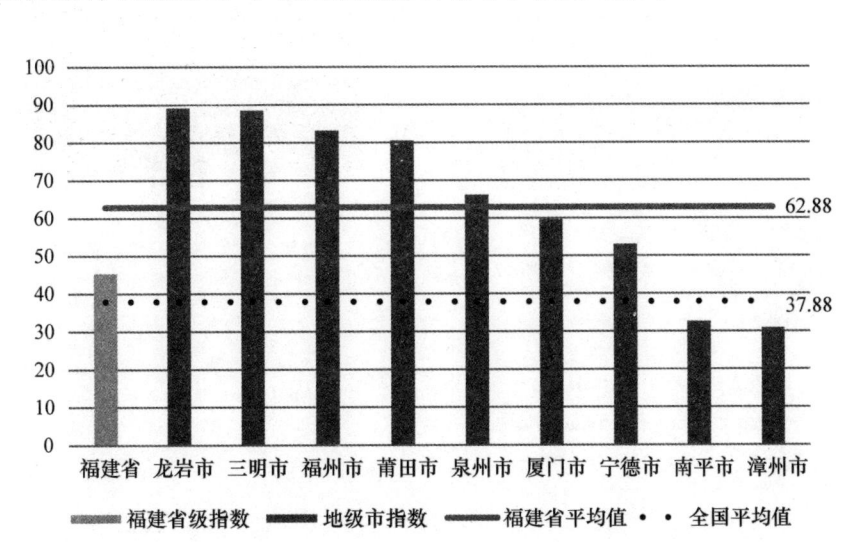

建省整体的服务水平在全国范围内处于领先地位。

图 4-112 福建省政务 APP 服务能力指数

（3）福建省政务 APP 典型案例

"闽政通" APP 是福建省政务服务 APP 同一平台，整合了福建全省各级政府部门面向公众和企业的服务资源，包括福建省网上办事大厅、福建省 12345 便民服务平台，省市两级政府门户网站，以及政府部门和第三方便民服务资源，提供办事服务、互动服务和信息服务，并具有统一支付、统一身份认证功能，公众和企业可以随时随地获取所需服务，是权威、高效、便捷的个性化政府服务平台。除此之外，福建省其余地级市的政务 APP 也各有自己的特色。

龙岩市政务 APP "e 龙岩" 在所有地级市中 APP 服务能力指数排名中位列第 1 名，在五个维度均有不俗的表现，特别是其特色模块"随手拍"，类似发布朋友圈的操作，用户能够随时随地反映遇到的问题，还可以跟踪自己提交诉求的处理状态，十分方便。

图 4-113 "闽政通"办事界面　　　　图 4-114 "闽政通"互动界面

图 4-115 "随手拍"诉求动态及处理进度界面

福州市政务 APP "e 福州" 服务能力指数在福建省下属 9 个地级市中排名第 3 位，其事务服务能力达到满分，事务服务能力也接近满分。"e 福州" APP 拥有统一身份认证，市民进行不同级别的实名认证后，可享受扫码乘坐公交车、停车缴费等在线支付，在线查询公积金、社保、医疗等公共服务，个人、企业等在线政务服务，查看各种电子卡证、支付账单等查询服务以及与通讯录好友互动等多项服务。此外，用户还可以根据自己的喜好，定制个人的个性化服务界面。

图 4-116 "e 福州" 交通支付界面　　图 4-117 "e 福州" 服务编辑界面

下 篇

国务院部委电子服务能力指数报告

五 测评体系与测评方法

(一) 测评背景

随着信息技术的高速发展和政务理念的不断演进,政务发展呈现电子化趋势,办事效率和服务质量大幅度提升,政府决策日益科学化、民主化。同时社会和公众对基于互联网的政务服务需求不断增加。如何更好地服务社会和公众,满足其对电子政务的需求,提升我国电子政务水平,已成为新时期政府亟待解决的管理问题。

2015年7月,国务院发布《关于积极推进"互联网+"行动的指导意见》,强调"互联网+政务",加快转变政府职能,提出要加快互联网与政府公共服务体系的深度融合,促进公共服务创新供给和服务资源整合,构建面向公众的一体化在线公共服务体系。2016年4月12日,国务院发布《2016年政务公开工作要点》,提出要加大公开力度,加强政策解读回应,不断增强公开实效,保障人民群众知情权、参与权、表达权和监督权,助力深化改革、经济发展、民生改善和政府建设。2016年9月14日国务院总理李克强主持召开国务院常务会议,部署加快推进"互联网+政务服务",以深化政府自身改革,更大程度利企便民。为响应国家需要,客观反映中国电子政务服务发展现状,寻找推进"互联网+政务"建设的优化路径,提升我国电子政务发展水平,南京大学政务数据资源研究所开展了2017

年中国电子政务服务能力测评工作。2017年10月，党的十九大报告指出要不断推进国家治理体系和治理能力现代化，加强互联网内容建设，建立网络综合治理体系。2018年3月17日，国务院深化机构改革，对国务院组成部门和机构进行调整：组建自然资源部，不再保留国土资源部、国家海洋局、国家测绘地理信息局；组建生态环境部，不再保留环境保护部；组建农业农村部，不再保留农业部；组建文化和旅游部，不再保留文化部、国家旅游局等，并重新组建司法部、优化水利部等部门的职责。改革后，除国务院办公厅外，国务院设置组成部门26个。2018年4月，在国家发改委、网信办等多个部门支持下的第一届数字中国建设峰会顺利召开，会上发布了30个全国电子政务最佳案例。2019年10月，党的十九届四中全会对坚持和完善中国特色社会主义制度、推进国家治理体系和治理能力现代化作出重大战略部署，指出要创新行政管理和服务方式，加快推进全国一体化政务服务平台建设。

本次调查评估以"公众体验"为出发点，构建电子政务服务测评体系，以客观公正、可量化、可重复为原则，分为多个小组对国务院各部委门户网站、微博（以新浪微博为主）、微信、APP（安卓和苹果系统）四种渠道进行了全方位的交叉测评和复查，主次分明、凸显特色，旨在推动中国电子政务向"一站式"服务发展，提升用户体验与满意度，促进中国电子政务服务健康有序发展。

（二）工作思路

测评工作自2019年5月份开始筹备，6月份进行团队组建与工具方法的准备，7、8月份完成预测评、正式测评、补测评等工作，9、10、11月份进行数据的整理与分析工作，并完成研究报告。

主要工作思路如图 5-1 所示。

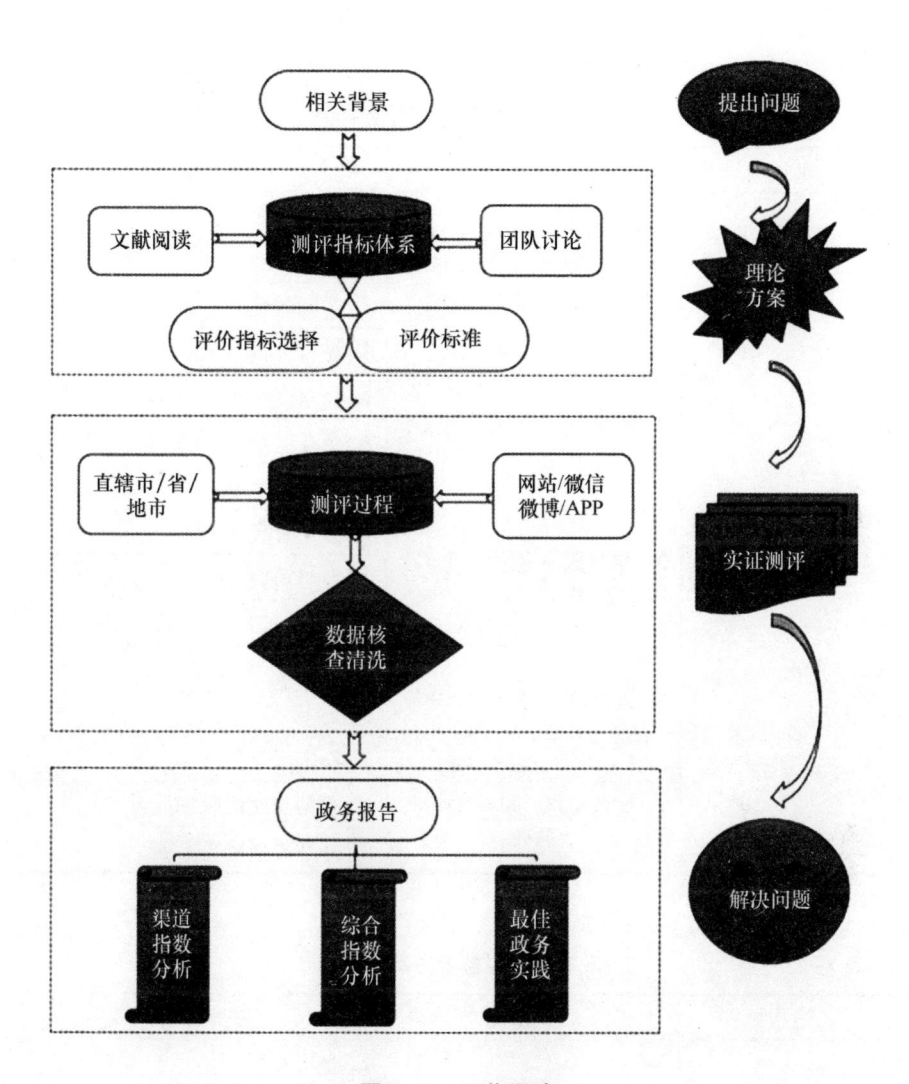

图 5-1 工作思路

（三）指标体系

表 5-1　政府网站服务能力测评指标

一级指标	二级指标	三级指标
政府网站服务能力（权重：0.3784）	1. 信息服务能力（ISC）（权重：0.2059）	1. 有用实用
		2. 来源权威
		3. 时间效度
		4. 易得可得
	2. 事务服务能力（ASC）（权重：0.2549）	1. 公众（个人）办事
		2. 企业（法人）办事
		3. 全程办理率
	3. 参与服务能力（PSC）（权重：0.1765）	1. 参与管理
		2. 参与回应
		3. 参与反馈
	4. 服务提供能力（SDC）（权重：0.2353）	1. 便捷易用
		2. 公平
		3. 稳定可靠
	5. 服务创新能力（SIC）（权重：0.1275）	1. 意见与建议吸纳能力
		2. 分享传播能力

表 5-2　政府微博服务能力测评指标

一级指标	二级指标	三级指标
政府微博服务能力（权重：0.1351）	1. 信息服务能力（ISC）（权重：0.3418）	1. 有用实用
		2. 来源权威
		3. 时间效度
		4. 易得可得
	2. 微博影响力（WI）（权重：0.2911）	1. 受众规模
		2. 信息规模
		3. 活跃度
		4. 交互性

续表

一级指标	二级指标	三级指标
政府微博服务能力（权重：0.1351）	3. 服务提供能力（SDC）（权重：0.1646）	1. 发布时长
	4. 服务创新能力（SIC）（权重：0.2025）	1. 采纳能力
		2. 吸收能力

表5-3　　　　　　　政府微信服务能力测评指标

一级指标	二级指标	三级指标
政府微信服务能力（权重：0.2162）	1. 信息服务能力（ISC）（权重：0.2252）	1. 有用实用
		2. 来源权威
		3. 时间效度
		4. 易得可得
	2. 事务服务能力（ASC）（权重：0.1622）	1. 效率效果
	3. 参与服务能力（PSC）（权重：0.2072）	1. 参与渠道
	4. 微信影响力（WI）（权重：0.2162）	1. 受众规模
		2. 信息规模
	5. 服务提供能力（SDC）（权重：0.1892）	1. 便捷易用

表5-4　　　　　　　政府APP服务能力测评指标

一级指标	二级指标	三级指标
政府APP服务能力（权重：0.2703）	1. 信息服务能力（ISC）（权重：0.2529）	1. 有用实用
		2. 来源权威
		3. 时间效度
		4. 易得可得
	2. 事务服务能力（ASC）（权重：0.2414）	1. 效率效果

续表

一级指标	二级指标	三级指标
政府 APP 服务能力（权重：0.2703）	3. 参与服务能力（PSC）（权重：0.2184）	1. 参与管理
		2. 参与回应
		3. 参与反馈
	4. 服务提供能力（SDC）（权重：0.2874）	1. 渠道面
		2. 覆盖面
		3. 易得性
		4. 稳定可靠
		5. 易用性
		6. 使用反馈
		7. 社交性

（四）测评工作

集中测评时间：2019 年 7 月 1 日至 2019 年 7 月 31 日。

测评渠道：官方网站、微信、微博、APP

测评对象：包括国务院组成部门、国务院直属特设机构、国务院直属机构、国务院办事机构、国务院直属事业单位和国务院部委管理的国家局。其中，国务院和国务院组成部门中的国防部、退役军人事务部，国务院直属机构中的国家医疗保障局，国务院直属事业单位中的新华社、中国科学院、中国社会科学院、中国工程院和国务院发展研究中心这九个机构的社会管理功能较弱，因此未纳入测评。

测评标准见附录 5，测评样本见附录 6。

六　国务院部委电子服务渠道指数

（一）国务院部委电子服务渠道指数说明

目前，网站、微博、微信及 APP 客户端是各部委主流的电子服务渠道。电子服务渠道指数，是评估政府利用各渠道向公众提供服务能力水平的指数。本报告着力考察政务网站信息服务能力、事务服务能力、参与服务能力、服务提供能力、服务创新能力；重点关注政务微博的服务提供能力、信息服务能力、微博影响力、服务创新能力；主要测量政务微信的信息服务能力、事务服务能力、参与服务能力、服务提供能力、微信影响力；突出评价客户端的服务提供能力、信息服务能力、事务服务能力、参与服务能力。报告分别从门户网站、微博、微信及客户端这四种渠道对国务院部委的电子政务服务能力指数进行考察，通过测评服务渠道指数，反映各测评渠道中政府向公众提供公共服务的能力。

（二）国务院部委网站服务能力指数

1. 国务院部委网站服务能力指数

表6-1　　　　　　　　　部委网站服务能力指数

排名	部委名称	指数	排名	部委名称	指数	排名	部委名称	指数
1	国家文物局	95.18	20	交通运输部	70.32	39	文化和旅游部	60.05
2	海关总署	89.92	21	国家卫生健康委员会	69.76	40	国有资产监督管理委员会	58.02
3	中国民用航空局	87.42	22	国家体育总局	69.57			
4	国家税务总局	83.73	23	国家信访局	67.72	41	国家统计局	56.28
5	国家药品监督管理局	83.23	24	国家发展和改革委员会	67.64	42	财政部	54.17
6	国家市场监督管理总局	83.08	25	科学技术部	66.82	43	国家国防科技工业局	52.68
			26	自然资源部	66.34			
7	水利部	81.81	27	应急管理部	65.06	44	国家移民管理局	51.99
8	国家外汇管理局	77.64	28	国家邮政局	64.96	45	国家新闻出版广电总局	49.36
			29	教育部	64.11			
9	民政部	76.92	30	司法部	63.49	46	中国人民银行	47.58
10	农业农村部	76.12	31	人力资源和社会保障部	63.44			
11	工业和信息化部	75.26				47	国务院港澳事务办公室	46.77
12	国家知识产权局	74.28	32	国家烟草专卖局	63.06	48	外交部	45.04
13	商务部	73.65	33	住房和城乡建设部	62.44	49	国家民族事务委员会	43.23
14	中国证券监督管理委员会	73.05	34	国家粮食和物资储备局	62.08	50	国家煤矿安全监察局	41.03
15	中国气象局	72.68	35	中国银行保险监督管理委员会	61.80	51	国家中医药管理局	39.92
16	国家林业和草原局	71.13						
17	国家机关事务管理局	70.78	36	审计署	61.72	52	国家国际发展合作署	31.98
			37	国家铁路局	60.51			
18	生态环境部	70.46	38	国家能源局	60.09	53	国务院参事室	28.80
19	公安部	70.39						

注：未列出无渠道服务的样本，后同。

2. 整体概况

在部委网站服务能力指数中,国家文物局位列第1,海关总署、中国民用航空局、国家税务总局和国家药品监督管理局分列第2—5名。这五个部委网站在信息发布和事务服务上都有着良好的表现,网站导航明确,链接稳定可靠,能够基本满足各类用户的服务需求。排名靠后的网站目前仍处在信息发布阶段,事务服务能力建设严重滞后,对于用户的咨询和意见也难以做到有效反馈。总体而言,各部委的网站服务能力指数均值为63.42,处于较高水平。排名前五的部委指数均值为87.90。此外,共31个部委在该指数上的表现优于平均水准,占比57.41%。

从部委网站服务能力的组成维度来看,各部委网站的信息服务能力整体表现突出,指数均值为87.39;服务提供能力次之,指数均值为79.71,处于较高水平;相比而言,事务服务能力、服务创新能力、参与服务能力明显不足,指数均值分别为54.77、48.61、36.89,说明当前我国各部委网站仍以信息发布为主,在事务服务和公众互动等方面还有很大的发展空间。

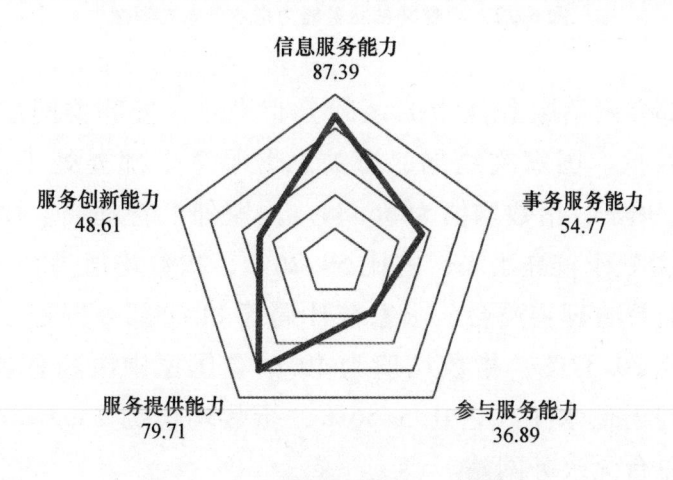

图6-1 部委网站服务能力总体指数

从部委网站服务能力的机构分布来看，国务院组成部门、国务院部委管理的国家局、国务院直属机构和国务院直属事业单位在该指数上的得分处于高水平的数量分别是：1、3、3、0，处于较高水平的数量分别是18、9、2、3，其余各类机构在该指数上的得分均处于中等或低水平。

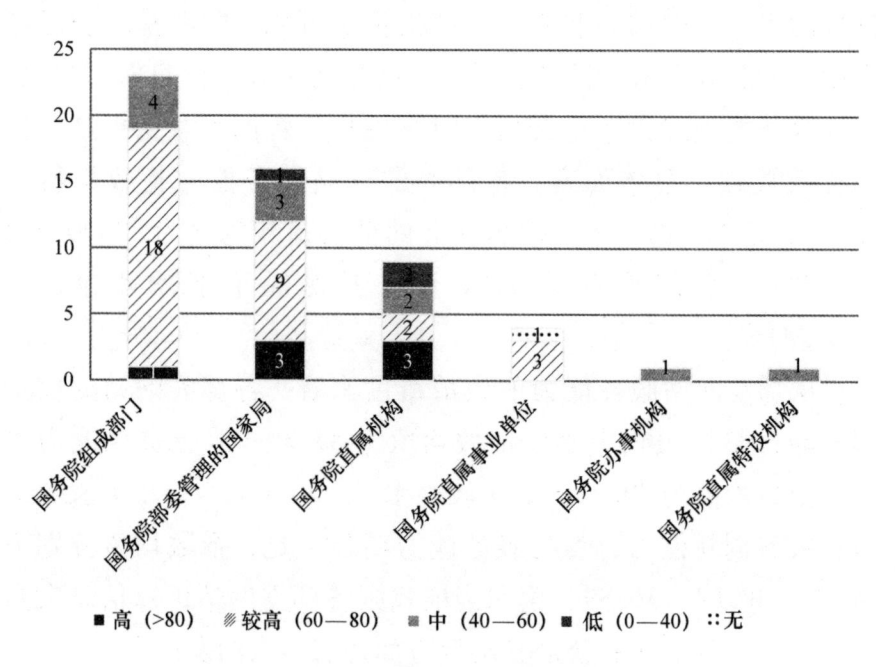

图6-2 部委网站服务能力指数分布柱形图

从部委网站服务能力的区间分布来看，各部委网站服务能力整体较低。国家文物局、海关总署等7个部委处于高水平，占比12.96%，指数均值为86.34。国家外汇管理局、民政部等32个部委处于较高水平，占比59.26%，指数均值为67.92。国有资产监督管理委员会、国家统计局等11个部委则处于中等水平，占比20.37%，指数均值为49.65。国家中医药管理局等3个部委处于低水平，占比5.56%，指数均值为25.18。中央广播电视总台无政务网站。

5.56% 1.85%
12.96%
20.37%

■ 高 (>80)
▽ 较高 (60—80)
■ 中 (40—60)
、低 (0—40)
■ 无

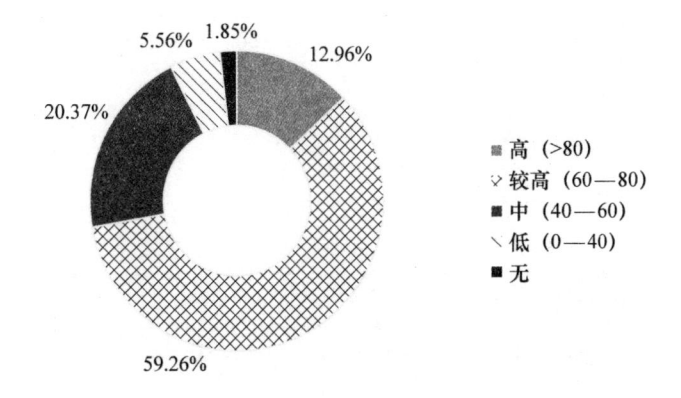

59.26%

图 6-3 部委网站服务能力指数区间分布图

表 6-2　　　　　部委网站服务能力指数区间分布表

高（>80）	较高（60—80）	中（40—60）	低（0—40）	无
国家文物局	国家外汇管理局	国有资产监督管理委员会	国家中医药管理局	中央广播电视总台
海关总署	民政部	国家统计局	国家国际发展合作署	
中国民用航空局	农业农村部	财政部	国务院参事室	
国家税务总局	工业和信息化部	国家国防科技工业局		
国家药品监督管理局	国家知识产权局	国家移民管理局		
国家市场监督管理总局	商务部	国家新闻出版广电总局		
水利部	中国证券监督管理委员会	中国人民银行		
	中国气象局	国务院港澳事务办公室		
	国家林业和草原局	外交部		
	国家机关事务管理局	国家民族事务委员会		
	生态环境部	国家煤矿安全监察局		

续表

高（>80）	较高（60—80）	中（40—60）	低（0—40）	无
	公安部			
	交通运输部			
	国家卫生健康委员会			
	国家体育总局			
	国家信访局			
	国家发展和改革委员会			
	科学技术部			
	自然资源部			
	应急管理部			
	国家邮政局			
	教育部			
	司法部			
	人力资源和社会保障部			
	国家烟草专卖局			
	住房和城乡建设部			
	国家粮食和物资储备局			
	中国银行保险监督管理委员会			
	审计署			
	国家铁路局			
	国家能源局			
	文化和旅游部			

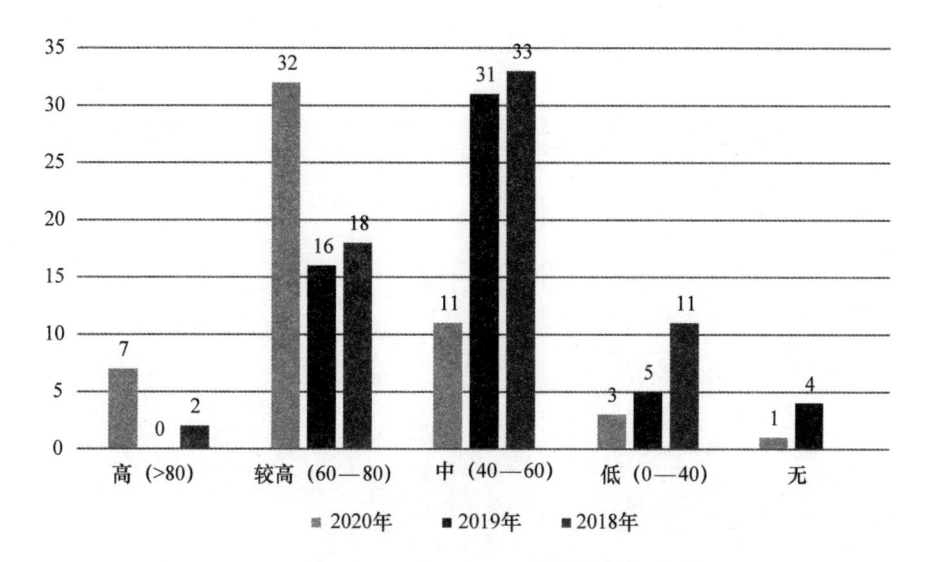

图 6-4　部委政务网站服务能力指数区间分布 3 年对比图

总体来说，与 2019 版相比，部委网站服务能力指数有明显进步，处于高水平的网站从 0 个增加到 7 个，处于较高水平的网站个数也有大幅度提升。从部委网站服务能力的组成维度来看，信息服务能力、事务服务能力、服务提供能力、服务创新能力和参与服务能力均有提升。

（三）国务院部委微博服务能力指数

1. 国务院部委微博服务能力指数

表 6-3　　部委微博服务能力指数

排名	部委名称	指数	排名	部委名称	指数	排名	部委名称	指数
1	国家文物局	89.48	4	教育部	85.79	7	国家林业和草原局	81.65
2	中国气象局	86.65	5	中国民用航空局	84.54	8	国家税务总局	79.91
3	国有资产监督管理委员会	86.19	6	国家卫生健康委员会	82.56	9	民政部	79.51

续表

排名	部委名称	指数	排名	部委名称	指数	排名	部委名称	指数
10	国家药品监督管理局	77.66	19	司法部	73.85	30	中国银行保险监督管理委员会	63.15
			20	外交部	72.79			
11	中国证券监督管理委员会	76.86	21	商务部	72.41			
			22	科学技术部	68.84	31	水利部	60.29
			23	公安部	68.07	32	国家粮食和物资储备局	59.39
12	工业和信息化部	76.59	24	中国人民银行	66.64			
13	生态环境部	76.57				33	国家外汇管理局	59.24
14	国家统计局	76.07	25	文化和旅游部	66.16	34	交通运输部	56.75
15	海关总署	76.04						
16	应急管理部	75.62	26	自然资源部	65.50	35	国家知识产权局	17.49
17	国家发展和改革委员会	75.43	27	国家铁路局	64.96			
			28	国家市场监督管理总局	64.60			
18	国家移民管理局	75.35	29	国家邮政局	64.37			

注：未列出无渠道服务的样本，后同。

2. 整体概况

在部委微博服务能力指数中，国家文物局位列第1，中国气象局、国有资产监督管理委员会、教育部、中国民用航空局分列第2—5名。这五个部委的微博开通时间较早，且能保持较高的交互性和活跃度，服务创新能力也较好，能够以多元的形式（包括图片、视频、音乐、链接等）及时发布各类资讯。排名靠后的部委中，有19个尚未开通政务微博，另一些得分较低的部委微博也都是新开账号，在影响力和活跃度上相对滞后。总体而言，各部委的微博服务能力指数均值为46.43，整体服务能力水平不高，平均值较低的原因主要是有很大一部分数量的部委没有开通微博。开通微博的所有部委微博服务能力指数平均值为71.63，总体服务水平较高，但其中国家知识产权局的政务微博分数较低，仅有17.49，导致开通微博的部委微博服务能力水平平均值被拉低。

从部委微博服务能力的组成维度来看，由于部委中未开通微博的部委数较多，因此各组成维度的均值分数都不是特别理想。具体来看，部委微博的信息服务能力在四个子维度指标指数中表现最好，指数均值为58.45；服务提供能力也相对较好，指数均值为53.33；服务创新能力、微博影响力相对较弱，指数均值分别为37.63和41.56，有较大提升空间。

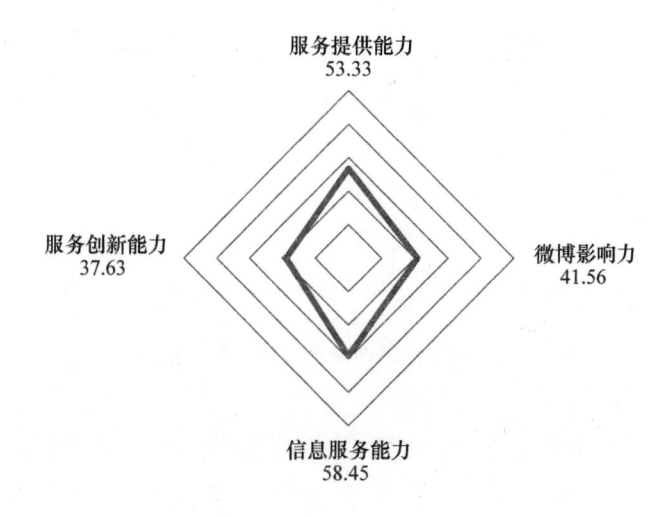

图6-5 部委微博服务能力总体指数

从部委微博服务能力的机构分布来看，国务院办事机构和国务院直属特设机构参与测评的都只有1个部委，这两个部委中前者的国务院港澳办无微博，后者的国资委微博服务能力处于高水平，分数高达86.19。国务院直属事业单位共有四个部委参与测评，其中有1个处于高水平，2个处于较高水平，还有1个部委没有政务微博。国务院组成部门的23个部委中，微博服务能力处于高水平及较高水平的占69.57%；国务院部委管理的国家局中微博服务能力处于高水平及较高水平的占43.75%，国务院直属机构中微博服务能力处于高水平及较高水平的占44.44%。

从部委微博服务能力的区间分布来看，有7个部委的政务微博服务能力处于高水平，占比为12.96%，指数均值为

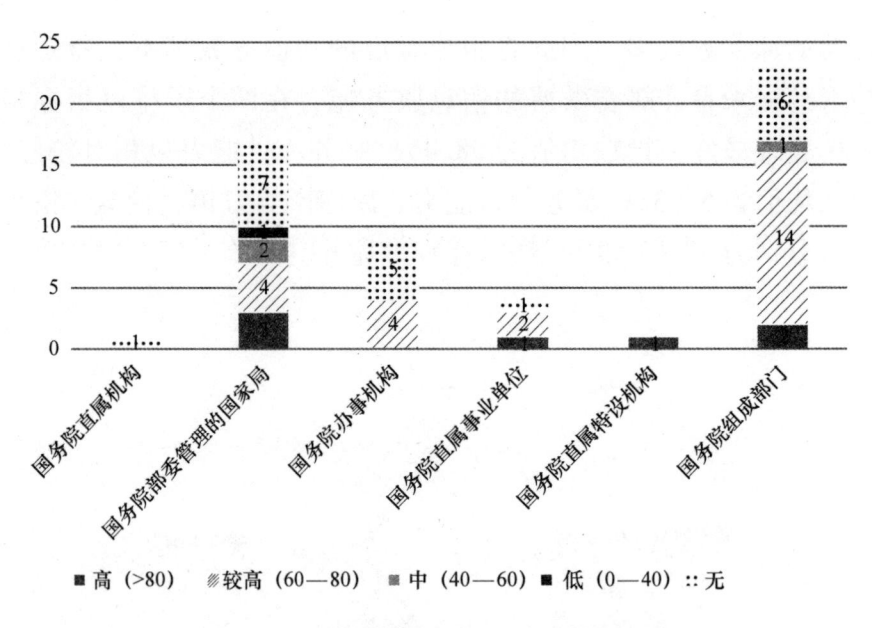

图 6-6 部委微博服务能力指数分布柱形图

85.27；有 24 个部委政务微博服务能力处于较高水平，占比为 44.44%，指数均值为 71.55；有 3 个部委政务微博服务能力处于中等水平，占比为 5.56%，指数均值为 58.46；有 1 个部委政务微博服务能力处于低水平，占比为 1.85%，指数值为 17.49。由于 19 个部委尚未开通政务微博，占比为 35.19%，因而导致各部位微博服务能力指数均值整体偏低，仅为 46.43，说明当前各部委对于微博渠道的重视度和利用度存在较大差距。

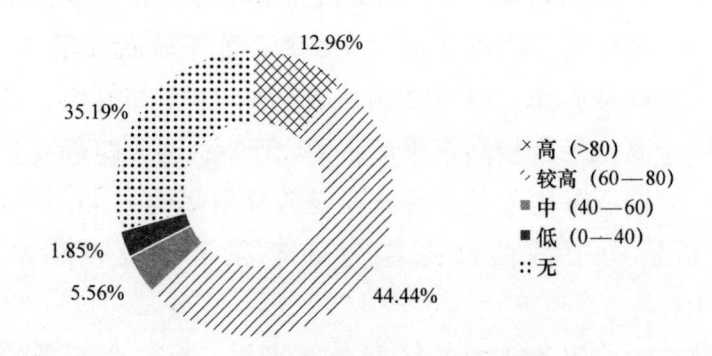

图 6-7 部委微博服务能力指数区间分布

表6-4　　　　　　　　部委微博服务能力指数区间分布

高（>80）	较高（60—80）	中（40—60）	低（0—40）	无
国家文物局	国家税务总局	国家粮食和物资储备局	国家知识产权局	国家民族事务委员会
中国气象局	民政部	国家外汇管理局		财政部
国有资产监督管理委员会	国家药品监督管理局	交通运输部		住房和城乡建设部
教育部	中国证券监督管理委员会			审计署
中国民用航空局	工业和信息化部			人力资源和社会保障部
国家卫生健康委员会	生态环境部			农业农村部
国家林业和草原局	国家统计局			国家新闻出版广电总局
	海关总署			国家机关事务管理局
	应急管理部			国家体育总局
	国家发展和改革委员会			国家国际发展合作署
	国家移民管理局			国务院参事室
	司法部			国务院港澳事务办公室
	外交部			中央广播电视总台
	商务部			国家信访局
	科学技术部			国家能源局
	公安部			国家烟草专卖局
	中国人民银行			国家国防科技工业局
	文化和旅游部			国家中医药管理局

续表

高（>80）	较高（60—80）	中（40—60）	低（0—40）	无
	自然资源部			国家煤矿安全监察局
	国家铁路局			
	国家市场监督管理总局			
	国家邮政局			
	中国银行保险监督管理委员会			
	水利部			

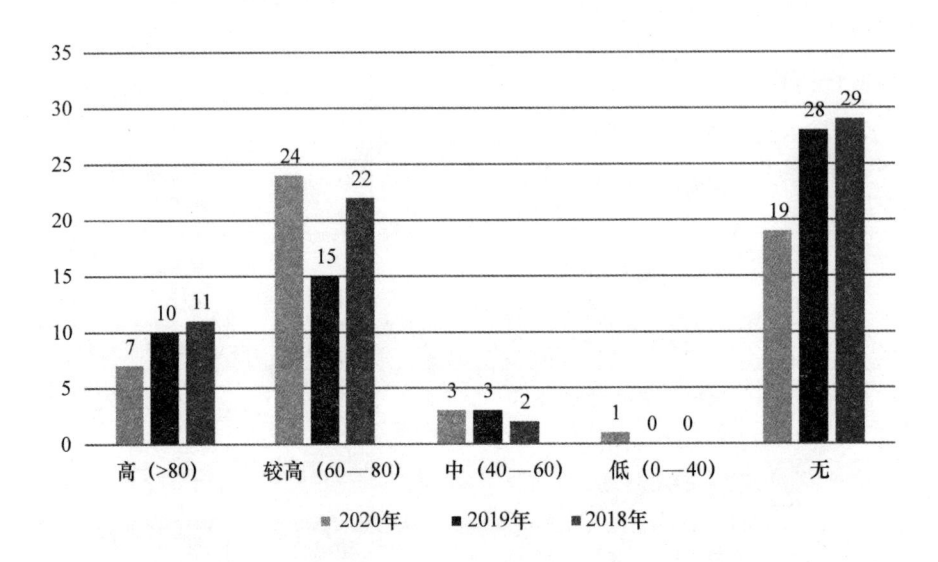

图 6-8 部委微博服务能力指数区间分布年度对比图

与 2019 版部委微博服务能力指数相比，整体部委微博服务能力水平有较大的提升，开通政务微博的部委数量也在增加，各部委对政务微博的重视程度有所上升。从微博指数区间分布方面来看，微博指数大于 80 分的部委数目减少 3 个，微博指数在 60—80 分区间的部委数目增加 9 个，40—60 分中水平区间部委数目维持不变，0—40 分低水平区间部委数目增加 1 个，尚未开通政务微博的部委数目减少 9 个。

（四）国务院部委微信服务能力指数

1. 国务院部委微信服务能力指数

表 6-5　部委微信服务能力指数

排名	部委名称	指数	排名	部委名称	指数	排名	部委名称	指数
1	国家信访局	69.06	16	教育部	50.48	31	国家文物局	43.22
2	人力资源和社会保障部	67.06	17	审计署	49.71	32	国家中医药管理局	42.98
3	海关总署	62.89	18	国家药品监督管理局	49.49	33	自然资源部	42.85
4	司法部	62.87	19	生态环境部	48.91	34	中国气象局	40.74
5	工业和信息化部	62.55	20	应急管理部	48.64	35	国家市场监督管理总局	40.03
6	国家税务总局	61.44	21	国家粮食和物资储备局	48.47	36	文化和旅游部	39.46
			22	民政部	47.71			
7	商务部	58.02	23	中国人民银行	47.07	37	国家民族事务委员会	39.45
8	国家发展和改革委员会	56.97	24	财政部	45.77	38	中国证券监督管理委员会	35.68
9	国家卫生健康委员会	55.78	25	水利部	45.51			
			26	公安部	45.45	39	外交部	34.96
10	交通运输部	56.04	27	国家统计局	44.89	40	国家国际发展合作署	34.41
11	国家林业和草原局	52.74	28	国有资产监督管理委员会	44.32	41	国家邮政局	32.64
12	科学技术部	51.93				43	住房和城乡建设部	21.79
13	国家知识产权局	51.37	29	国家新闻出版广电总局	43.72			
14	国家移民管理局	51.04	30	中国民用航空局	43.56			
15	国家能源局	50.62						

注：未列出无渠道服务的样本。

2. 整体概况

在部委微信服务能力指数中，国家信访局位列第1，人力资源和社会保障部、海关总署、司法部、工业和信息化部分列第

2—5名。这五个部委的政务微信在信息服务能力、事务服务能力与微信影响力上都有着相对突出的表现,信息时效性强、办事流程清晰,且受众规模较大。排名靠后的部委政务微信目前仍处在信息发布阶段,事务服务能力与参与服务能力相对滞后,微信影响力也明显不足。

从部委微信服务能力的组成维度来看,各部委微信的信息服务能力整体达到较高水平,指数均值为74.77;服务提供能力次之,指数均值为45.56,处于中等水平;而事务服务能力、参与服务能力和微信影响力整体处于较低水平,指数均值分别为13.70、11.48和36.45。各部委微信目前仍以信息发布为主,尚未充分利用微信渠道的特性完善其他政务服务,这也与部委不是公众办事的直接受理者的特征有关。

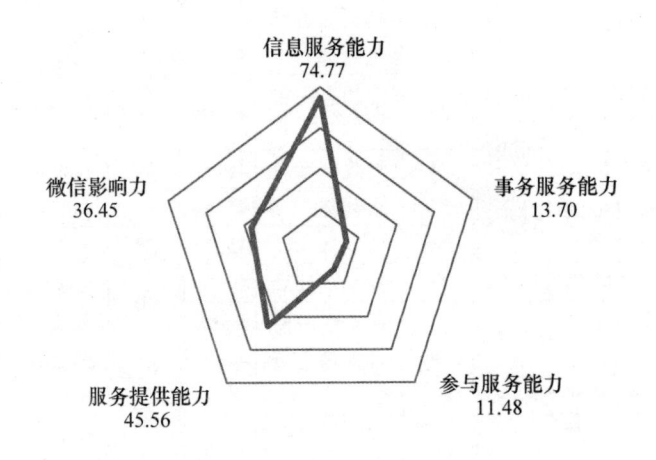

图6-9 部委微信服务能力总体指数

从微信服务能力的机构分布来看,目前国务院组成部门23个部委中有3个微信服务能力达到较高水平,国务院直属机构中有2个达到较高水平,国务院部委管理的国家局中仅国家信访局达到较高水平。其余机构类型中开通微信的部委多处于中等或较低水平。另外,截至测评时,仍有11个部委未开通政务微信。

图 6-10 部委政府微信服务能力指数分布图

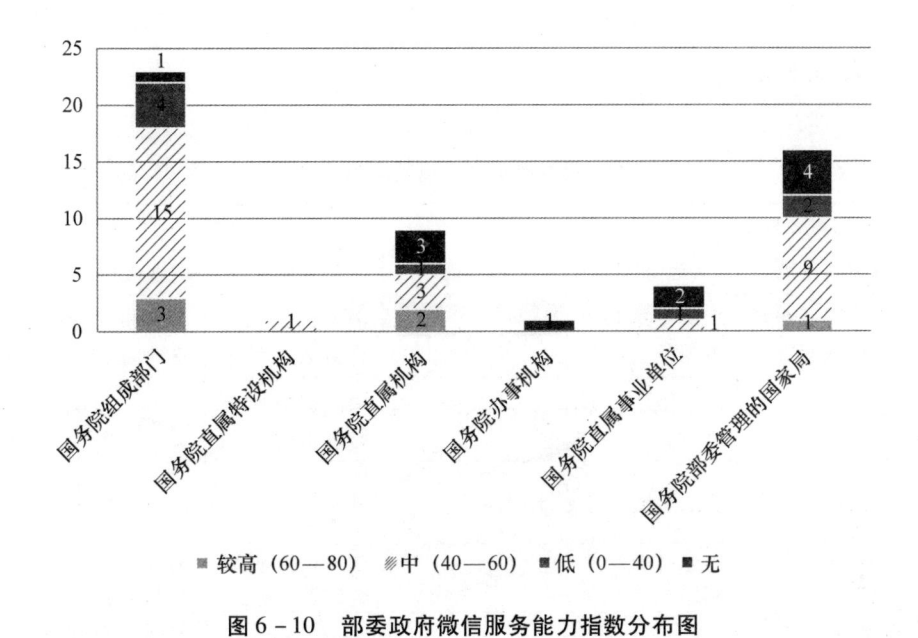

从部委微信服务能力的区间分布来看，尚无部委的政务微信服务能力处于高水平区间，国家信访局、人社部、海关总署等6个部委的政务微信服务能力处于较高水平，占比11.11%，指数均值为64.31；商务部、国家发展和改革委员会等29个部委政务微信服务能力处于中等水平，占比53.70%，指数均值为48.21；文化和旅游部、国家民族事务委员会等8个部委政务微信服务能力处于较低水平，占比14.82%，指数均值为33.15；

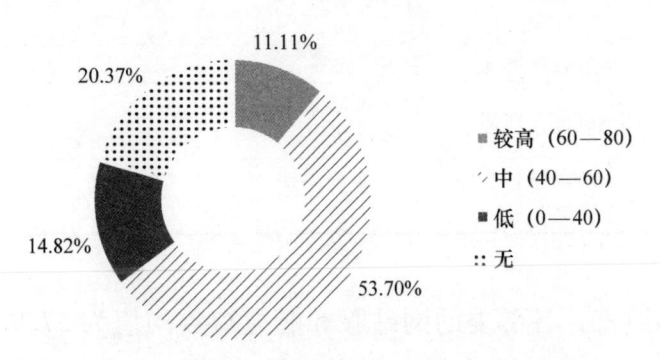

图 6-11 部委政府微信服务能力指数区间分布图

另有农业农村部、国家机关事务管理局等 11 个部委尚未开通政务微信服务渠道，占比 20.37%。

表 6-6　部委微信服务能力指数区间分布

较高（60—80）	中（40—60）		低（0—40）	无
国家信访局	商务部	民政部	文化和旅游部	农业农村部
人力资源和社会保障部	国家发展和改革委员会	中国人民银行	国家民族事务委员会	国家机关事务管理局
海关总署	国家卫生健康委员会	财政部	中国证券监督管理委员会	国家体育总局
司法部	交通运输部	水利部	外交部	国务院参事室
工业和信息化部	国家林业和草原局	公安部	国家国际发展合作署	国务院港澳事务办公室
国家税务总局	科学技术部	国家统计局	国家邮政局	中国银行保险监督管理委员会
	国家知识产权局	国有资产监督管理委员会	国家外汇管理局	中央广播电视总台
	国家移民管理局	国家新闻出版广电总局	住房和城乡建设部	国家烟草专卖局
	国家能源局	中国民用航空局		国家国防科技工业局
	教育部	国家文物局		国家铁路局
	审计署	国家中医药管理局		国家煤矿安全监察局
	国家药品监督管理局	自然资源部		
	生态环境部	中国气象局		
	应急管理部	国家市场监督管理总局		
	国家粮食和物资储备局			

总体而言，各部委的网站服务能力指数均值为 37.95，由于部分部委尚未开通微信服务渠道，部委微信服务能力指数总体

处于较低水平，仍有较大发展空间。其中，37个部委服务能力超过平均水平，占比68.52%。

处于较高和中等水平的部委数目与2019版持平，较2018版有所增加。2019版财政部、司法部和国税总局分列1—3名，2020版此三个部委的排名出现不同程度的下降，国家信访局、工信部、商务部等部委政务微信服务能力指数有所上升，表现不俗。此外，国家机关事务管理局政务微信停用，仍有11个部委尚未开通政务微信。

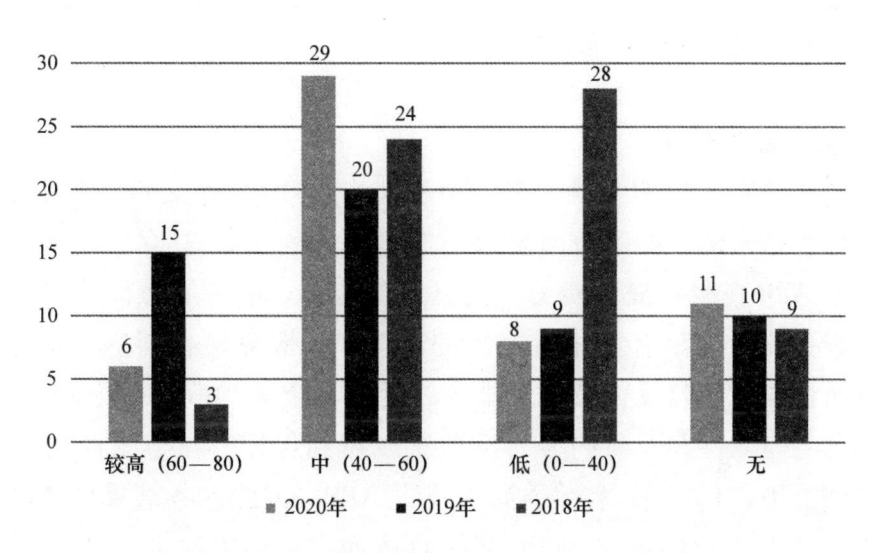

图6-12 部委微信服务能力指数区间分布年度对比图

（五）国务院部委APP服务能力指数

1. 国务院部委APP服务能力指数

表6-7　　　　　　部委APP服务能力指数

排名	部委名称	指数	排名	部委名称	指数	排名	部委名称	指数
1	司法部	70.80	4	公安部	59.79	6	中国民用航空局	57.60
2	外交部	67.40	5	国家新闻出版广电总局	58.23			
3	生态环境部	60.12				7	自然资源部	55.12

续表

排名	部委名称	指数	排名	部委名称	指数	排名	部委名称	指数
8	交通运输部	54.87	14	中央广播电视总台	42.20	18	人力资源和社会保障部	28.81
9	商务部	53.90						
10	国家税务总局	53.20	15	国家移民管理局	38.01	19	国家信访局	28.51
						20	海关总署	20.05
11	财政部	53.04	16	国家药品监督管理局	36.02	21	中国气象局	13.77
12	国家林业和草原局	50.24				22	国家发展和改革委员会	2.89
			17	教育部	33.88			
13	民政部	46.58				23	国家知识产权局	2.89

注：未列出无渠道服务的样本。

2. 整体概况

在部委 APP 服务能力中，司法部位列第 1，外交部、生态环境部、公安部、国家新闻出版广电总局分列第 2—5 名。这 5 个政务 APP 在服务提供能力、信息服务能力、事务服务能力及参与服务能力上都有着相对突出的表现，其服务覆盖面广、信息时效性强、参与反馈及时。排名靠后的 APP 各项服务能力较弱，信息的时效性和及时的参与反馈难以得到保证。参与测评的 54 个部委中，仍有 31 个部委尚未建设 APP，因此，各部委的 APP 服务能力指数均值仅为 18.30。总体而言，部委政务 APP 仍处于起步阶段，综合考虑部委职能特性和 APP 的开发成本，这一渠道的发展方向还需进一步讨论。

从部委 APP 服务能力的组成维度来看，各部委的四项服务维度能力整体不足，服务提供能力、信息服务能力、事务服务能力、参与服务能力均处于低水平，这可能与部委的职能特征及 APP 的开发成本有一定关系。

从部委 APP 服务能力的机构分布来看，仅司法部、外交部和生态环境部达到较高水平，三者均为国务院组成部门；国务院部委管理的国家局和国务院组成部门的部委 APP 服务能力水平呈现梯次分布，但整体水平偏低；而其余机构类型的绝大多数部委尚未建设相应的 APP。

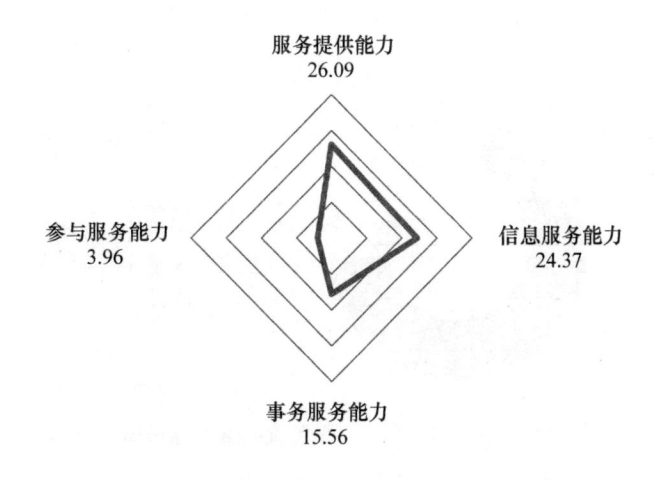

图 6-13 部委 APP 服务能力总体指数

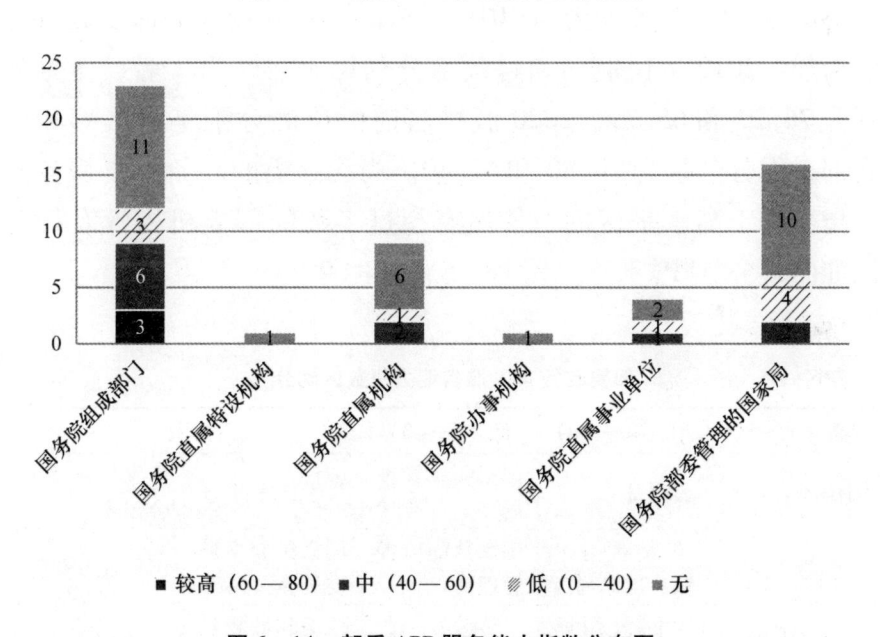

图 6-14 部委 APP 服务能力指数分布图

从部委 APP 服务能力的区间分布来看，司法部、外交部以及生态环境部 3 个部委的 APP 服务能力处于较高水平，指数均值为 66.10；11 个部委政务 APP 服务能力处于中等水平，指数均值为 53.16；9 个部委政务 APP 服务能力处于低水平，指数均值为22.76。此外，仍有31个部委尚未建成政务APP，相比其他渠道，我国部委政务APP的发展严重滞后。

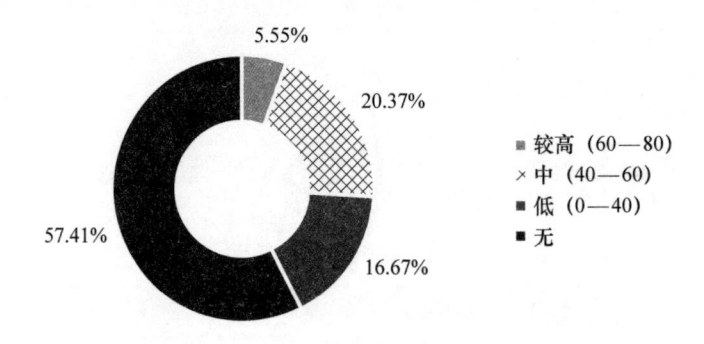

图 6-15 部委 APP 服务能力指数分布图

部委APP服务能力与2019版相比，得分较高的部委数目有所增加。2019版民航局和财政部分列第1名、第2名，得分分别为76.27和65.39，2020版排名前两位的分别是司法部和外交部，得分分别为70.80和67.40。尚无部委的政务APP服务能力指数处于高水平区间，依然有超过半数的部委机构没有符合标准的政务APP。

表 6-8　　　　部委政务 APP 服务能力指数区间分布

较高（60—80）	中（40—60）	低（0—40）	无	
司法部	公安部	国家移民管理局	科学技术部	国家国际发展合作署
外交部	国家新闻出版广电总局	国家药品监督管理局	国家民族事务委员会	国务院参事室
生态环境部	中国民用航空局	教育部	住房和城乡建设部	国务院港澳事务办公室
	自然资源部	人力资源和社会保障部	水利部	中国银行保险监督管理委员会
	交通运输部	国家信访局	国家卫生健康委员会	中国证券监督管理委员会

续表

较高（60—80）	中（40—60）	低（0—40）	无	
	商务部	海关总署	审计署	国家能源局
	国家税务总局	中国气象局	工业和信息化部	国家烟草专卖局
	财政部	国家发展和改革委员会	农业农村部	国家文物局
	国家林业和草原局	国家知识产权局	文化和旅游部	国家外汇管理局
	民政部		中国人民银行	国家粮食和物资储备局
	中央广播电视总台		应急管理部	国家国防科技工业局
			国有资产监督管理委员会	国家铁路局
			国家市场监督管理总局	国家邮政局
			国家统计局	国家中医药管理局
			国家机关事务管理局	国家煤矿安全监察局
			国家体育总局	

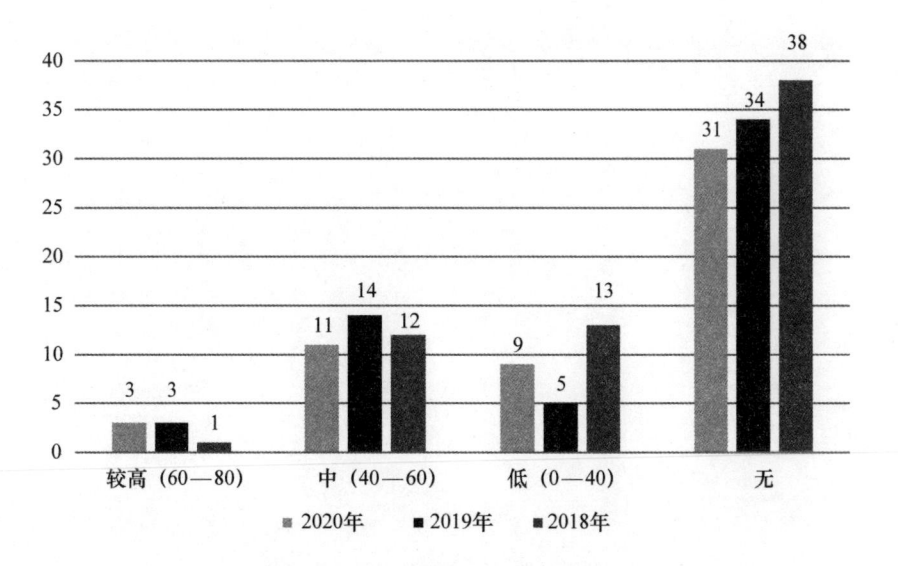

图 6-16　部委政务 APP 服务能力指数区间分布 3 年对比图

通过对比 2018—2020 年部委政务 APP 服务能力指数的区间分布，可以发现，处于较高水平的部委数量略有增长，三年间，未开通政务 APP 的部委数量也呈逐年减少的趋势，由 2018 年的 38 个减少至 2020 年的 31 个。然而，处于中低水平的部委仍占据参与测评部委总数的八成以上，参与测评的 54 个部委中，仍有超过半数的部委未开通政务 APP，说明我国部委的政务 APP 建设仍处在初级阶段。

七 国务院部委电子服务能力综合指数

（一）国务院部委电子服务能力综合指数

1. 国务院部委电子服务能力综合指数说明

综合指数是部委网站、"两微一端" 4 个渠道服务能力的综合测评指标，用以更加全面、客观地评价现阶段中国电子政务服务渠道的建设水平，计算公式如下：

$$EGSAI_C = \sum_{i=1}^{4} \sigma_i EGSCI_i$$

其中，$EGSAI_C$ 为部委电子政务服务能力综合指数，σ_i 指权重，$EGSCI_i$ 为部委电子政务服务渠道指数，$i=1，2，3，4$，分别代表各渠道指数（见第二章）。

2. 国务院部委电子服务能力综合指数

（1）国务院部委电子服务能力综合指数

表 7-1　　　　部委电子服务能力综合指数

排名	部委名称	指数	排名	部委名称	指数	排名	部委名称	指数
1	交通运输部	70.12	6	中国民用航空局	62.12	10	国家林业和草原局	58.58
2	外交部	68.14
3	司法部	66.35	7	公安部	61.82	11	自然资源部	58.12
4	生态环境部	65.10	8	民政部	59.84	12	商务部	53.16
5	国家移民管理局	62.65	9	教育部	59.47	13	国家信访局	53.07

续表

排名	部委名称	指数	排名	部委名称	指数	排名	部委名称	指数
14	工业和信息化部	52.35	29	农业农村部	42.50	43	中国证券监督管理委员会	33.77
			30	水利部	42.25			
15	国家卫生健康委员会	51.95	31	国家烟草专卖局	40.56	44	国家体育总局	33.68
16	中国气象局	50.78	32	国家新闻出版广电总局	40.34			
17	国家税务总局	49.57				45	国家统计局	33.18
18	国家市场监督管理总局	49.14	33	中国银行保险监督管理委员会	39.78	46	国有资产监督管理委员会	29.34
19	国家发展和改革委员会	48.88	34	国家邮政局	39.41	47	住房和城乡建设部	28.34
			35	国家中医药管理局	39.21			
20	中国人民银行	47.46				48	国家国防科技工业局	28.13
21	国家文物局	47.27	36	国家外汇管理局	39.00			
22	海关总署	47.23	37	应急管理部	38.40	49	国家能源局	24.89
23	人力资源与社会保障部	47.21	38	国家煤矿安全监察局	38.32	50	国家国际发展合作署	19.94
24	文化和旅游部	46.55	39	审计署	36.31	51	国家机关事务管理局	19.54
			40	国家铁路局	35.10	52	国家民族事务委员会	15.53
25	国务院参事室	44.97	41	国家粮食和物资储备局	34.81	53	中央广播电视总台	11.41
26	财政部	44.73	42	国家知识产权局	34.78	54	国务院港澳事务办公室	10.90
27	科学技术部	44.47						
28	国家药品监督管理局	44.09						

注：未列出无服务渠道的样本，后同。

（2）整体概况

在部委渠道综合指数中，交通运输部位列第1，外交部、司法部、生态环境部和国家移民管理局分列第2—5名。这5个部委在电子政务服务的渠道建设上均有较好的表现，其中交通运输部、外交部和国家移民管理局在网站服务方面表现突出；生态环境部和司法部比较注重多渠道同步建设，各渠道发展较为均衡。排名靠后的部委普遍缺乏新媒体渠道的建设，其电子服务渠道仍以门户网站为主。总体而言，各部委电子服务渠道综合指数的均值为43.42，处于中等水平，共有28个部委超过平均水平。

从部委渠道综合指数的区间分布来看，我国部委电子服务综合能力建设水平梯次分布明显，整体处于中等水平。交通运输部、外交部、司法部等7个部委处于较高水平，占比12.96%。民政部、国税总局等25个部委处于中等水平，占比46.3%。银保监会、国家知识产权局等22个部委处于低水平，占比40.74%。

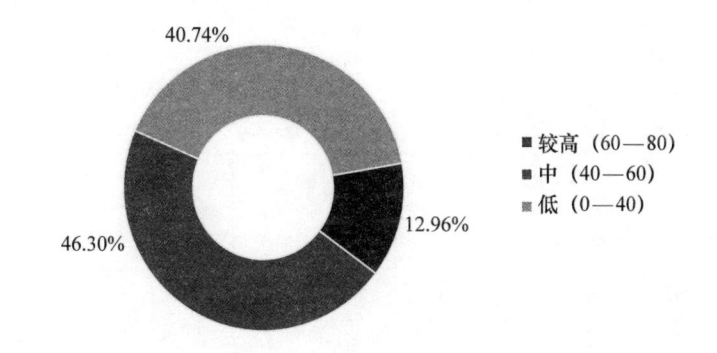

图7-1 部委电子服务能力综合指数区间分布图

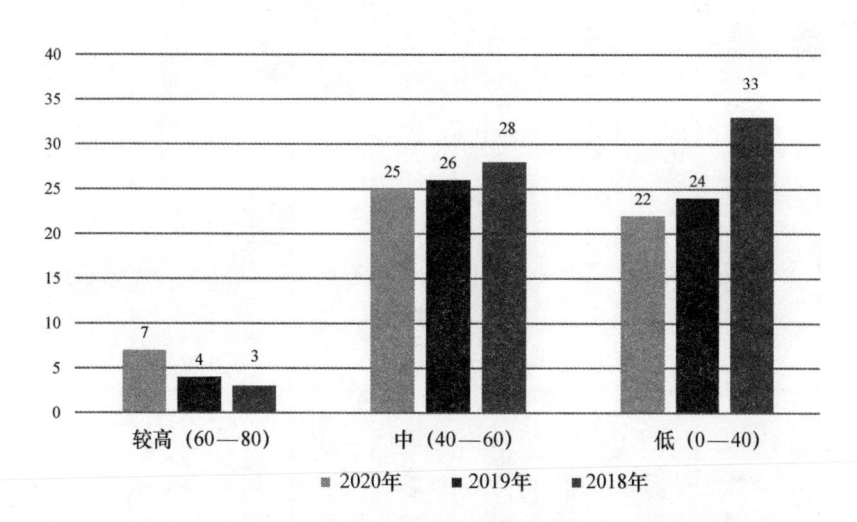

图7-2 部委电子服务能力综合指数区间分布年度对比图

表7-2　部委电子服务能力综合指数区间分布

较高（60—80）	中（40—60）		低（0—40）	
交通运输部	国家税务总局	财政部	中国银行保险监督管理委员会	国家知识产权局
外交部	国家市场监督管理总局	科学技术部	国家邮政局	中国证券监督管理委员会
司法部	国家发展和改革委员会	国家药品监督管理局	国家中医药管理局	国家体育总局
生态环境部	中国人民银行	农业农村部	国家外汇管理局	国家统计局
商务部	国家文物局	水利部	应急管理部	国有资产监督管理委员会
国家移民管理局	海关总署	国家烟草专卖局	国家煤矿安全监察局	住房和城乡建设部
中国民用航空局	人力资源和社会保障部	国家新闻出版广电总局	审计署	国家国防科技工业局
公安部	文化和旅游部		国家铁路局	国家能源局
国家卫生健康委员会	国务院参事室		国家粮食和物资储备局	国家国际发展合作署
中国气象局				国家机关事务管理局
				国家民族事务委员会
				中央广播电视总台
				国务院港澳事务办公室

从部委渠道综合指数的组成维度来看，网站建设总体明显优于其他三个渠道，各部委网站的指数均值为 63.42，是部委各渠道中唯一一个均值达到高水平的服务渠道，微博指数均值为 46.43，仅达到中等水平，微信和 APP 建设水平仍然较低，指数均值分别为 37.95 和 18.30，部委的 APP 指数极低，主要因其 APP 缺失比较严重，究其原因，可能是由于部委职能不同，所需开放的服务存在差异，因此并不是所有部委都适合或都需要使用 APP 来提供政务服务。

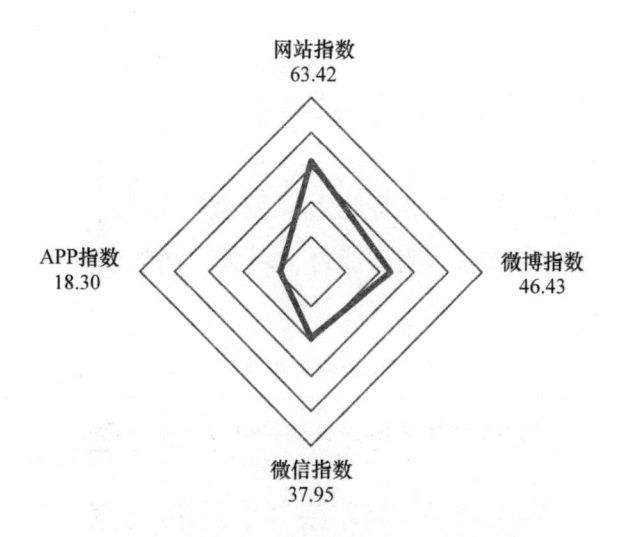

图 7-3 部委电子服务能力综合指数渠道维度

相较于 2019 版的部委综合指数，2020 版略有进步，部委的综合指数均值由 2019 年的低水平（39.99）提升至中等水平（43.42），并且电子服务能力综合指数达到高水平的部委比例上升，低水平比例降低。2019 版的各渠道指数均值均处于中低水平，2020 版部委的网站渠道指数已到达高水平，微博渠道虽到达中等水平，但微博、微信及 APP 这三个新媒体服务渠道建设还需要进一步加强。

（二）国务院部委电子服务能力"双微"指数

1. 国务院部委电子服务能力"双微"指数说明

"双微"指数是部委官方微信、微博两个渠道服务能力的综合测评指标，用以客观和全面地评价现阶段中国电子政务服务的"双微"建设情况。其计算公式如下：

$$EGSAI_{dw} = \sum_{i=2}^{3} \sigma_i EGSCI_i$$

其中，$EGSAI_{dw}$为部委电子服务能力"双微"指数，σ_i指权重，$EGSCI_i$为部委电子服务能力指数，$i=2,3$。

2. 国务院部委电子服务能力"双微"指数

（1）国务院部委电子服务能力"双微"指数

表7-3　　　　　　　部委电子服务能力"双微"指数

排名	部委名称	指数	排名	部委名称	指数	排名	部委名称	指数
1	国家税务总局	68.54	11	国有资产监督管理委员会	60.42	21	交通运输部	56.31
2	海关总署	67.95				22	中国人民银行	54.59
3	工业和信息化部	67.95	12	国家移民管理局	60.39	23	公安部	54.15
4	司法部	67.09	13	国家药品监督管理局	60.33	24	国家粮食和物资储备局	52.67
5	国家卫生健康委员会	66.08	14	民政部	59.94	25	自然资源部	51.56
			15	生态环境部	59.55	26	中国证券监督管理委员会	51.51
6	国家发展和改革委员会	64.07	16	中国民用航空局	59.32	27	水利部	51.19
7	教育部	64.06	17	应急管理部	59.02	28	文化和旅游部	49.73
8	国家林业和草原局	63.86	18	科学技术部	58.43	29	外交部	49.51
9	商务部	63.55	19	中国气象局	58.40	30	国家市场监督管理总局	49.48
10	国家文物局	61.01	20	国家统计局	56.88			

续表

排名	部委名称	指数	排名	部委名称	指数	排名	部委名称	指数
31	国家邮政局	44.84	36	国家能源局	31.15	42	中国银行保险监督管理委员会	24.29
32	国家信访局	42.50	37	审计署	30.59
33	人力资源和社会保障部	41.27	38	财政部	28.17
			39	国家新闻出版广电总局	26.91	43	国家民族事务委员会	24.28
34	国家外汇管理局	39.31
			40	国家中医药管理局	26.45	44	国家国际发展合作署	21.17
35	国家知识产权局	38.34
			41	国家铁路局	24.99	45	住房和城乡建设部	13.41

注：未列出无渠道服务的样本，后同。

（2）整体概况

在部委"双微"服务能力指数中，国家税务总局位列第1，海关总署、工业和信息化部、司法部、国家卫生健康委员会分列第2—5名。这5个部委在电子政务服务的"双微"渠道建设上表现突出，微博和微信的政务服务能力表现都较好，能够积极利用"双微"渠道的传播特性，面向公众进行信息发布和互动交流。排名靠后的部委大多在"双微"渠道中仅开通了一个服务渠道，不够重视社交平台的网络舆情态势。总体而言，各部委电子服务能力"双微"指数的均值为41.21，处于中等水平中的偏低值。

从部委"双微"指数的区间分布来看，我国部委电子服务"双微"建设整体水平不是特别理想。其中，没有"双微"指数高于80的部委，有13个部委的"双微"服务能力处于较高水平，占比24.07%，均值为64.25。有20个部委的"双微"服务能力处于中等水平，占比37.04%，均值为53.04。有12个部委的"双微"服务能力较低，占比22.22%，均值为27.42。有9个部委微信及微博服务渠道均未开通，占比16.67%。

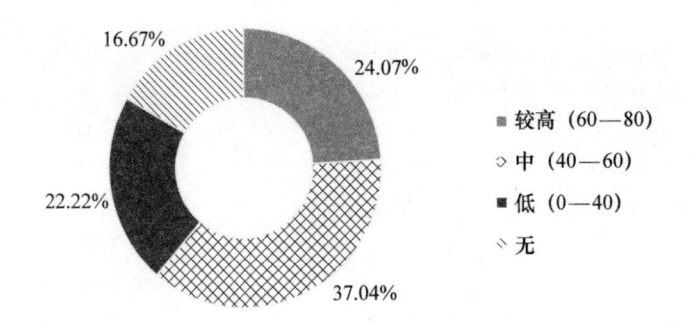

图7-4 部委电子服务能力"双微"指数分布图

表7-4 部委电子服务能力"双微"指数区间分布

较高（60—80）	中（40—60）	低（0—40）	无
国家税务总局	民政部	国家外汇管理局	农业农村部
海关总署	生态环境部	国家知识产权局	国家机关事务管理局
工业和信息化部	中国民用航空局	国家能源局	国家体育总局
司法部	应急管理部	审计署	国务院参事室
国家卫生健康委员会	科学技术部	财政部	国务院港澳事务办公室
国家发展和改革委员会	中国气象局	国家新闻出版广电总局	中央广播电视总台
教育部	国家统计局	国家中医药管理局	国家烟草专卖局
国家林业和草原局	交通运输部	国家铁路局	国家国防科技工业局
商务部	中国人民银行	中国银行保险监督管理委员会	国家煤矿安全监察局
国家文物局	公安部	国家民族事务委员会	
国有资产监督管理委员会	国家粮食和物资储备局	国家国际发展合作署	
国家移民管理局	自然资源部	住房和城乡建设部	
国家药品监督管理局	中国证券监督管理委员会		

续表

较高（60—80）	中（40—60）	低（0—40）	无
	水利部		
	文化和旅游部		
	外交部		
	国家市场监督管理总局		
	国家邮政局		
	国家信访局		
	人力资源和社会保障部		

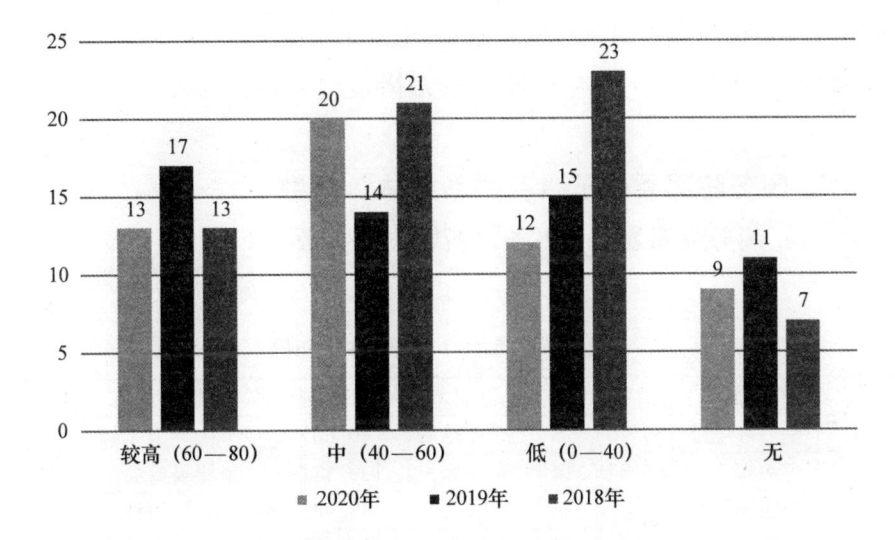

图7-5 部委电子服务能力"双微"指数区间分布年度对比图

总的来说，部委电子政务服务能力"双微"指数总体略有提高，但整体水平还有待努力。与2019版部委电子服务能力"双微"指数相比，从分布方面来看，"双微"指数大于80分的部委数目仍然为0个，"双微"指数在60—80分较高水平区间的部委数目减少4个，40—60分中水平区间部委数目增加6个，0—40分低水平区间部委数目减少3个，尚无政务微博和微信的部委数目减少2个。

(三) 国务院部委电子服务能力"新媒体"指数

1. 国务院部委电子服务能力"新媒体"指数说明

"新媒体"指数是部委官方微信、官方微博和APP三个渠道服务能力的综合测评指标,用以测评政府电子服务的"两微一端"建设情况。其计算公式如下:

$$EGSAI_{nm} = \sum_{i=2}^{4} \sigma_i EGSCI_i$$

其中,$EGSAI_{nm}$为电子政务服务能力"新媒体"指数,σ_i指权重,$EGSCI_i$为电子政务服务渠道指数,$i=2,3,4$,分别代表微博、微信和APP政务服务能力指数(见第二章)。

2. 国务院部委电子服务"新媒体"指数

(1) 国务院部委电子服务"新媒体"指数

表7-5　　　　部委电子服务能力"新媒体"指数

排名	部委名称	指数	排名	部委名称	指数	排名	部委名称	指数
1	生态环境部	66.10	13	海关总署	40.66	23	国家卫生健康委员会	33.77
2	司法部	63.84	14	商务部	39.17	24	应急管理部	32.80
3	中国民用航空局	60.33	15	财政部	38.98	25	国家药品监督管理局	32.54
			16	工信部	38.40			
4	外交部	59.04	17	国家新闻出版广电总局	37.48	26	科学技术部	32.52
5	交通运输部	58.06						
6	公安部	56.60	18	国家发展和改革委员会	37.46	27	国家邮政局	31.74
7	国家林业和草原局	56.45				28	水利部	30.39
			19	中国气象局	37.22	29	人力资源和社会保障部	29.12
8	民政部	55.59	20	文化和旅游部	36.24			
9	国家税务总局	55.44				30	国家文物局	28.78
10	自然资源部	53.10	21	国家市场监督管理总局	34.22	31	国家外汇管理局	28.49
11	教育部	52.86						
12	国家移民管理局	50.12	22	中国人民银行	33.88	32	中国银行保险监督管理委员会	27.45

续表

排名	部委名称	指数	排名	部委名称	指数	排名	部委名称	指数
33	国家信访局	27.43	39	国家中医药管理局	17.87	46	审计署	14.17
34	国家烟草专卖局	24.02	40	国家体育总局	17.61	47	国家铁路局	14.12
35	国务院参事室	21.37	41	中国证券监督管理委员会	16.70	48	国家能源局	13.72
36	国有资产监督管理委员会	18.73	42	国家统计局	16.53	49	国家粮食和物资储备局	12.91
37	中央广播电视总台	18.35	43	国家知识产权局	16.41	50	国家机关事务管理局	11.97
38	国家煤矿安全监察局	18.34	44	国家国防科技工业局	15.21	51	住房和城乡建设部	7.58
			45	农业农村部	15.15			

注：未列出无渠道服务的样本，后同。

（2）整体概况

在部委"新媒体"服务能力指数中，生态环境部位列第1，司法部、民航局、外交部、交通运输部分列第2—5名。这五个部委在电子政务服务的"两微一端"建设上表现突出。排名靠后的部委在"两微一端"渠道的使用和建设上明显不足，大量部委的APP渠道以及部分微博渠道缺失影响了部委政务服务的整体质量。总体而言，各部委电子服务能力"新媒体"指数的均值为31.24，处于低水平。

从部委"新媒体"指数的区间分布来看，各部委电子服务"两微一端"建设水平参差不齐，整体水平偏低。其中，生态环境部、司法局和民航局的"新媒体"服务能力达到较高水平，占比5.56%；外交部、商务部等10个部委"新媒体"服务能力处于中等水平，占比18.52%。海关总署、人社部等38个部委"新媒体"服务能力处于低水平阶段，占比70.36%。国家国际发展合作署、国家民族事务委员会和国务院港澳事务办公室这3个部委无"新媒体"渠道服务，占比5.56%。

204 国家智库报告

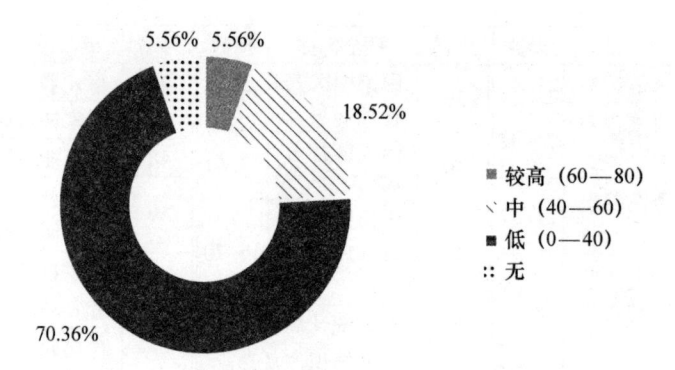

图 7-6 部委电子服务能力"新媒体"指数分布图

- 较高（60—80）：5.56%
- 中（40—60）：18.52%
- 低（0—40）：70.36%
- 无：5.56%

表 7-6　　部委电子服务能力"新媒体"指数区间分布

较高（60—80）	中（40—60）	低（0—40）		无
生态环境部	外交部	商务部	国家邮政局	国家体育总局	国家国际发展合作署
司法部	交通运输部	财政部	水利部	中国证券监督管理委员会	国家民族事务委员会
中国民用航空局	公安部	工业和信息化部	人力资源和社会保障部	国家统计局	国务院港澳事务办公室
	国家林业和草原局	国家新闻出版广电总局	国家文物局	国家知识产权局	
	民政部	国家发展和改革委员会	国家外汇管理局	国家国防科技工业局	
	国家税务总局	中国气象局	中国银行保险监督管理委员会	农业农村部	
	自然资源部	文化和旅游部	国家信访局	审计署	
	教育部	国家市场监督管理总局	国家烟草专卖局	国家铁路局	
	国家移民管理局	中国人民银行	国务院参事室	国家能源局	

续表

较高 (60—80)	中（40—60）	低（0—40）		无
	海关总署	国家卫生健康委员会	国有资产监督管理委员会	国家粮食和物资储备局
		应急管理部	中央广播电视总台	国家机关事务管理局
		国家药品监督管理局	国家煤矿安全监察局	住房和城乡建设部
		科学技术部	国家中医药管理局	

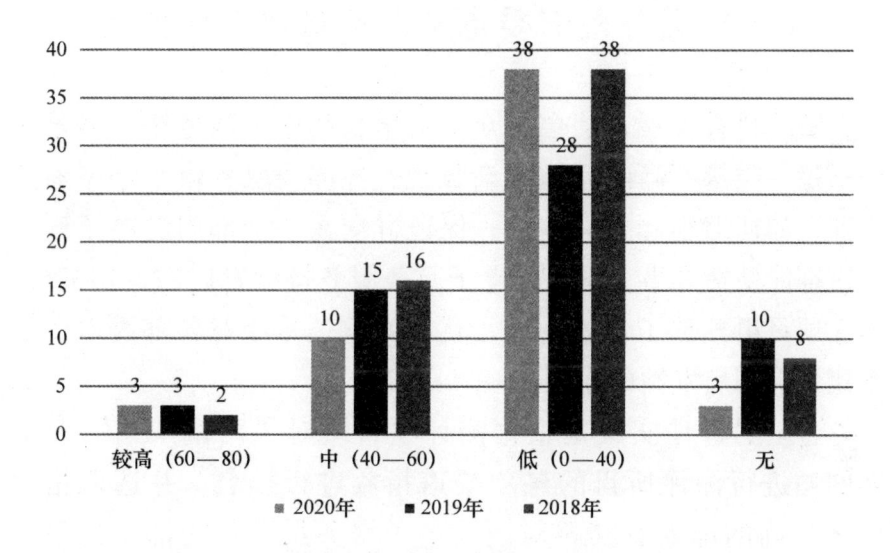

图7-7 部委服务能力新媒体指数区间分布年度对比图

总体来说，与2019版相比，部委电子政务服务"新媒体"指数总体均值略有提高，无新媒体服务渠道的部委个数大幅度减少，但是也有退步的地方，新媒体服务能力处于中等水平的部委比例大幅下降，同时处于低水平的部委比例则明显上升，说明在这一年中，中等分段的部分部委新媒体渠道建设是退步的。因此，部委还需加强在新媒体渠道上的建设。虽然部分部委因职能原因不需要建设APP渠道，但也可以加强微博微信等信息共享的服务渠道建设。

八 国务院部委电子服务最佳实践

（一）国务院部委电子服务最佳实践说明

随着科技发展，社会公众日益增长的电子政务服务需求供给不足、质量不高的问题逐渐显现，各部委服务供给水平参差不齐，如何缩小部委间差距，保证群众在各个部门的电子政务渠道都能便捷办事，是目前电子政务服务持续发展的迫切需要。本次项目组甄选了部委中若干优秀案例，希望对各部委电子服务建设起到启发性的作用。

这里的最佳实践是根据测评项目组对"两微一端"及部委网站进行测评所得的各项渠道指数进行排名，并选取指数排名最高的部委及其相对应的电子服务渠道作为部委的最佳实践。

本次测评项目组在政务网站、政务微博、政务微信和政务APP四个渠道中各选取三个部委的最佳实践，政务网站的最佳实践分别是国家文物局、海关总署和中国民用航空局；政务微博的最佳实践分别是"中国文博""中国气象局"和"国资小新"；政务微信的最佳实践分别是"国家信访局""人力资源和社会保障部"和"海关发布"；政务APP的最佳实践分别是"司法部""外交部12308"和"民航局网站"。

（二）国务院部委政务网站最佳实践

1. 国家文物局

国家文物局在部委网站服务能力指数中位列第一，其官方网站"国家文物局"在信息服务能力、事务服务能力、参与服务能力和服务提供能力等方面均有出色表现。在信息服务方面，提供与文物工作切实相关的"文物要闻"，并有相关的政策解读，对机构信息也介绍得十分详尽。

图8-1 国家文物局网站首页

在事务服务能力方面，国家文物局有专门的综合行政管理平台，分为行政审批管理、政府信息公开和行业综合管理三个事务模块。行政审批管理中又将事务进一步分为不可移动文物保护行政许可、考古发掘行政许可、博物馆和可移动文物行政许可、文物安全防护行政许可以及文物进出境行政许可。政府信息公开中将信息按照主题和机构进行归类，便于公众查询。行业综合管理中提供行业监督管理的相关公告，并发布行业信息,如不可移动文物、博物馆和可移动文物、行业资质和社会文物。

图 8-2 国家文物局网站办事服务页面

在参与服务能力方面,国家文物局网站有清晰的留言板和局长信箱使用说明,并对部分公众留言进行统计与公开。除此之外,网站还有意见征集和解读回应模块,全方位地为公众参

图 8-3 国家文物局网站互动交流页面

2. 海关总署

"中华人民共和国海关总署"（海关总署官方网站）在部委网站服务能力指数中位列第2，在各个服务维度上均有出色表现。该网站的板块类目清晰，界面简洁；不仅能及时发布海关总署的各项动态和相关政策，还为公众提供海关法规、海关拍卖信息等相关资讯。信息服务方面，该网站能够及时发布海关总署重要新闻，面向公众发布疫情信息、口岸公共卫生服务信息等卫生检疫信息以及动植物检验检疫的警示信息和企业名单等实用信息。

图8-4　中华人民共和国海关总署网站首页

事务服务方面，该网站已基本实现了部分事项全程在线办理,针对有特殊要求且必须到实地服务机构办理的事项也提供了清晰的办事指南,以便用户提前准备所需材料,提高办事效率。此外,该网站查询功能齐全,提供通关流转状态、税率查询、个人邮包查询、进出口税则查询等信息查询服务,为公众查询相关信息提供了便利。

图 8-5 海关总署"互联网+海关"界面

3. 中国民用航空局

中国民用航空局在部委网站服务能力指数中排名第3,在各个服务维度上均有良好表现。该网站在信息服务方面,能够及时发布民用航空重要新闻,面向公众发布法律法规、民航规章、标准规范、国际公约等实用信息,并对部委的发展规划、政策信息、人事信息、财政信息等进行公开。

在事务服务能力方面,中国民用航空局设有行政许可、公共服务、个人办事和单位办事四种事务类型,并且按照事项的

图 8-6 中国民用航空局网站首页

图 8-7 中国民用航空局网站办事大厅页面

类别进一步划分二级分类目录，便捷易用。与此同时，网站还设有场景服务，并支持问题查询功能。

（三）国务院部委政务微博最佳实践

1. 国家文物局

在部委政务微博服务能力中排名第1的是国家文物局，国家文物局的政务微博"中国文博"在各子能力上的表现都极为出色。其中信息服务能力、服务创新能力、服务提供能力均达到满分100分；相比之下，"中国文博"的微博影响力指数要稍微落后，为63.86分。微博影响力指数偏弱的原因是其政务微博的受众规模和信息规模较小，后期应注重微博推广和增加粉丝黏性，以及提高信息发布频率，增大信息规模。总体而言，微博影响力中的活跃度和交互性表现较好，与粉丝民众之间的互动较多。

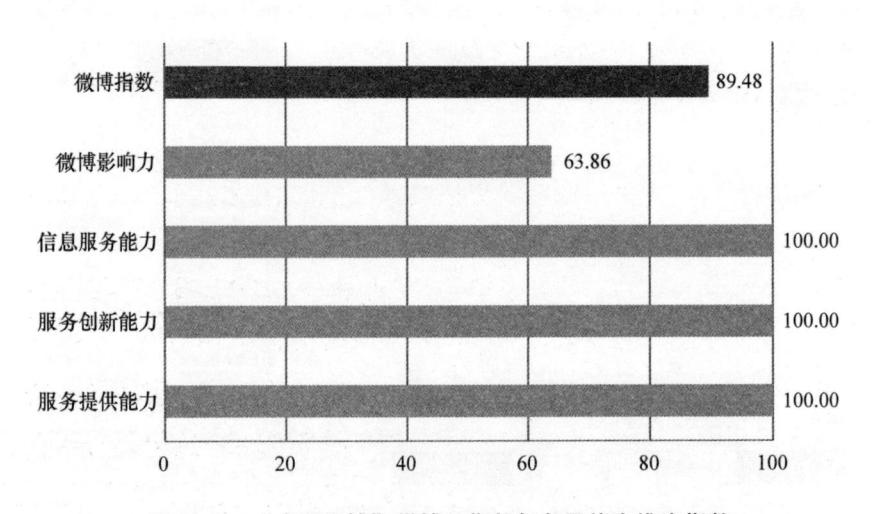

指标	分数
微博指数	89.48
微博影响力	63.86
信息服务能力	100.00
服务创新能力	100.00
服务提供能力	100.00

图8-8 "中国文博"微博总指数与各子能力维度指数

"中国文博"作为政府的文保单位，注重"保护文化遗产、守望精神家园"。在信息服务能力方面，其微博内容通过标签进行分类，紧紧围绕"文物动态""约会博物馆""文博书讯""文博活动"等内容进行报道和发布，在官方政务微博中属于内容定位清晰的典范。且其微博内容实用性强，极具文物教育意义，通过各种发布形式（如图片、视频、直播等），使得文博信息变得通俗易懂，极大地增强了群众的浏览兴趣。

图8-9 "中国文博"微博通过标签将其内容进行分类

2. 中国气象局

中国气象局在部委政务微博服务能力中排名第2，其信息服务能力和服务提供能力表现非常优异，分数分别为97.44分和100分；服务创新能力也较为优秀，分数达到89.36分；"中国气象局"的信息规模在所有部委政务微博中表现都十分优异，达到子能力子指标中的满分，但遗憾的是其交互性、受众规模和活跃度表现稍显落后，导致其微博影响力分数也偏低，为64.54分。

中国气象局旨在为人民群众陈述一个气象万千的世界。气象信息不仅是作为人民群众在日常生活中接触频率最高的新闻

214　国家智库报告

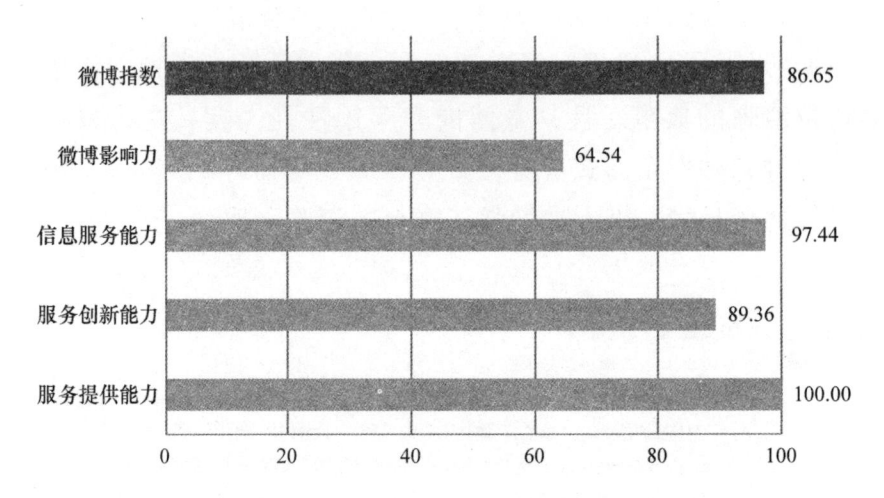

微博指数　86.65
微博影响力　64.54
信息服务能力　97.44
服务创新能力　89.36
服务提供能力　100.00

图8-10　"中国气象局"微博总指数与各子能力维度指数

图8-11　"中国气象局"微博发布的气象局装备中心日常工作

类信息,其数据还是防灾减灾、天气预报、气候分析、气候变化等气象业务、服务和科研工作的基础。"中国气象局"微博所发布的内容丰富,涵盖天气信息、不同季节气象美景,以及应对各种天气的实用性攻略，还会穿插地方气象局装备中心组织的日常工作，帮助民众了解气象局的日常工作，体现了政务微博的亲民和公开开放等特性。

3. 国有资产监督管理委员会

国有资产监督管理委员会简称国资委，在部委政务微博服务能力中排名第3。其子能力维度的服务提供能力达到满分100分，信息服务能力达到96.28分，服务创新能力也达到89.36分，微博影响力为64.31分。虽然其微博影响力指数偏低，但其微博的受众规模和信息规模都较大，截至2019年10月，其微博粉丝数达到523万，微博总条数达到2.8万。

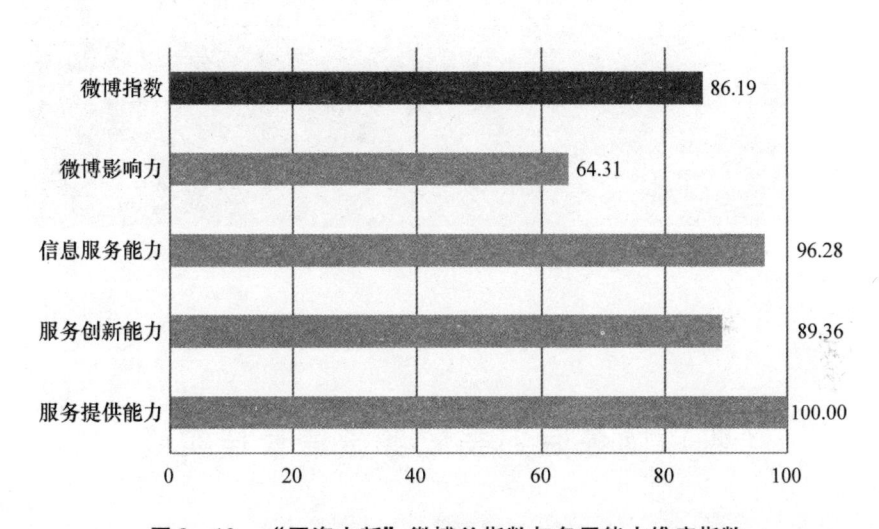

图8-12 "国资小新"微博总指数与各子能力维度指数

"国资小新"微博的宗旨是：邀您一起参与国资监督与管理，和您一起关注国企改革与发展。在其信息服务能力方面，国资委政务微博的实用性、权威性都表现较好，且其微博的时效性和易得性的表现也十分优异。在服务创新能力方面，"国资小新"的采纳能力表现优异，积极应用各种新型元素，包括视频、直播等，在信息的表现形式上丰富多样，有助于群众获取多维度信息。

图 8-13 "国资小新"微博采用直播形式发布信息

（四）国务院部委政务微信最佳实践

1. 国家信访局

国家信访局的政务微信在部委微信服务能力指数中排名第1，在信息服务能力和事务服务能力维度上均有良好表现。

信息服务方面，国家信访局政务微信推送内容覆盖面广，既有信访工作最新资讯，又有信访故事汇、走进基层信访局、图解信访条例等信访精选栏目。此外，国家信访局在受众规模上也表现出色，每日推送都有较大的阅读量和点赞量，且所有推送内容都属于按照政府信息公开条例产生的第一手资料或其他来源明确的官方资料，时效性较强。

事务服务方面，该公众号具有简明清晰的一级快捷菜单栏，分别为"信访资讯""信访指南"和"网上信访"。用户通过"信访资讯"和"信访指南"入口可以轻松快捷地查询到信访条例、信访注意事项及信访事项办理等服务信息，而"网上信访"入口则提供了投诉请求、建议征集、查询评价及APP下载等各类参与服务的入口，用户可以通过自助式快捷菜单快速获取所需的相关信息。

图8-14　国家信访局微信日常推送

图8-15　国家信访局精选栏目界面

2. 人力资源和社会保障部

人社部在政务微信的建设上表现优异，在事务服务能力、服务提供能力和微信影响力等方面各有亮点。该公众号板块类目清晰，界面简洁，不仅及时为用户提供人社信息，权威解读人社政策，更有贴心的民生指南和服务。用户只需回复菜单序号，即可快速获取相应的养老保险、失业保险、工伤保险、就业创业等相应信息，使用便捷。

事务服务能力方面，该政务微信一级菜单"人社服务"下可以快速找到事务服务入口，其事务服务界面支持用户在线查看并下载简版及完整版的事项服务指南，并提供申请材料范本、错误示例、常见问题解答、流程图、一次性告知书等办事指南，为公众办事提供了极大帮助。

图8-16 人社部微信服务界面

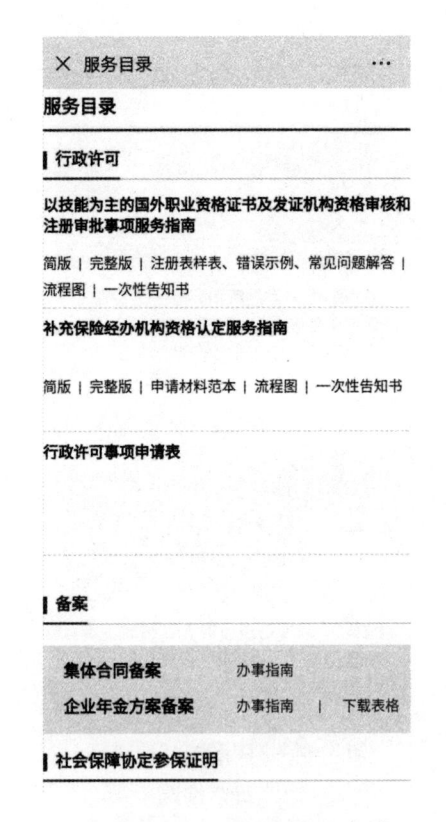

图8-17 人社部微信办事服务目录

3. 海关总署

海关总署的政务微信服务能力同样表现不俗，该公众号每日平均发布4条图文消息，不仅能及时发布海关总署的工作动态和相关政策法规，还为用户提供通关状态查询、通关参数查询、企业情况查询、重点商品查询等通关信息。

该公众号二级菜单"互联网+海关"与海关总署在线政务服务平台相链接，部分事项已实现全程在线办理。其界面功能齐全，除提供常用事项的查询服务外，还定期推送署令公告、海关统计资料等海关工作动态，同时设立举报投诉平台，基本能满足用户对信息公开、政务服务和政民互动的需求。

图 8-18 海关总署微信服务界面　　图 8-19 "互联网+海关"界面

（五）国务院部委政务 APP 最佳实践

1. 司法部

"司法部"在部委 APP 服务能力指数中排名第 1，在除参与服务能力外的其余 3 个维度上均有不俗表现。

信息服务方面，该 APP 能在第一时间权威发布司法部的重大新闻，面向公众发布司法文件官方解读等实用信息，并依据《中华人民共和国政府信息公开条例》公开人事信息、通知文件、法律规章、行政许可等广大群众关注的信息。事务服务方面，提供人员机构查询、国家司法考试信息服务、法律法规查询、司法行政（法律服务）案例咨询、法律服务办事指南等多

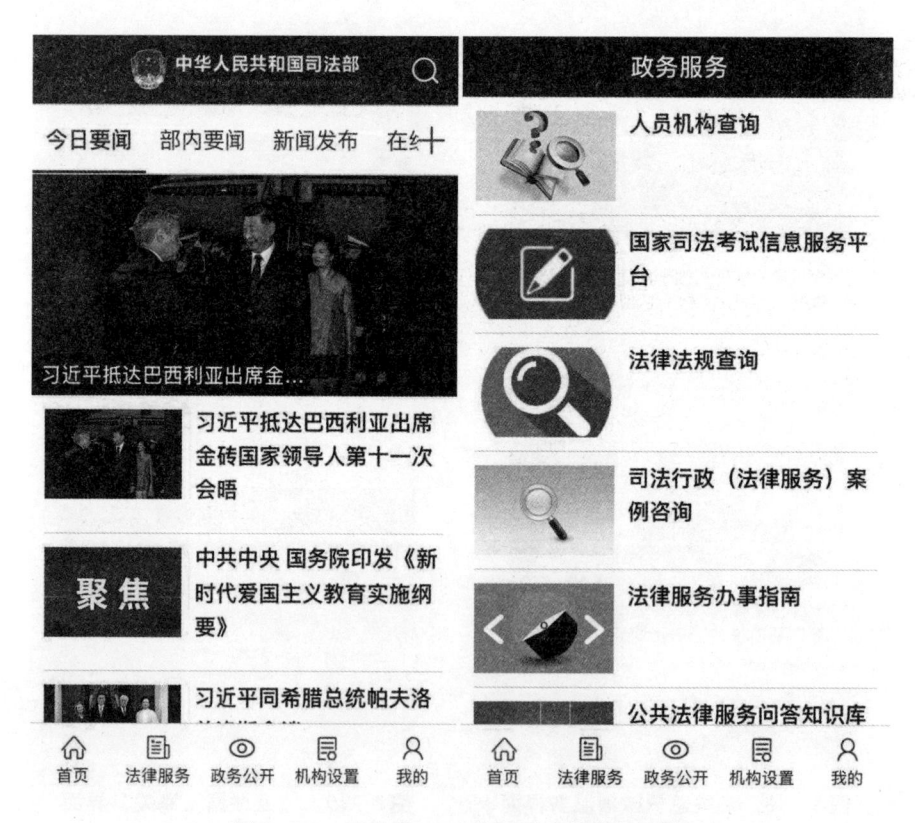

图 8-20 司法部 APP 首页及法律服务界面

项法律服务,为公民提供便利。在参与服务方面表现一般,未设置专门的互动模块。

2. 外交部

"外交部 12308"(外交部)在部委 APP 服务能力指数中排名第 2,在各个服务维度上均有不错表现。

信息服务方面,该 APP 能在第一时间权威发布外交领域的重大新闻,面向公众发布通知公告、领事新闻以及安全提醒等实用信息,特别是安全提醒部分,告知用户当前安全形势严峻、紧张及需要密切关注的国家和地区,很有现实意义。事务服务方面,提供出行指南查询,用户可获取护照及签证实用信息、出入境前后特别提醒、领事保护与协助问答等,并且根据部委

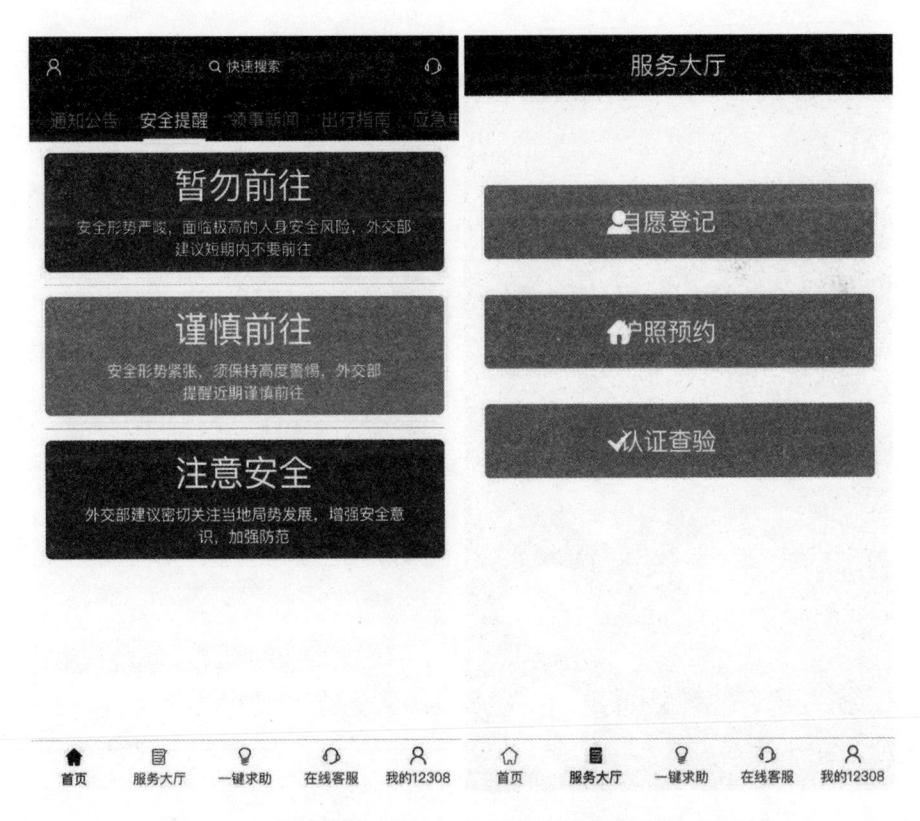

图 8-21 "外交部 12308" APP 安全提醒及服务大厅界面

服务属性，专门开设了"服务大厅"板块，提供出境登记、护照预约、领事认证查验等多项在线服务，为公民提供便利。在参与服务方面，开设了一键求助和在线客服窗口，一键求助为海外公民及机构提供24小时领事保护应急服务，在线客服重点在于"领事保护"，同时兼顾常见领保和领事证件咨询服务。

3. 中国民用航空局

"民航局网站"（中国民用航空局）在部委APP服务能力指数中排名第6，4个维度平衡发展，且服务功能与部委服务属性契合度很高。

首页分新闻、公开、办事、互动、出行5个部分，简洁大方，具有良好的导航功能，使用户一目了然。

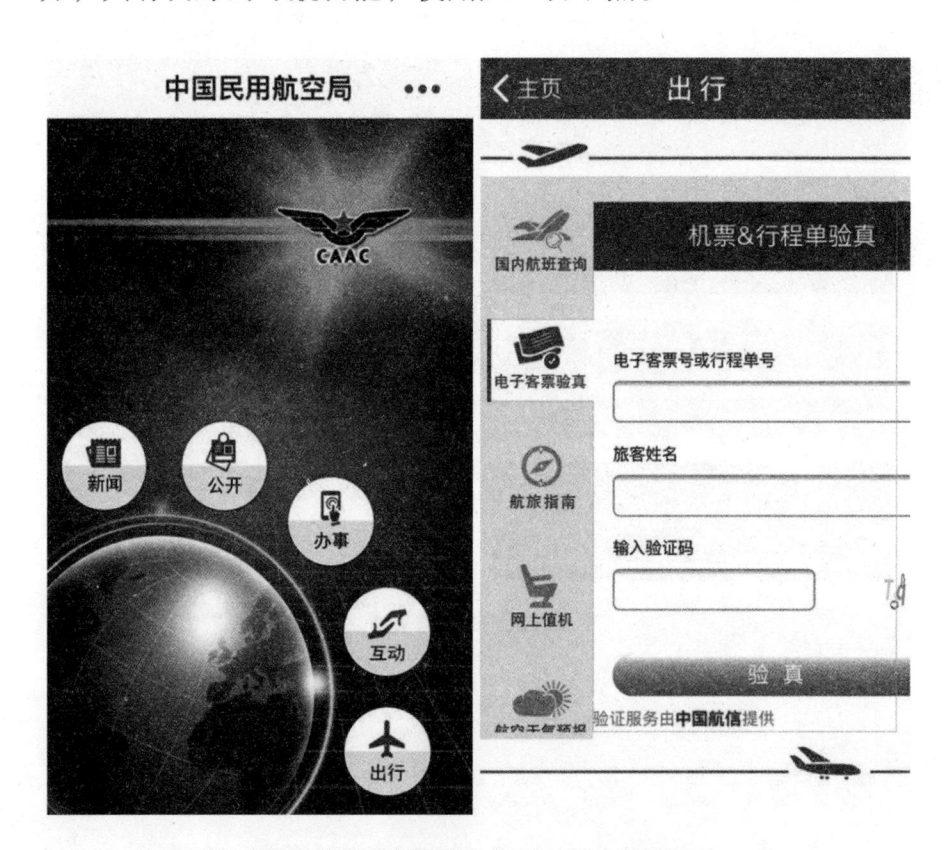

图8-22 民航局APP首页及出行查询界面

信息服务方面，该APP能在第一时间权威发布民航局的重大新闻，面向公众发布地区动态、行业动态、国际资讯、航班信息、政策发布与解读以及民航统计数据等实用信息。事务服务方面，提供飞行标准类、航空器适航审定类、空中交通管理类、机场建设管理类、运输市场管理类以及综合类的办事指南查询，并且根据部委服务属性，专门开设了"出行"板块，提供国内航班查询、电子客票验真、航旅指南、网上值机、航空天气预报以及抵离港信息查询多项在线服务，为公民提供便利。在参与服务方面，开设了公众留言互动窗口，为公民参政议政提供渠道。

九 问题与反馈

（一）测评过程说明

报告整个测评过程流程如图9-1所示：

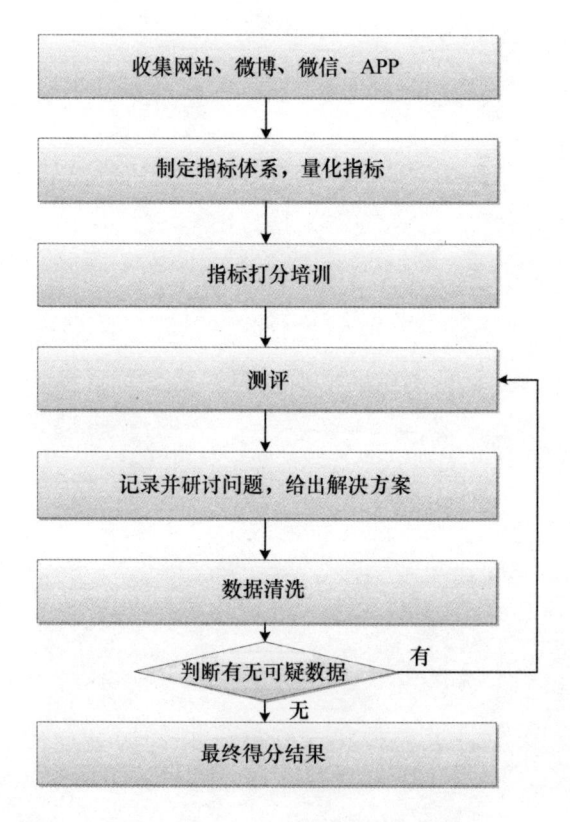

图9-1 测评过程流程图

测评过程可概括为：

①数据收集。通过网页、微信、微博检索，确定符合数据采集对象标准的各级政府的官方网址、政务微博和政务微信的ID、政务APP的下载地址。将渠道信息汇总后进行复核，确定各测评对象严格符合制定的标准。

②指标体系的建立。通过文献调研、专家访问、小组研讨制定出评价待测评对象的指标体系，并对所有指标进行量化处理。

③测评原则贯彻与技巧培训。进行测评前的统一培训，使项目组成员熟练掌握测评原则和标准，最大限度降低个体评价差异。

④全面测评。根据记录的各政府的门户网站网址、官方微博账号、官方微信公众号和官方APP下载地址，分小组正式开展测评。

⑤记录测评问题。项目组成员记录并反馈在测评过程中遇到的问题，全员共同商讨统一测评标准并制定解决方案。

⑥数据清洗。第一轮全面测评后，依据原测者重测为主、组长重测为辅的原则对可疑数据进行重测，并对测评结果进行抽样重测，对数据进行清洗。

（二）特殊情况处理

①样本在测评期间开通相应渠道，均需更新相关信息，予以测评。

②依据已有给分原则无法判定评分即遇"特殊情况"时，及时告知团队负责人，制定补充新标准统一解决此类问题。

③测评数据可疑的样本，原测评人应给予重测，仍有疑点，数据清洗小组负责核查。

④缺乏相应政务渠道或部分政务维度服务，则统一将该项

项政务服务记为0分。

（三）局限与不足

1. 评测时间具有先后性

本次测评历时两个月，不同渠道、不同政府测评时间存在先后，即存在时间差，而信息服务能力相关指标敏感度强、精确性高，以至于不同时间节点评测的得分可能有所差异，测评结果受到一定影响。

2. 成员评分尺度具有差异性

由于待测评样本数量庞大，为保证进度需要，需要团队成员单独针对某一研究对象进行测评，虽然贯彻了测评原则并统一了测评给分尺度，但成员间认知层面不同，给分尺度难以保证完全一致，特别是对部分指标的感性认识。例如政府网站测评，参与服务能力维度的"参与反馈"指标是根据"省长信箱"和"市长信箱"的反馈结果来给分，各成员对反馈结果认知并非完全相同，给分可能存在差异。

3. 参照标准具有局限性

测评过程中对于部分测评指标难以具体化和标准化，我们选定了参照标准作为评分依据，这具有一定的随机性，影响该项指标评比结果。例如政府网站测评，其事务服务能力维度下"公众（个人）办事"指标，约定以"不动产登记"和"护照办理"为例，如果改为"婚姻登记"，该项指标评分可能会变动，其随机性影响了最终结果。

4. 测评工具具有差异性

团队使用电脑测评官方网站，使用手机测评官方微博、官方微信公众号和官方 APP。而成员所使用的电脑和手机的型号、操作系统未必相同，性能也存在差异。例如政务 APP 测评，服务提供能力的"稳定可靠"指标，规定根据使用过程中出现的闪退或卡顿等异常情况来打分，部分成员测评出现这种异常情况，可能是使用的手机性能不佳等因素所致，不能完全归咎于政务 APP 渠道服务能力不足。

（四）版权说明

版权所有，不可侵犯。如需引用、刊发或转载本报告，请注明出处。不得对本报告进行任何有悖原意的删节和修改。

（五）交流反馈

您的意见与反馈将是项目组提高电子政务测评报告质量的重要动力和提升方向，将有助于更好地推进中国电子政务的发展进程。您的意见我们将及时给予反馈，谢谢您的支持与合作！

反馈联系方式：cesai2020@163.com。

附录1　省市政府电子服务能力测评指标

附表1-1　　　　　政务网站服务能力测评指标

一级指标	二级指标	三级指标
政府网站服务能力（权重：0.3784）	1. 信息服务能力（ISC）（权重：0.2059）	1. 有用实用
		2. 来源权威
		3. 时间效度
		4. 易得可得
	2. 事务服务能力（ASC）（权重：0.2549）	1. 公众（个人）办事
		2. 企业（法人）办事
		3. 全程办理率
	3. 参与服务能力（PSC）（权重：0.1765）	1. 参与管理
		2. 参与回应
		3. 参与反馈
	4. 服务提供能力（SDC）（权重：0.2353）	1. 便捷易用
		2. 公平
		3. 稳定可靠
	5、服务创新能力（SIC）（权重：0.1275）	1. 意见与建议吸纳能力
		2. 分享传播能力

附表1-2　　　　　政务微博服务能力测评指标

一级指标	二级指标	三级指标
政务微博服务能力（权重：0.1351）	1. 信息服务能力（ISC）（权重：0.3418）	1. 有用实用
		2. 来源权威
		3. 时间效度
		4. 易得可得
	2. 微博影响力（WI）（权重：0.2911）	1. 受众规模
		2. 信息规模
		3. 活跃度
		4. 交互性
	3. 服务提供能力（SDC）（权重：0.1646）	1. 发布时长
	4. 服务创新能力（SIC）（权重：0.2025）	1. 采纳能力
		2. 吸收能力

附表1-3　　　　　政务微信服务能力测评指标

一级指标	二级指标	三级指标
政务微信服务能力（权重：0.2162）	1. 信息服务能力（ISC）（权重：0.2252）	1. 有用实用
		2. 来源权威
		3. 时间效度
		4. 易得可得
	2. 事务服务能力（ASC）（权重：0.1622）	1. 效率效果
	3. 参与服务能力（PSC）（权重：0.2072）	1. 参与渠道
	4. 微信影响力（WI）（权重：0.2162）	1. 受众规模
		2. 信息规模
	5. 服务提供能力（SDC）（权重：0.1892）	1. 便捷易用

附表1-4　　政务APP服务能力测评指标

一级指标	二级指标	三级指标
政务APP服务能力（权重：0.2703）	1. 信息服务能力（ISC）（权重：0.2529）	1. 有用实用
		2. 来源权威
		3. 时间效度
		4. 易得可得
	2. 事务服务能力（ASC）（权重：0.2414）	1. 效率效果
	3. 参与服务能力（PSC）（权重：0.2184）	1. 参与管理
		2. 参与回应
		3. 参与反馈
	4. 服务提供能力（SDC）（权重：0.2874）	1. 渠道面
		2. 覆盖面
		3. 易得性
		4. 稳定可靠
		5. 易用性
		6. 使用反馈
		7. 社交性

附录2 省市政府电子服务能力测评标准

附表 2-1　　政务网站测评标准

\	政务网站测评标准
\	信息服务能力
1. 有用实用	(1) 机构职能介绍完整、清晰,有完整的职能简介、负责人、联系方式、地址信息等,得5分;缺一项扣2分。(2) 环境保护或医疗卫生方面发布的官方报告,题目与内容相吻合、有结论、有数据佐证、有参考价值,得5分;缺一项扣2分。计算公式:取(1)(2)均分
2. 来源权威	在政府网站首页任选10条发布的"信息",统计"信息"来源于"官方第一手资料"或者"标明转载出处"的信息数目 n(多个栏目,随机抽取样本)。计算公式 $n/2$
3. 时间效度	选择政府网站主页"今日要闻""热点动态""要闻动态"等能代表新闻类栏目。打分方法:信息发布的最新日期为当天或昨天的得5分,最新日期为前天的得4分,依次,3天为3分,4—7天为2分,7—14天为1分,14天及以上均为0分。只计算工作日时间
4. 易得可得	在政府网站首页任选10条发布的信息,统计可以正确打开,并看到完整内容的链接数目 n。计算公式 $n/2$
\	事务服务能力
1. 公众(个人)办事	在政府网站"公众办事""便民服务"(或类似栏目)选择一个办事项目,有清晰办事流程说明、能完成整个服务全程办理。具体测评:(1) 以"不动产登记"为例,若办事指南、信息录入、预约、支付、查询均可线上完成,得5分;实现一项,得1分。需要注册的步骤可视为实现。(2) 以"护照办理"为例,若办事指南、信息录入、预约、支付、查询均可线上完成,得5分;实现一项,得1分。需要注册的步骤可视为实现。计算公式:取(1)(2)均分

续表

政务网站测评标准	
2. 企业（法人）办事	在政府网站"企业办事"（或类似栏目）选择一个办事项目，有清晰办事流程说明、能完成整个服务的全程办理。具体测评：（1）以"企业或者公司设立登记"办理为例，若办事指南、预约、申请、支付、查询均可线上完成，得5分；少一项，扣1分。（2）以"企业名称预先核准"或"企业名称自主申报"的办理为例，若办事指南、预约、申请、查询均可线上完成，得5分；少一项，扣2分。计算公式：取（1）（2）均分
3. 全程办理率	在政府网站"公众办事""法人办事"（或类似栏目）任选10个办事项目，统计能完成全程办理的服务的数量。说明：引导至登录、注册界面，可视为可全程办理，有特殊要求必须到现场办理、又提供清晰"办事指南"的视为可全程办理。计算公式 $n/2$
参与服务能力	
1. 参与管理	通过"省长信箱""市长信箱"进行咨询，有（1）省长、市长职责介绍，有（2）写信须知（注意事项）、（3）注册协议、（4）写信界面、（5）查询或公开等功能。以上功能实现一项得1分，功能合并的按总分计算
2. 参与回应	对上题中的信箱进行咨询，24小时内收到回复的得5分，24—48小时内回复的得4分，48—72小时内回复的得3分，72—96小时内回复的得2分，96—168小时内回复的得1分，超过168个小时（7天）仍未得到回复的得0分。只计算工作日时间
3. 参与反馈	对上例反馈结果进行分析，给予正面、充分回应的得5分，推至其他职能部门或人的得1分，未收到回应的得0分；基于正面回应的程度判定得3分或4分
服务提供能力	
1. 便捷易用	政府网站（1）有明确的导航条或导航栏；（2）按用户类型对服务事项进行了划分，比如分为个人与法人，公众与企业；（3）二级类目按事项类型进行归类，比如"个人服务"中按教育、就业、社保等进行了分类整理，"法人服务"按资质认定、经营纳税等进行了分类整理。以上功能实现一项得1分，实现两项得3分，实现3项得5分
2. 公平	政府网站功能上支持（1）多种语言，如繁体、英文、日文等；（2）辅助老人、盲人使用，支持语音、读屏功能；（3）对硬软件性能无特别要求（主要考虑低收入人群的使用）；（4）帮助功能简单易用、流程清楚。以上功能只实现一项得2分，每多一项加1分

续表

政务网站测评标准		
3. 稳定可靠		访问政府网站的时候（1）网址3次访问均能打开；（2）首页各类内容、元素均能正常显示；（3）相应2级页面3次测试均能打开；（4）外部链接3次测试均能打开；（5）多语言版本、搜索功能等辅助功能均能使用。以上功能实现一项得1分
服务创新能力		
1. 意见与建议吸纳能力		政府网站有（1）联系我们；（2）网站纠错；（3）网站评价等类似功能，测试并给出回应。测试周期为1周，给予正面、充分回应的得5分，未收到回应的得0分；基于正面回应的程度判定得2—4分。（统一设计咨询内容）
2. 分享传播能力		是否有分享到社交平台功能？在首页从不同栏目中随机打开5条信息，统计具备分享到社交平台功能的信息数目。无此功能0分

附表2-2　　　　　　　　政务微博测评标准

政务微博测评标准	
服务提供能力	
发布时长	是否有政务微博？如无，0分；如有，2018年以后开通得1分；2017年开通得2分，2016年开通得3分，2015年开通得4分，2014年及更早得5分
微博影响力	
1. 受众规模	政务微博粉丝数排名（前10%得5分；排名前20%得4分；排名前30%得3分；排名前50%得2分；其余得1分）。
2. 信息规模	政务微博日均微博数（排名前10%得5分；排名前20%得4分；排名前30%得3分；排名前50%得2分；其余得1分）。
3. 活跃度	政务微博原创微博率（排名前10%得5分；排名前20%得4分；排名前30%得3分；排名前50%得2分；其余得1分）。
4. 交互性	人均点赞数通过排名给予得分、转发数通过排名给予得分、评论排名给予得分的均值
信息服务能力	
1. 实用	选择近10条微博，统计其中转/赞/评均不为0的微博数与非天气类、健身类、美食类、鸡汤类、感叹类的微博数n，计算公式$n/4$

续表

政务微博测评标准	
2. 权威	选择近 10 条事实类（天气类、健身类、美食类、鸡汤类、常识类除外）微博，统计有信息来源（来源可能出现在文字或图片中，方式有：@某账号，正文标明来源、图片标明来源等）的微博数（原创微博可认为是权威的），计算公式 $n/2$
3. 时效	进入官方微博主页，选择"全部"微博，查看最近一条微博日期，计算与最近工作日的差额天数。计算方法：如果差额为 0 或 1 得分为 5，差额为 2 得分为 4，差额为 3 得分为 3，差额为 4 得分为 2，差额 5 天得分为 1，差额为 5 天以上得 0 分。只计算工作日时间
4. 易得	进入官方微博主页，任意点击 10 个超链接，统计可以正确点打开并看到完整内容的链接数目 n。计算公式 $n/2$
创新能力	
1. 采纳能力	微博内容包括视频、直播、微博故事等元素（在高级搜索中进行勾选即可查看）。计分方法：有 1 个得 2 分，2 个得 4 分，3 个得 5 分
2. 吸收能力	进入主页，搜索"微信"，查看政务微信的推广或功能介绍（不局限于微博高级搜索，有微信推广内容就得分）。计分方法：若没有，得 0 分；若有对政府官方微信的推广或功能介绍，加 3 分；有职能部门（如公安、交警、医疗等）微信的推广或功能介绍，加 2 分

附表 2-3　政务微信测评标准

政务微信测评标准	
信息服务能力	
1. 有用实用	政务微信推送的信息中有企业、公众所需的、密切关注的内容吗？有，5 分；无，0 分
2. 权威准确	政务微信推送的信息内容都属于按照政府信息公开条例产生的第一手资料或其他来源明确的官方资料吗？选 10 条推送信息，统计有明确权威来源的推文数目。计算公式 $n/2$
3. 时效	政务微信推送的信息都是在信息有效期内第一时间向社会发布的吗？查看政务微信历史消息，信息发布的最新日期为当天或昨天的得 5 分，最新日期为前天的得 4 分，依次 3 天为 3 分，4—5 天为 2 分，6—14 天为 1 分，14 天以上为 0 分。只计算工作日时间

续表

政务微信测评标准	
4. 易得可得	通过政务微信查询相关信息的成功率高吗？测试所有快捷菜单（包括子菜单），是否可以正确打开并有相应内容（如无菜单，则任选10条历史信息，是否可以正确打开并看到完整内容）？统计无效的菜单或者链接数目，1条0.5分，10条以上0分。后采用计算公式 $(10-n)/2$
事务服务能力	
效率与效果	使用政务微信是否可以快速找到事务服务入口？是否有清晰的办事流程？是否可以全程网上办理？是否可以获知事务处理进度？（1）通过自动回复提示可以进入服务入口得1分或通过快捷菜单可以进入服务入口得1分；（2）有清晰的办事流程说明得1分；（3）可以全程网上办理得2分；（4）可以获知事务处理进度得1分。计算总得分，功能合并的按总分计算。（尽量测试全部事务服务内容，有一项服务符合以上事项即可得分）
参与服务能力	
参与服务渠道	（1）有无市长信箱；（2）有无意见征集；（3）有无网上调查；（4）有无互动留言；（5）有无12345热线；（6）有无其他：（如有，注明该栏目名称）。有1项得1分，满分5分
服务提供能力	
便捷易用	（1）有快捷菜单；（2）快捷菜单有二级菜单；（3）有有用的自动回复（有助于指导用户完成相关事项）；（4）有人工回复。以上功能实现一项计1分，实现两项计2分，实现三项计3分，实现三项以上计5分
微信影响力	
1. 受众规模	分别统计政务微信历史消息中第三期推送第一、二、三条推文的点赞量与阅读数之和，分别根据排名给出得分 X 与 Y（排名前10%得5分；排名前20%得4分；排名前30%得3分；排名前50%得2分；其余得1分），取平均（可顺延）$(X+Y)/2$
2. 信息规模	政务微信最近3期的推文总数，根据得分给予排名（排名前10%得5分；排名前20%得4分；排名前30%得3分；排名前50%得2分；其余得1分）

附表 2 – 4　　　　　　　　政务 APP 测评标准

政务 APP 测评标准	
服务提供能力	
1. 渠道面	是否有 APP？如无，得 0 分，本项调查结束；有，但只有 Android 或 iOS 版中的一种，得 2 分；有，且 Android 和 iOS 版都有，得 5 分
2. 覆盖面	纯信息服务，得 1 分；除信息服务外，有政府官方网站上部分事务服务、参与服务功能，但不全，得 2—4 分；与政府官方网站功能基本一致，可提供信息服务、事务服务、参与服务等，得 5 分
3. 易得性	易得性：是否容易下载到？官网首页有下载提示（链接、二维码均可）且可正常下载，得 3 分；可在主流电子市场（Android：应用宝、360 手机助手、小米、华为、百度手机助手、91、豌豆荚、安智、历趣、沃商店；iOS：APP store）任一个下载到，加 2 分，满分 5 分
4. 稳定可靠	判断是否可以正常使用。满分 5 分。无法打开，得 0 分；出现闪退或卡顿 2 次及以上，扣 2 分；无法打开部分栏目、内容，或点击按钮等操作无响应，根据严重情况，扣 1—2 分；屏幕分辨率适配度，如显示严重异常，扣 1 分
5. 易用性	是否可以方便地找到并浏览信息？界面符合用户对 APP 的使用习惯，无学习门槛，加 1 分；有搜索功能，加 1 分；有收藏功能，加 1 分；有字体大小自适应调节功能，加 1 分；有四项可满分 5 分
6. 使用反馈	有无对 APP 使用意见反馈功能：5/0
7. 社交性	是否有分享到社交平台功能？如有分享本 APP 到社交平台功能，加 2 分；如有分享信息、资讯到社交平台功能加 3 分
信息服务能力	
1. 有用实用	机构职能介绍完整、清晰：有完整的职能简介、负责人、联系方式、地址信息，得 5 分；缺 1 项扣 2 分；无此项目 0 分
2. 权威度	政府官方 APP 发布的信息内容都属于第一手资料或其他来源明确的官方资料。在政府官方 APP 首页任选 10 条发布的信息，统计信息来源于"官方第一手资料"或者"标明转载出处"的信息数目 n。计算公式 $n/2$

	政务 APP 测评标准
3. 时效	信息都是在信息有效期内第一时间向社会发布吗？选择政府官方 APP 主页"今日要闻""热点动态""要闻动态"等能代表"工作日"当天信息的栏目。计算方法：如果有当天或昨天发布的信息的得 5 分，2 天 4 分，3 天 3 分，4 天为 2 分，5 天及以上为 1 分。只计算工作日时间
4. 可得	政府官方 APP 任选 10 条发布的信息，统计可以正确打开，并看到完整内容的链接数目 n。计算公式 $n/2$
	事务服务能力
效率效果	政府官方 APP "公众办事"（选择"不动产登记"类似事项）、"法人办事"（选择"企业或者公司设立登记"或类似事项），有清晰办事流程说明、能全程网上办理为测评标准。（1）如有办事指南信息，得 2 分；（2）如有任一项目可以实现全流程在线办理，得 5 分。如无此项服务能力，得 0 分
	参与服务能力
1. 参与的管理	通过"省长信箱""市长信箱""政府热线""12345"等进行咨询，（1）职责介绍；（2）写信须知（注意事项）；（3）注册协议；（4）写信界面；（5）查询或公开等功能。以上功能实现一项得 1 分，功能合并的按总分计算。如无此项服务能力，本主题下各指标均得 0 分
2. 参与的响应	通过"省长信箱""市长信箱"进行咨询，24 小时内回复的得 5 分，24—48 小时内回复的得 4 分，48—72 小时内回复的得 3 分，72—96 小时回复的得 2 分，96—168 小时回复的得 1 分，超过 168 个小时仍未得到回复的得 0 分。只计算工作日时间
3. 参与的反馈	对上例反馈结果进行分析，给予正面、充分回应的得 5 分，推至其他职能部门或人的得 1 分，未收到回应的得 0 分；基于正面回应的程度判定得 2—4 分

附录3　省市政府电子服务能力样本来源

附表3-1　　　　　　　　省（直辖市）政务网站来源

省级	采集数据源（网址）	省级	采集数据源（网址）
北京市	http：//www.beijing.gov.cn	辽宁省	http：//www.ln.gov.cn/
天津市	http：//www.tj.gov.cn/	四川省	http：//www.sc.gov.cn/
上海市	http：//www.shanghai.gov.cn/	云南省	http：//www.yn.gov.cn/
重庆市	http：//www.cq.gov.cn/	青海省	http：//www.qh.gov.cn/
广东省	http：//www.gd.gov.cn/	山东省	http：//www.shandong.gov.cn/
甘肃省	http：//www.gansu.gov.cn/	山西省	http：//www.shanxi.gov.cn/
贵州省	http：//www.gzgov.gov.cn/	陕西省	http：//www.shaanxi.gov.cn/
海南省	http：//www.hainan.gov.cn/	福建省	http：//www.fujian.gov.cn/
河北省	http：//www.hebei.gov.cn/	浙江省	http：//www.zj.gov.cn/
河南省	http：//www.henan.gov.cn/	安徽省	http：//www.ah.gov.cn/
黑龙江省	http：//www.hlj.gov.cn/	内蒙古自治区	http：//www.nmg.gov.cn/
湖北省	http：//www.hubei.gov.cn/	新疆维吾尔自治区	http：//www.xj.gov.cn
湖南省	http：//www.hunan.gov.cn/		http：//www.xinjiang.gov.cn
吉林省	http：//www.jl.gov.cn/	宁夏回族自治区	http：//www.nx.gov.cn/
江苏省	http：//www.jiangsu.gov.cn/	广西壮族自治区	http：//www.gxzf.gov.cn/
江西省	http：//www.jiangxi.gov.cn/	西藏自治区	http：//www.xizang.gov.cn/

附表3-2　　　　　　　　　地级市政务网站来源

地级市	采集数据源（网址）	地级市	采集数据源（网址）
河北省石家庄市	http://www.sjz.gov.cn/	湖北省随州市	http://www.suizhou.gov.cn/
河北省张家口市	http://www.zjk.gov.cn/	湖北省荆门市	http://www.jingmen.gov.cn/
河北省承德市	http://www.chengde.gov.cn/	湖北省孝感市	http://www.xiaogan.gov.cn/
河北省唐山市	http://www.tangshan.gov.cn/	湖北省宜昌市	http://www.yichang.gov.cn/
河北省秦皇岛市	http://www.qhd.gov.cn/	湖北省黄冈市	http://www.hg.gov.cn/
河北省廊坊市	http://www.lf.gov.cn/	湖北省鄂州市	http://www.ezhou.gov.cn/
河北省保定市	http://www.bd.gov.cn/	湖北省荆州市	http://www.jingzhou.gov.cn/
河北省沧州市	http://www.cangzhou.gov.cn/	湖北省黄石市	http://www.huangshi.gov.cn/
河北省衡水市	http://www.hengshui.gov.cn/	湖北省咸宁市	http://www.xianning.gov.cn/
河北省邢台市	http://www.xingtai.gov.cn/	湖北省恩施自治州	http://www.enshi.gov.cn/
河北省邯郸市	http://www.hd.gov.cn/	湖南省长沙市	http://www.changsha.gov.cn/
山西省太原市	http://www.taiyuan.gov.cn/	湖南省岳阳市	http://www.yueyang.gov.cn/
山西省大同市	http://www.sxdt.gov.cn/	湖南省张家界市	http://www.zjj.gov.cn/
山西省朔州市	http://www.shuozhou.gov.cn/	湖南省常德市	http://www.changde.gov.cn/
山西省忻州市	http://www.sxxz.gov.cn/	湖南省益阳市	http://www.yiyang.gov.cn/
山西省阳泉市	http://www.yq.gov.cn/	湖南省湘潭市	http://www.xiangtan.gov.cn/
山西省晋中市	http://www.sxjz.gov.cn/	湖南省株洲市	http://www.zhuzhou.gov.cn/
山西省吕梁市	http://www.lvliang.gov.cn/	湖南省娄底市	http://www.hnloudi.gov.cn/
山西省长治市	http://www.changzhi.gov.cn/	湖南省怀化市	http://www.huaihua.gov.cn/
山西省临汾市	http://www.linfen.gov.cn/	湖南省邵阳市	http://www.shaoyang.gov.cn/
山西省晋城市	http://www.jconline.cn/	湖南省衡阳市	http://www.hengyang.gov.cn/
山西省运城市	http://www.yuncheng.gov.cn/	湖南省永州市	http://www.yzcity.gov.cn/
内蒙古呼和浩特市	http://www.huhhot.gov.cn/	湖南省郴州市	http://www.czs.gov.cn/
内蒙古呼伦贝尔市	http://www.hlbe.gov.cn/	湖南省湘西市	http://www.xxz.gov.cn/
内蒙古通辽市	http://www.tongliao.gov.cn/	广东省广州市	http://www.gz.gov.cn/
内蒙古赤峰市	http://www.chifeng.gov.cn/	广东省韶关市	http://www.sg.gov.cn/
内蒙古巴彦淖尔市	http://www.bynr.gov.cn/	广东省梅州市	http://www.meizhou.gov.cn/

续表

地级市	采集数据源（网址）	地级市	采集数据源（网址）
内蒙古乌兰察布市	http://www.wulanchabu.gov.cn/	广东省河源市	http://www.heyuan.gov.cn/web/
内蒙古包头市	http://www.baotou.gov.cn/	广东省清远市	http://www.gdqy.gov.cn/
内蒙古鄂尔多斯市	http://www.ordos.gov.cn/	广东省潮州市	http://wscz.chaozhou.gov.cn/
内蒙古乌海市	http://www.wuhai.gov.cn/	广东省揭阳市	http://www.jieyang.gd.cn/
内蒙古兴安盟	http://www.xam.gov.cn/	广东省汕头市	http://www.shantou.gov.cn/
内蒙古锡林郭勒盟	http://www.xlgl.gov.cn/	广东省肇庆市	http://www.zhaoqing.gov.cn/
内蒙古阿拉善盟	http://www.als.gov.cn/	广东省惠州市	http://www.huizhou.gov.cn/
黑龙江省哈尔滨市	http://www.harbin.gov.cn/	广东省佛山市	http://www.foshan.gov.cn/
黑龙江省黑河市	http://www.heihe.gov.cn/	广东省东莞市	http://www.dg.gov.cn/
黑龙江省伊春市	http://www.yc.gov.cn/	广东省云浮市	http://www.yunfu.gov.cn/
黑龙江省齐齐哈尔市	http://www.qqhr.gov.cn/	广东省汕尾市	http://www.shanwei.gov.cn/
黑龙江省鹤岗市	http://www.hegang.gov.cn/	广东省江门市	http://www.jiangmen.gov.cn/
黑龙江省佳木斯市	http://www.jms.gov.cn/	广东省中山市	http://www.zs.gov.cn
黑龙江省双鸭山市	http://www.shuangyashan.gov.cn/	广东省深圳市	http://www.sz.gov.cn/cn/
黑龙江省绥化市	http://www.suihua.gov.cn/	广东省珠海市	http://www.zhuhai.gov.cn/
黑龙江省大庆市	http://www.daqing.gov.cn/	广东省阳江市	http://www.yangjiang.gov.cn/
黑龙江省七台河	http://www.qth.gov.cn/	广东省茂名市	http://www.maoming.gov.cn/
黑龙江省鸡西市	http://www.jixi.gov.cn/	广东省湛江市	http://www.zhanjiang.gov.cn/
黑龙江省牡丹江市	http://www.mdj.gov.cn/	广西南宁市	http://www.nanning.gov.cn/
黑龙江省大兴安岭地区	http://www.dxal.gov.cn/	广西桂林市	http://www.guilin.gov.cn/
辽宁省沈阳市	http://www.shenyang.gov.cn/	广西河池市	http://www.gxhc.gov.cn/
辽宁省铁岭市	http://www.tieling.gov.cn/	广西贺州市	http://www.gxhz.gov.cn/
辽宁省阜新市	http://www.fuxin.gov.cn/	广西柳州市	http://www.liuzhou.gov.cn/
辽宁省抚顺市	http://www.fushun.gov.cn/	广西百色市	http://www.baise.gov.cn/
辽宁省朝阳市	http://www.zgcy.gov.cn/	广西来宾市	http://www.laibin.gov.cn/
辽宁省本溪市	http://www.benxi.gov.cn/	广西梧州市	http://www.wuzhou.gov.cn/

续表

地级市	采集数据源（网址）	地级市	采集数据源（网址）
辽宁省辽阳市	http：//www.liaoyang.gov.cn/	广西贵港市	http：//www.gxgg.gov.cn/
辽宁省鞍山市	http：//www.anshan.gov.cn/	广西玉林市	http：//www.yulin.gov.cn/
辽宁省盘锦市	http：//www.panjin.gov.cn	广西崇左市	http：//www.chongzuo.gov.cn/
辽宁省锦州市	http：www.jz.gov.cn/	广西钦州市	http：//www.qinzhou.gov.cn/
辽宁省葫芦岛市	http：//www.hld.gov.cn/	广西防城港市	http：//www.fcgs.gov.cn/
辽宁省营口市	http：//www.yingkou.gov.cn/	广西北海市	http：//www.beihai.gov.cn/
辽宁省丹东市	http：//www.dandong.gov.cn/	海南省海口市	http：//www.haikou.gov.cn/
辽宁省大连市	http：//www.dl.gov.cn/gov/	海南省三亚市	http：//www.sanya.gov.cn/
吉林省长春市	http：//www.changchun.gov.cn/	海南省儋州市	http：//www.danzhou.gov.cn/
吉林省白城市	http：//www.jlbc.gov.cn/	海南省三沙市	http：//www.sansha.gov.cn/
吉林省松原市	http：//www.jlsy.gov.cn/	四川省成都市	http：//www.chengdu.gov.cn/
吉林省吉林市	http：//www.jlcity.gov.cn/	四川省广元市	http：//www.cngy.gov.cn/
吉林省四平市	http：//www.siping.gov.cn/	四川省巴中市	http：//www.cnbz.gov.cn/
吉林省辽源市	http：//www.liaoyuan.gov.cn/	四川省绵阳市	http：//www.my.gov.cn/
吉林省白山市	http：//www.cbs.gov.cn/	四川省德阳市	http：//www.deyang.gov.cn/
吉林省通化市	http：//www.tonghua.gov.cn/	四川省达州市	http：//www.dazhou.gov.cn/
吉林省延边州	http：//www.yanbian.gov.cn/	四川省南充市	http：//www.nanchong.gov.cn/
江苏省南京市	http：//www.nanjing.gov.cn/	四川省遂宁市	http：//www.scsn.gov.cn/
江苏省连云港市	http：//www.lyg.gov.cn/	四川省广安市	http：//www.guang-an.gov.cn/
江苏省徐州市	http：//www.xz.gov.cn/	四川省资阳市	http：//www.ziyang.gov.cn/
江苏省宿迁市	http：//www.suqian.gov.cn/	四川省眉山市	http：//www.ms.gov.cn/
江苏省淮安市	http：//www.huaian.gov.cn/	四川省雅安市	http：//www.yaan.gov.cn/
江苏省盐城市	http：//www.yancheng.gov.cn/	四川省内江市	http：//www.neijiang.gov.cn/
江苏省泰州市	http：//www.taizhou.gov.cn/	四川省乐山市	http：//www.leshan.gov.cn/
江苏省扬州市	http：//www.yangzhou.gov.cn/	四川省自贡市	http：//www.zg.gov.cn/
江苏省镇江市	http：//www.zhenjiang.gov.cn/	四川省泸州市	http：//www.luzhou.gov.cn/
江苏省南通市	http：//www.nantong.gov.cn/	四川省宜宾市	http：//www.yb.gov.cn/
江苏省常州市	http：//www.changzhou.gov.cn/	四川省攀枝花市	http：//panzhihua.gov.cn/
江苏省无锡市	http：//www.wuxi.gov.cn/	四川阿坝自治州	http：//www.abazhou.gov.cn/
江苏省苏州市	http：//www.suzhou.gov.cn/	四川甘孜自治州	http：//www.gzz.gov.cn/

续表

地级市	采集数据源（网址）	地级市	采集数据源（网址）
浙江省杭州市	http://www.hangzhou.gov.cn/	四川省凉山自治州	http://www.lsz.gov.cn/
浙江省湖州市	http://huz.zj.gov.cn/	贵州省贵阳市	http://www.gygov.gov.cn/
浙江省嘉兴市	http://www.jiaxing.gov.cn/	贵州省遵义市	http://www.zunyi.gov.cn/
浙江省绍兴市	http://www.sx.gov.cn/	贵州省六盘水市	http://www.gzlps.gov.cn/
浙江省舟山市	http://www.zhoushan.gov.cn/	贵州省安顺市	http://www.anshun.gov.cn/
浙江省宁波市	http://www.ningbo.gov.cn/	贵州省铜仁市	http://www.trs.gov.cn/
浙江省金华市	http://www.jinhua.gov.cn/	贵州省毕节市	http://www.bijie.gov.cn/
浙江省衢州市	http://www.qz.gov.cn/	贵州省黔西南自治州	http://www.qxn.gov.cn/
浙江省台州市	http://www.zjtz.gov.cn/	贵州省黔东南自治州	http://www.qdn.gov.cn/
浙江省丽水市	http://www.lishui.gov.cn/	贵州省黔南自治州	http://www.qiannan.gov.cn/
浙江省温州市	http://wz.zj.gov.cn/	云南省昆明市	http://www.km.gov.cn/
安徽省合肥市	http://www.hefei.gov.cn/	云南省昭通市	http://www.zt.gov.cn/
安徽省淮北市	http://www.huaibei.gov.cn/	云南省丽江市	http://www.lijiang.gov.cn/
安徽省亳州市	http://www.bozhou.gov.cn/	云南省曲靖市	http://www.qj.gov.cn/
安徽省宿州市	http://www.ahsz.gov.cn/	云南省保山市	http://www.baoshan.gov.cn/
安徽省蚌埠市	http://www.bengbu.gov.cn/	云南省玉溪市	http://www.yuxi.gov.cn/
安徽省阜阳市	http://www.fy.gov.cn/	云南省临沧市	http://www.lincang.gov.cn/
安徽省淮南市	http://www.huainan.gov.cn/	云南省普洱市	http://www.puershi.gov.cn/
安徽省滁州市	http://www.chuzhou.gov.cn/	云南省楚雄	http://www.cxz.gov.cn/
安徽省六安市	http://www.luan.gov.cn/	云南省红河	http://www.hh.gov.cn/
安徽省马鞍山市	http://www.mas.gov.cn/	云南省文山	http://www.ynws.gov.cn/
安徽省芜湖市	http://www.wuhu.gov.cn/	云南省西双版纳	http://www.xsbn.gov.cn/
安徽省宣城市	http://www.xuancheng.gov.cn/	云南省大理	http://www.dali.gov.cn
安徽省铜陵市	http://www.tl.gov.cn/	云南省德宏	http://www.dh.gov.cn
安徽省池州市	http://www.chizhou.gov.cn/	云南省怒江	http://www.nj.yn.gov.cn/
安徽省安庆市	http://www.anqing.gov.cn/	云南省迪庆	http://www.diqing.gov.cn/
安徽省黄山市	http://www.huangshan.gov.cn/	西藏拉萨市	http://www.lasa.gov.cn/
福建省福州市	http://www.fuzhou.gov.cn/	西藏昌都市	http://www.changdu.gov.cn/
福建省宁德市	http://www.ningde.gov.cn/	西藏日喀则市	http://www.rkzw.cn/
福建省南平市	http://www.np.gov.cn/	西藏林芝市	http://www.linzhi.gov.cn/

续表

地级市	采集数据源（网址）	地级市	采集数据源（网址）
福建省三明市	http：//www.sm.gov.cn/	西藏山南市	http：//www.xzsnw.com/
福建省莆田市	http：//www.putian.gov.cn/	西藏那曲地区	http：//www.xznq.gov.cn
福建省龙岩市	http：//www.longyan.gov.cn/	西藏阿里地区	http：//www.xzali.gov.cn/
福建省泉州市	http：//www.fjqz.gov.cn/	陕西省西安市	http：//www.xa.gov.cn/
福建省漳州市	http：//www.zhangzhou.gov.cn/	陕西省榆林市	http：//www.yl.gov.cn/
福建省厦门市	http：//www.xm.gov.cn/	陕西省延安市	http：//www.yanan.gov.cn/
江西省南昌市	http：//www.nc.gov.cn/	陕西省铜川市	http：//www.tongchuan.gov.cn/
江西省九江市	http：//www.jiujiang.gov.cn/	陕西省渭南市	http：//www.weinan.gov.cn/
江西省景德镇市	http：//www.jdz.gov.cn/	陕西省宝鸡市	http：//www.baoji.gov.cn/
江西省上饶市	http：//www.zgsr.gov.cn/	陕西省咸阳市	http：//www.xianyang.gov.cn/
江西省鹰潭市	http：//www.yingtan.gov.cn/	陕西省商洛市	http：//www.shangluo.gov.cn/
江西省抚州市	http：//www.jxfz.gov.cn/	陕西省汉中市	http：//www.hanzhong.gov.cn/
江西省新余市	http：//www.xinyu.gov.cn/	陕西省安康市	http：//www.ak.gov.cn/
江西省宜春市	http：//www.yichun.gov.cn/	甘肃省兰州市	http：//www.lanzhou.gov.cn/
江西省萍乡市	http：//www.pingxiang.gov.cn/	甘肃省嘉峪关市	http：//www.jyg.gansu.gov.cn
江西省吉安市	http：//www.jian.gov.cn/	甘肃省酒泉市	http：//www.jiuquan.gov.cn/
江西省赣州市	http：//www.ganzhou.gov.cn/	甘肃省张掖市	http：//www.zhangye.gov.cn
山东省济南市	http：//www.jinan.gov.cn/	甘肃省金昌市	http：//www.jc.gansu.gov.cn/
山东省德州市	http：//www.dezhou.gov.cn/	甘肃省武威市	http：//www.ww.gansu.gov.cn/
山东省滨州市	http：//www.binzhou.gov.cn/	甘肃省白银市	http：//www.baiyin.gov.cn/
山东省东营市	http：//www.dongying.gov.cn/	甘肃省庆阳市	http：//www.zgqingyang.gov.cn/
山东省烟台市	http：//www.yantai.gov.cn/	甘肃省平凉市	http：//www.pingliang.gov.cn/
山东省威海市	http：//www.weihai.gov.cn/	甘肃省定西市	http：//www.dingxi.gov.cn/
山东省淄博市	http：//www.zibo.gov.cn/	甘肃省天水市	http：//www.tianshui.gov.cn/
山东省潍坊市	http：//www.weifang.gov.cn/	甘肃省陇南市	http：//www.longnan.gov.cn/
山东省聊城市	http：//www.liaocheng.gov.cn/	甘肃省临夏自治州	http：//www.linxia.gov.cn/
山东省泰安市	http：//www.taian.gov.cn/	甘肃省甘南自治州	http：//www.gn.gansu.gov.cn/
山东省莱芜市	http：//www.laiwu.gov.cn/	青海省西宁市	http：//www.xining.gov.cn/
山东省青岛市	http：//www.qingdao.gov.cn/	青海省海东市	http：//www.haidong.gov.cn/
山东省日照市	http：//www.rizhao.gov.cn/	青海省海北自治州	http：//www.qhhb.gov.cn/

续表

地级市	采集数据源（网址）	地级市	采集数据源（网址）
山东省济宁市	http://www.jining.gov.cn/	青海省黄南	http://www.huangnan.gov.cn/
山东省菏泽市	http://www.heze.gov.cn/	青海省海南	http://www.qhhn.gov.cn/
山东省临沂市	http://www.linyi.gov.cn/	青海省果洛	http://www.guoluo.gov.cn/
山东省枣庄市	http://www.zaozhuang.gov.cn/	青海省玉树	http://www.qhys.gov.cn/
河南省郑州市	http://www.zhengzhou.gov.cn/	青海省海西	http://www.haixi.gov.cn/
河南省安阳市	http://www.anyang.gov.cn/	宁夏银川市	http://www.yinchuan.gov.cn/
河南省鹤壁市	http://www.hebi.gov.cn/	宁夏石嘴山市	http://www.nxszs.gov.cn/
河南省濮阳市	http://www.puyang.gov.cn/	宁夏吴忠市	http://www.wuzhong.gov.cn/
河南省新乡市	http://www.xinxiang.gov.cn/	宁夏中卫市	http://www.nxzw.gov.cn/
河南省焦作市	http://www.jiaozuo.gov.cn/	宁夏固原市	http://www.nxgy.gov.cn/
河南省三门峡市	http://www.smx.gov.cn/	新疆乌鲁木齐市	http://www.urumqi.gov.cn/
河南省开封市	http://www.kaifeng.gov.cn/	新疆克拉玛依市	http://www.klmyq.gov.cn/
河南省洛阳市	http://www.ly.gov.cn/	新疆吐鲁番市	http://www.tlf.gov.cn/
河南省商丘市	http://www.shangqiu.gov.cn/	新疆哈密市	http://www.hami.gov.cn/
河南省许昌市	http://www.xuchang.gov.cn/	新疆昌吉州	http://www.cj.gov.cn/
河南省平顶山市	http://www.pds.gov.cn/	新疆博尔塔拉州	http://www.xjboz.gov.cn/
河南省周口市	http://www.hazhoukou.gov.cn/	新疆巴音郭楞州	http://www.xjbz.gov.cn/
河南省漯河市	http://www.luohe.gov.cn/	新疆阿克苏地区	http://www.aksu.gov.cn/
河南省南阳市	http://www.nanyang.gov.cn/	新疆克孜勒苏州	http://www.xjkz.gov.cn/
河南省驻马店市	http://www.zhumadian.gov.cn/	新疆喀什地区	http://www.xjks.gov.cn/
河南省信阳市	http://www.xinyang.gov.cn/	新疆和田地区	http://www.hts.gov.cn/
湖北省武汉市	http://www.wuhan.gov.cn/	新疆伊犁州	http://www.xjyl.gov.cn/
湖北省十堰市	http://www.shiyan.gov.cn/	新疆塔城地区	http://www.xjtc.gov.cn/
湖北省襄樊市	http://www.xf.gov.cn/	新疆阿勒泰地区	http://www.xjalt.gov.cn/

注：省级自治区采用简称。

附表3-3　　　　　　省（直辖市）政务微博来源

省级	采集数据源（名称）	省级	采集数据源（名称）
北京市	北京发布	辽宁省	辽宁发布
天津市	天津发布	四川省	四川发布

续表

省级	采集数据源（名称）	省级	采集数据源（名称）
上海市	上海发布	云南省	云南发布
重庆市	重庆发布	青海省	青海发布
广东省	广东发布	山东省	山东发布
甘肃省	甘肃发布	山西省	山西发布
贵州省	黔办之声	陕西省	陕西发布
海南省	海南政务服务	福建省	清新福建
河北省	河北发布	浙江省	浙江发布
河南省	精彩河南	安徽省	安徽省人民政府发布
黑龙江省	黑龙江发布	内蒙古自治区	活力内蒙古
湖北省	湖北发布	新疆维吾尔自治区	新疆发布
湖南省	湖南省政府门户网站	宁夏回族自治区	宁夏政务发布
吉林省	吉林发布	广西壮族自治区	中国广西政府网
江苏省	微博江苏	西藏自治区	西藏发布
江西省	江西发布		

附表 3-4　　地级市政务微博来源

地级市	采集数据源（名称）	地级市	采集数据源（名称）
河北省石家庄市	石家庄发布	湖北省随州市	炎帝神农故里随州
河北省张家口市	张家口市政务服务中心	湖北省荆门市	荆门发布
河北省承德市	承德发布	湖北省孝感市	孝感发布
河北省唐山市	唐山发布	湖北省宜昌市	宜昌发布
河北省秦皇岛市	秦皇岛发布	湖北省黄冈市	黄冈政府门户网
河北省廊坊市	廊坊发布	湖北省鄂州市	鄂州发布
河北省保定市	微博保定	湖北省荆州市	荆州发布
河北省沧州市	微博沧州	湖北省黄石市	黄石发布
河北省衡水市	衡水发布	湖北省咸宁市	咸宁发布
河北省邢台市	邢台发布	湖北省恩施土家族苗族自治州	恩施州政府门户网站

续表

地级市	采集数据源（名称）	地级市	采集数据源（名称）
河北省邯郸市	聚焦邯郸	湖南省长沙市	长沙发布
山西省太原市	太原发布	湖南省岳阳市	岳阳市政府门户网站
山西省大同市	大同市12345政府服务热线	湖南省张家界市	张家界告诉您
山西省朔州市	朔州市政府网	湖南省常德市	常德市人民政府
山西省忻州市	忻州发布	湖南省益阳市	中国益阳门户网
山西省阳泉市	阳泉市人民政府	湖南省湘潭市	湘潭发布
山西省晋中市	晋中发布	湖南省株洲市	株洲发布
山西省吕梁市	吕梁发布	湖南省娄底市	娄底发布
山西省长治市	无	湖南省怀化市	无
山西省临汾市	无	湖南省邵阳市	邵阳发布
山西省晋城市	晋城发布	湖南省衡阳市	衡阳发布
山西省运城市	运城发布	湖南省永州市	永州发布
内蒙古自治区呼和浩特市	呼和浩特发布	湖南省郴州市	郴州发布
内蒙古自治区呼伦贝尔市	呼伦贝尔发布	湖南省湘西土家族苗族自治州	湘西州政府门户网站
内蒙古自治区通辽市	通辽发布	广东省广州市	中国广州发布
内蒙古自治区赤峰市	活力赤峰	广东省韶关市	韶关发布
内蒙古自治区巴彦淖尔市	巴彦淖尔发布	广东省梅州市	梅州发布
内蒙古自治区乌兰察布市	活力乌兰察布	广东省河源市	河源发布
内蒙古自治区包头市	包头发布	广东省清远市	清远发布
内蒙古自治区鄂尔多斯市	鄂尔多斯发布	广东省潮州市	潮州发布
内蒙古自治区乌海市	乌海新闻	广东省揭阳市	无

续表

地级市	采集数据源（名称）	地级市	采集数据源（名称）
内蒙古自治区兴安盟	魅力兴安盟	广东省汕头市	汕头政务发布
内蒙古自治区锡林郭勒盟	吉祥草原锡林郭勒	广东省肇庆市	肇庆发布
内蒙古自治区阿拉善盟	阿拉善发布	广东省惠州市	惠州发布
黑龙江省哈尔滨市	哈尔滨发布	广东省佛山市	佛山发布
黑龙江省黑河市	黑河封面	广东省东莞市	莞香花开
黑龙江省伊春市	伊春发布	广东省云浮市	无
黑龙江省齐齐哈尔市	鹤城政务	广东省汕尾市	汕尾发布
黑龙江省鹤岗市	鹤岗网讯	广东省江门市	中国侨都—江门发布
黑龙江省佳木斯市	无	广东省中山市	中山发布
黑龙江省双鸭山市	双鸭山发布政务微博	广东省深圳市	深圳微博发布厅
黑龙江省绥化市	绥化发布	广东省珠海市	珠海发布
黑龙江省大庆市	中国大庆发布	广东省阳江市	广东阳江发布
黑龙江省七台河市	七河台发布	广东省茂名市	茂名发布
黑龙江省鸡西市	网信鸡西	广东省湛江市	湛江发布
黑龙江省牡丹江市	无	广西壮族自治区南宁市	南宁发布
黑龙江省大兴安岭地区	无	广西壮族自治区桂林市	无
辽宁省沈阳市	沈阳发布	广西壮族自治区河池市	河池发布
辽宁省铁岭市	无	广西壮族自治区贺州市	长寿贺州
辽宁省阜新市	无	广西壮族自治区柳州市	我爱柳州
辽宁省抚顺市	抚顺发布	广西壮族自治区百色市	无
辽宁省朝阳市	无	广西壮族自治区来宾市	来宾发布

续表

地级市	采集数据源（名称）	地级市	采集数据源（名称）
辽宁省本溪市	本溪发布厅	广西壮族自治区梧州市	绿城水都
辽宁省辽阳市	辽阳政务	广西壮族自治区贵港市	贵港宣传
辽宁省鞍山市	鞍山发布	广西壮族自治区玉林市	玉林发布
辽宁省盘锦市	无	广西壮族自治区崇左市	崇左政府发布
辽宁省锦州市	锦州官方微博	广西壮族自治区钦州市	钦州发布
辽宁省葫芦岛市	无	广西壮族自治区防城港市	防港城发布
辽宁省营口市	营口政务	广西壮族自治区北海市	北海发布
辽宁省丹东市	丹东发布	海南省海口市	海口发布
辽宁省大连市	大连发布	海南省三亚市	三亚政务
吉林省长春市	长春发布	海南省儋州市	儋州政务微博
吉林省白城市	白城发布	海南省三沙市	无
吉林省松原市	松原发布	四川省成都市	成都市政府门户网站
吉林省吉林市	吉林市发布	四川省广元市	凤之城广元
吉林省四平市	四平发布	四川省巴中市	巴中发布
吉林省辽源市	辽源发布	四川省绵阳市	今日绵阳
吉林省白山市	白山发布	四川省德阳市	微博德阳
吉林省通化市	通化发布	四川省达州市	达州发布
吉林省延边州	延边发布	四川省南充市	南充播报
江苏省南京市	南京发布	四川省遂宁市	遂宁发布
江苏省连云港市	连云港发布	四川省广安市	广安播报
江苏省徐州市	徐州发布	四川省资阳市	资阳之声
江苏省宿迁市	宿迁之声	四川省眉山市	眉山发布
江苏省淮安市	淮安发布	四川省雅安市	生态雅安
江苏省盐城市	盐城发布	四川省内江市	微内江

续表

地级市	采集数据源（名称）	地级市	采集数据源（名称）
江苏省泰州市	泰州发布	四川省乐山市	乐山发布
江苏省扬州市	扬州发布	四川省自贡市	自贡发布
江苏省镇江市	镇江发布	四川省泸州市	泸州发布
江苏省南通市	南通发布	四川省宜宾市	宜宾发布
江苏省常州市	微常州	四川省攀枝花市	微攀枝花
江苏省无锡市	无锡发布	四川省阿坝藏族羌族自治州	阿坝州政府网
江苏省苏州市	苏州发布	四川省甘孜藏族自治州	微甘孜
浙江省杭州市	杭州发布	四川省凉山彝族自治州	微凉山
浙江省湖州市	湖州发布	贵州省贵阳市	贵阳发布
浙江省嘉兴市	嘉兴发布	贵州省遵义市	遵义发布
浙江省绍兴市	绍兴发布	贵州省六盘水市	六盘水政务微博
浙江省舟山市	舟山发布	贵州省安顺市	安顺政务服务
浙江省宁波市	宁波发布	贵州省铜仁市	铜仁发布
浙江省金华市	金华发布	贵州省毕节市	无
浙江省衢州市	衢州发布	贵州省黔西南自治州	黔西南发布
浙江省台州市	台州发布	贵州省黔东南苗族侗族自治州	黔东南政务微博
浙江省丽水市	丽水发布	贵州省黔南布依族苗族自治州	中国黔南
浙江省温州市	温州发布	云南省昆明市	昆明发布
安徽省合肥市	合肥发布	云南省昭通市	微昭通
安徽省淮北市	淮北发布	云南省丽江市	丽江发布
安徽省亳州市	亳州发布	云南省曲靖市	微博曲靖
安徽省宿州市	宿州发布	云南省保山市	微博保山
安徽省蚌埠市	蚌埠发布	云南省玉溪市	玉溪发布厅
安徽省阜阳市	阜阳发布	云南省临沧市	秘境_临沧
安徽省淮南市	淮南发布	云南省普洱市	普洱发布

续表

地级市	采集数据源（名称）	地级市	采集数据源（名称）
安徽省滁州市	美好滁州	云南省楚雄彝族自治州	楚雄发布
安徽省六安市	六安发布	云南省红河哈尼族彝族自治州	红河州官方微博
安徽省马鞍山市	马鞍山发布	云南省文山壮族苗族自治州	无
安徽省芜湖市	芜湖市人民政府发布	云南省西双版纳傣族自治州	西双版纳发布
安徽省宣城市	宣城市委市政府发布	云南省大理白族自治州	大理发布
安徽省铜陵市	铜陵发布	云南省德宏傣族景颇族自治州	美丽德宏
安徽省池州市	池州市人民政府发布	云南省怒江傈僳族自治州	大怒江在线
安徽省安庆市	安庆发布	云南省迪庆藏族自治州	你好迪庆
安徽省黄山市	黄山发布	西藏自治区拉萨市	拉萨发布
福建省福州市	福州发布	西藏自治区昌都市	无
福建省宁德市	清新宁德	西藏自治区日喀则市	日喀则发布
福建省南平市	南平市政府门户网站	西藏自治区林芝市	无
福建省三明市	三明市政府网编辑部	西藏自治区山南市	西藏山南网
福建省莆田市	无	西藏自治区那曲地区	无
福建省龙岩市	e龙岩	西藏自治区阿里地区	无
福建省泉州市	泉州市政	陕西省西安市	西安发布
福建省漳州市	漳州外宣办	陕西省榆林市	榆林发布
福建省厦门市	厦门发布	陕西省延安市	延安发布
江西省南昌市	南昌发布	陕西省铜川市	铜川发布

续表

地级市	采集数据源（名称）	地级市	采集数据源（名称）
江西省九江市	九江发布	陕西省渭南市	渭南发布
江西省景德镇市	景德镇发布	陕西省宝鸡市	宝鸡发布
江西省上饶市	上饶发布	陕西省咸阳市	智慧咸阳
江西省鹰潭市	鹰潭发布	陕西省商洛市	商洛发布
江西省抚州市	抚州发布	陕西省汉中市	汉中发布
江西省新余市	新余发布	陕西省安康市	安康发布
江西省宜春市	宜春发布	甘肃省兰州市	兰州发布
江西省萍乡市	萍乡发布	甘肃省嘉峪关市	嘉峪关政府网
江西省吉安市	吉安发布	甘肃省酒泉市	酒泉发布
江西省赣州市	赣州发布	甘肃省张掖市	张掖发布
山东省济南市	微博济南	甘肃省金昌市	金昌发布
山东省德州市	德州发布	甘肃省武威市	武威发布
山东省滨州市	阳光滨州	甘肃省白银市	白银发布
山东省东营市	东营发布	甘肃省庆阳市	庆阳发布
山东省烟台市	烟台发布	甘肃省平凉市	平凉发布
山东省威海市	威海发布	甘肃省定西市	定西发布
山东省淄博市	淄博发布	甘肃省天水市	天水发布
山东省潍坊市	潍坊发布	甘肃省陇南市	陇南发布
山东省聊城市	聊城发布	甘肃省临夏回族自治州	临夏发布
山东省泰安市	泰安12345	甘肃省甘南藏族自治州	甘南发布
山东省莱芜市	莱芜发布	青海省西宁市	夏都西宁
山东省青岛市	青岛发布	青海省海东市	无
山东省日照市	日照发布	青海省海北藏族自治州	无
山东省济宁市	济宁发布	青海省黄南藏族自治州	黄南政务
山东省菏泽市	菏泽发布	青海省海南藏族自治州	无

续表

地级市	采集数据源（名称）	地级市	采集数据源（名称）
山东省临沂市	临沂发布	青海省果洛藏族自治州	无
山东省枣庄市	枣庄发布	青海省玉树藏族自治州	玉树发布
河南省郑州市	郑州发布	青海省海西蒙古族藏族自治州	中国柴达木
河南省安阳市	安阳市民之家	宁夏回族自治区银川市	微博银川
河南省鹤壁市	鹤壁政法	宁夏回族自治区石嘴山市	石嘴山发布
河南省濮阳市	濮阳发布	宁夏回族自治区吴忠市	无
河南省新乡市	新乡发布	宁夏回族自治区中卫市	中卫发布
河南省焦作市	焦作发布	宁夏回族自治区固原市	固原发布
河南省三门峡市	三门峡发布	新疆维吾尔自治区乌鲁木齐市	乌鲁木齐发布
河南省开封市	魅力开封	新疆维吾尔自治区克拉玛依市	克拉玛依发布
河南省洛阳市	精彩洛阳	新疆维吾尔自治区吐鲁番市	吐鲁番地区政府网
河南省商丘市	微博商丘	新疆维吾尔自治区哈密市	哈密发布
河南省许昌市	精彩许昌	新疆维吾尔自治区昌吉州	昌吉发布
河南省平顶山市	平顶山外宣	新疆维吾尔自治区博尔塔拉州	博州发布
河南省周口市	周口发布	新疆维吾尔自治区巴音郭楞州	巴州发布
河南省漯河市	精彩漯河	新疆维吾尔自治区阿克苏地区	阿克苏发布

续表

地级市	采集数据源（名称）	地级市	采集数据源（名称）
河南省南阳市	南阳政法	新疆维吾尔自治区克孜勒苏州	克州政府网
河南省驻马店市	微博驻马店	新疆维吾尔自治区喀什地区	喀什发布
河南省信阳市	信阳外宣	新疆维吾尔自治区和田地区	和田发布
湖北省武汉市	武汉发布	新疆维吾尔自治区伊犁州	伊犁政府网
湖北省十堰市	十堰发布	新疆维吾尔自治区塔城地区	塔城地区政务微博
湖北省襄樊市	中国襄阳政府网	新疆维吾尔自治区阿勒泰地区	阿勒泰地区政府网

附表3-5　　省（直辖市）政务微信来源

省级	采集数据源（名称）	省级	采集数据源（名称）
北京市	首都之窗	辽宁省	辽宁发布
天津市	天津政务网	四川省	四川发布
上海市	中国上海	云南省	云南省人民政府网
重庆市	重庆发布	青海省	青海政务
广东省	广东省人民政府门户网站	山东省	山东发布
甘肃省	甘肃政务	山西省	山西省人民政府
贵州省	贵州省人民政府网	陕西省	陕西发布
海南省	海南省政府网	福建省	中国福建
河北省	河北发布	浙江省	浙江政务服务
河南省	河南发布	安徽省	安徽省人民政府发布
黑龙江省	黑龙江政务	内蒙古自治区	内蒙古自治区人民政府发布
湖北省	湖北发布	新疆维吾尔自治区	新疆政务网
湖南省	湖南省政府门户网	宁夏回族自治区	宁夏政府网

续表

省级	采集数据源（名称）	省级	采集数据源（名称）
吉林省	吉林发布	广西壮族自治区	中国广西政府网
江苏省	微讯江苏	西藏自治区	西藏发布
江西省	江西发布		

附表3-6　　地级市政务微信来源

地级市	采集数据源（名称）	地级市	采集数据源（名称）
河北省石家庄市	石家庄发布	湖北省荆门市	荆门政府网
河北省张家口市	张家口发布	湖北省孝感市	微孝天下
河北省承德市	承德发布	湖北省宜昌市	宜昌发布
河北省唐山市	中国唐山	湖北省黄冈市	黄冈政府网
河北省秦皇岛市	秦皇岛发布	湖北省鄂州市	鄂州发布
河北省廊坊市	廊坊发布	湖北省荆州市	荆州政务服务
河北省保定市	保定微讯	湖北省黄石市	黄石发布
河北省沧州市	沧州发布	湖北省咸宁市	咸宁发布
河北省衡水市	衡水微讯	湖北省恩施土家族苗族自治州	恩施发布
河北省邢台市	邢台发布	湖南省长沙市	中国长沙
河北省邯郸市	邯郸发布	湖南省岳阳市	岳阳市政府网
山西省太原市	我的太原服务号	湖南省张家界市	张家界政务通
山西省大同市	大同12345	湖南省常德市	常德市人民政府
山西省朔州市	朔州市政府网	湖南省益阳市	中国益阳门户网
山西省忻州市	忻州你好	湖南省湘潭市	湘潭微政务
山西省阳泉市	阳泉政府网	湖南省株洲市	株洲市政务服务中心
山西省晋中市	晋中发布	湖南省娄底市	娄底市政府门户网
山西省吕梁市	吕梁发布	湖南省怀化市	怀化市政府门户网
山西省长治市	长治政务服务	湖南省邵阳市	邵阳发布
山西省临汾市	临汾市人民政府	湖南省衡阳市	中国衡阳党政门户网
山西省晋城市	晋城在线	湖南省永州市	永州发布

续表

地级市	采集数据源（名称）	地级市	采集数据源（名称）
山西省运城市	运城发布	湖南省郴州市	郴州市政府门户网站
内蒙古自治区呼和浩特市	呼和浩特发布	湖南省湘西土家族苗族自治州	湘西州人民政府门户网站
内蒙古自治区呼伦贝尔市	呼伦贝尔市人民政府官方网站发布	广东省广州市	广州政府网
内蒙古自治区通辽市	通辽政务信息	广东省韶关市	韶关发布
内蒙古自治区赤峰市	赤峰市人民政府发布	广东省梅州市	梅州市人民政府门户网站
内蒙古自治区巴彦淖尔市	巴彦淖尔发布	广东省河源市	河源发布
内蒙古自治区乌兰察布市	活力乌兰察布	广东省清远市	清远发布
内蒙古自治区包头市	包头市人民政府发布	广东省潮州市	中国潮州
内蒙古自治区鄂尔多斯市	鄂尔多斯政务服务	广东省揭阳市	揭阳市政府网
内蒙古自治区乌海市	乌海政府信息网	广东省汕头市	汕头政府网
内蒙古自治区兴安盟	兴安盟政务服务微平台	广东省肇庆市	肇庆政府网
内蒙古自治区锡林郭勒盟	锡林郭勒盟政务门户网	广东省惠州市	惠州发布
内蒙古自治区阿拉善盟	阿拉善发布	广东省佛山市	佛山发布
黑龙江省哈尔滨市	哈尔滨市政府网	广东省东莞市	莞香花开
黑龙江省黑河市	黑河政务	广东省云浮市	云浮市民网
黑龙江省伊春市	伊春市发布	广东省汕尾市	汕尾市人民政府网站
黑龙江省齐齐哈尔市	齐齐哈尔市政府政务服务中心	广东省江门市	江门发布
黑龙江省鹤岗市	鹤岗发布	广东省中山市	中山发布

续表

地级市	采集数据源（名称）	地级市	采集数据源（名称）
黑龙江省佳木斯市	佳木斯政务	广东省深圳市	深圳发布
黑龙江省双鸭山市	双鸭山政务	广东省珠海市	珠海发布
黑龙江省绥化市	绥化政务	广东省阳江市	广东阳江发布
黑龙江省大庆市	微大庆	广东省茂名市	茂名市人民政府
黑龙江省七台河市	七台河市政务服务中心	广东省湛江市	湛江政府网
黑龙江省鸡西市	鸡西政务	广西壮族自治区南宁市	南宁发布
黑龙江省牡丹江市	牡丹江发布	广西壮族自治区桂林市	无
黑龙江省大兴安岭地区	大兴安岭政务	广西壮族自治区河池市	河池发布
辽宁省沈阳市	沈阳政务	广西壮族自治区贺州市	贺州发布
辽宁省铁岭市	铁岭民生	广西壮族自治区柳州市	柳州发布
辽宁省阜新市	阜新市委政务服务中心	广西壮族自治区百色市	百色市政务服务中心
辽宁省抚顺市	抚顺政务	广西壮族自治区来宾市	来宾发布
辽宁省朝阳市	无	广西壮族自治区梧州市	梧州发布
辽宁省本溪市	本溪发布厅	广西壮族自治区贵港市	贵港宣传
辽宁省辽阳市	辽阳政务	广西壮族自治区玉林市	玉林政务服务
辽宁省鞍山市	微鞍山	广西壮族自治区崇左市	崇左政府发布
辽宁省盘锦市	盘锦发布	广西壮族自治区钦州市	钦州发布
辽宁省锦州市	锦州发布	广西壮族自治区防城港市	防城港发布

续表

地级市	采集数据源（名称）	地级市	采集数据源（名称）
辽宁省葫芦岛市	中国葫芦岛	广西壮族自治区北海市	北海市政务服务中心
辽宁省营口市	营口发布	海南省海口市	海口发布
辽宁省丹东市	丹东发布	海南省三亚市	三亚政务服务
辽宁省大连市	大连发布	海南省儋州市	儋州市政府
吉林省长春市	长春办事大厅	海南省三沙市	中国三沙
吉林省白城市	白城发布	四川省成都市	成都12345
吉林省松原市	松原市人民政府网	四川省广元市	广元市政务服务中心
吉林省吉林市	吉林市发布	四川省巴中市	美丽巴中
吉林省四平市	四平市人民政府网	四川省绵阳市	绵阳政事
吉林省辽源市	辽源政务	四川省德阳市	德阳发布
吉林省白山市	白山发布	四川省达州市	达州发布
吉林省通化市	通化发布	四川省南充市	南充播报
吉林省延边州	延边发布	四川省遂宁市	遂宁政务服务
江苏省南京市	南京发布	四川省广安市	广安发布
江苏省连云港市	连云港发布	四川省资阳市	资阳市政务服务和大数据管理局
江苏省徐州市	徐州发布	四川省眉山市	微眉山
江苏省宿迁市	宿迁之声	四川省雅安市	雅安市12345热线
江苏省淮安市	淮安发布	四川省内江市	最内江
江苏省盐城市	盐城发布	四川省乐山市	乐山心连心服务热线
江苏省泰州市	泰州发布	四川省自贡市	微自贡
江苏省扬州市	扬州政务服务	四川省泸州市	泸州发布
江苏省镇江市	镇江发布	四川省宜宾市	宜宾发布
江苏省南通市	e政南通	四川省攀枝花市	微攀枝花
江苏省常州市	常州政府网站	四川省阿坝藏族羌族自治州	微阿坝
江苏省无锡市	无锡政务服务指尖大厅	四川省甘孜藏族自治州	微甘孜

续表

地级市	采集数据源（名称）	地级市	采集数据源（名称）
江苏省苏州市	苏州发布	四川省凉山彝族自治州	凉山政务
浙江省杭州市	杭州发布	贵州省贵阳市	贵阳市人民政府政务服务中心
浙江省湖州市	湖州发布	贵州省遵义市	遵义市人民政府网
浙江省嘉兴市	嘉兴发布	贵州省六盘水市	六盘水市人民政府网
浙江省绍兴市	绍兴发布	贵州省安顺市	安顺市人民政府网
浙江省舟山市	舟山政务服务	贵州省铜仁市	铜仁市人民政府网
浙江省宁波市	宁波政务	贵州省毕节市	毕节市人民政府网
浙江省金华市	金华市政府网	贵州省黔西南布依族苗族自治州	黔西南州人民政府网
浙江省衢州市	衢州政务	贵州省黔东南苗族侗族自治州	黔东南州政府
浙江省台州市	台州市府办微平台	贵州省黔南布依族苗族自治州	黔南州人民政府网
浙江省丽水市	丽水发布	云南省昆明市	昆明发布
浙江省温州市	温州发布	云南省昭通市	昭通市政务服务
安徽省合肥市	合肥市人民政府发布	云南省丽江市	丽江政务网
安徽省淮北市	淮北市人民政府发布	云南省曲靖市	曲靖市政务服务
安徽省亳州市	亳州发布	云南省保山市	保山市人民政府办公室
安徽省宿州市	宿州发布	云南省玉溪市	玉溪发布
安徽省蚌埠市	蚌埠市人民政府发布	云南省临沧市	临沧市政务服务管理局
安徽省阜阳市	阜阳市政务服务	云南省普洱市	普洱市人民政府网
安徽省淮南市	淮南市人民政府发布	云南省楚雄彝族自治州	楚雄州人民政府网
安徽省滁州市	滁州市人民政府发布	云南省红河哈尼族彝族自治州	红河政务服务
安徽省六安市	六安市人民政府发布	云南省文山壮族苗族自治州	文山市政府

续表

地级市	采集数据源（名称）	地级市	采集数据源（名称）
安徽省马鞍山市	马鞍山政务服务	云南省西双版纳傣族自治州	西双版纳傣族自治州人民政府网
安徽省芜湖市	芜湖市人民政府发布	云南省大理白族自治州	大理政务信息
安徽省宣城市	宣城市委市政府发布	云南省德宏傣族景颇族自治州	美丽德宏
安徽省铜陵市	铜陵发布	云南省怒江傈僳族自治州	怒江州人民政府网
安徽省池州市	池州市人民政府发布	云南省迪庆藏族自治州	无
安徽省安庆市	安庆之声	西藏自治区拉萨市	拉萨发布
安徽省黄山市	黄山发布	西藏自治区昌都市	网信昌都
福建省福州市	e福州	西藏自治区日喀则市	日喀则发布
福建省宁德市	宁德微门户	西藏自治区林芝市	微林芝
福建省南平市	南平微门户	西藏自治区山南市	微山南官方
福建省三明市	中国三明	西藏自治区那曲地区	那曲发布
福建省莆田市	中国莆田	西藏自治区阿里地区	天上阿里
福建省龙岩市	龙岩市人民政府网	陕西省西安市	西安发布
福建省泉州市	泉州政务	陕西省榆林市	榆林政务公开
福建省漳州市	漳州政府网	陕西省延安市	延安市为民服务大厅
福建省厦门市	厦门发布	陕西省铜川市	铜川政府网
江西省南昌市	南昌市人民政府发布	陕西省渭南市	渭南发布
江西省九江市	九江发布	陕西省宝鸡市	宝鸡发布
江西省景德镇市	瓷都政务	陕西省咸阳市	智慧咸阳
江西省上饶市	上饶市政府行政服务中心管委会	陕西省商洛市	看商洛
江西省鹰潭市	鹰潭智慧新城	陕西省汉中市	汉中发布
江西省抚州市	抚州发布	陕西省安康市	安康发布

续表

地级市	采集数据源（名称）	地级市	采集数据源（名称）
江西省新余市	新余政务	甘肃省兰州市	兰州市政务服务中心
江西省宜春市	宜春发布	甘肃省嘉峪关市	嘉峪关政府网
江西省萍乡市	萍乡发布	甘肃省酒泉市	酒泉市人民政府
江西省吉安市	吉安市人民政府网	甘肃省张掖市	网信张掖
江西省赣州市	赣州政务服务	甘肃省金昌市	金昌发布
山东省济南市	济南政务	甘肃省武威市	武威发布
山东省德州市	德州政府网	甘肃省白银市	白银政务服务
山东省滨州市	滨州政务	甘肃省庆阳市	庆阳政府网
山东省东营市	东营政府网	甘肃省平凉市	平凉发布
山东省烟台市	烟台政府网	甘肃省定西市	定西党政网
山东省威海市	威海发布	甘肃省天水市	天水发布
山东省淄博市	淄博发布	甘肃省陇南市	陇南政务
山东省潍坊市	潍坊市政务服务中心	甘肃省临夏回族自治州	临夏回族自治州人民政府网
山东省聊城市	聊城发布	甘肃省甘南藏族自治州	甘南头条
山东省泰安市	泰安发布	青海省西宁市	西宁发布
山东省青岛市	青岛发布	青海省海东市	海东市政府网
山东省日照市	日照发布	青海省海北藏族自治州	海北政务
山东省济宁市	济宁政务服务	青海省黄南藏族自治州	黄南政务
山东省菏泽市	菏泽12345	青海省海南藏族自治州	海南州政务
山东省临沂市	临沂政府网	青海省果洛藏族自治州	果洛政务
山东省枣庄市	枣庄发布	青海省玉树藏族自治州	玉树政务
河南省郑州市	郑州政务服务	青海省海西蒙古族藏族自治州	海西发布州委

续表

地级市	采集数据源（名称）	地级市	采集数据源（名称）
河南省安阳市	安阳市政府网	宁夏回族自治区银川市	银川政府网
河南省鹤壁市	中国鹤壁	宁夏回族自治区石嘴山市	石嘴山发布
河南省濮阳市	濮阳发布	宁夏回族自治区吴忠市	吴忠市政务服务中心
河南省新乡市	新乡政务服务	宁夏回族自治区中卫市	中卫政府网
河南省焦作市	焦作市政务公开与政务服务	宁夏回族自治区固原市	固原阳光政务
河南省三门峡市	三门峡政务服务和大数据管理局	新疆维吾尔自治区乌鲁木齐市	乌鲁木齐零距离
河南省开封市	开封智慧政务	新疆维吾尔自治区克拉玛依市	克拉玛依政务服务
河南省洛阳市	洛阳政务服务	新疆维吾尔自治区吐鲁番市	吐鲁番政府网
河南省商丘市	商丘市政府网	新疆维吾尔自治区哈密市	哈密市政府网
河南省许昌市	许昌市人民政府	新疆维吾尔自治区昌吉州	昌吉市零距离
河南省平顶山市	中国平顶山	新疆维吾尔自治区博尔塔拉州	博州政府网
河南省周口市	周口政务服务	新疆维吾尔自治区巴音郭楞州	巴州发布
河南省漯河市	漯河政务	新疆维吾尔自治区阿克苏地区	阿克苏政府网
河南省南阳市	南阳政务服务	新疆维吾尔自治区克孜勒苏州	克州政府网
河南省驻马店市	中国驻马店	新疆维吾尔自治区喀什地区	古城喀什
河南省信阳市	信阳智慧政务	新疆维吾尔自治区和田地区	和田政务在线

续表

地级市	采集数据源（名称）	地级市	采集数据源（名称）
湖北省武汉市	武汉发布	新疆维吾尔自治区伊犁州	伊犁政府网
湖北省十堰市	十堰政务服务	新疆维吾尔自治区塔城地区	塔城地区政府网
湖北省襄樊市	襄阳政府网	新疆维吾尔自治区阿勒泰地区	阿勒泰地区行政服务中心
湖北省随州市	中国随州		

附表 3-7　　省（直辖市）政务 APP 来源

省级	采集数据源（名称）	省级	采集数据源（名称）
北京市	北京通	辽宁省	辽宁政务服务
天津市	天津政务	四川省	中国四川
上海市	中国上海	云南省	办事通
重庆市	重庆市政府	青海省	无
广东省	广东政务服务	山东省	中国山东
甘肃省	甘肃政务服务	山西省	山西省政府
贵州省	多彩宝	陕西省	陕政通
海南省	海南政府网	福建省	中国福建
河北省	中国河北	浙江省	浙里办
河南省	河南政务	安徽省	中国安徽
黑龙江省	龙江政务通	内蒙古自治区	蒙速办
湖北省	湖北省政府	新疆维吾尔自治区	新疆政务
湖南省	湖南省政府门户网站	宁夏回族自治区	宁夏通
吉林省	吉林省人民政府	广西壮族自治区	广西政府
江苏省	江苏省人民政府	西藏自治区	西藏自治区
江西省	江西政务网		

附表 3-8　　　　　　　　　地级市政务 APP 来源

地级市	采集数据源（名称）	地级市	采集数据源（名称）
河北省石家庄市	石家庄市政府	湖北省随州市	云上随州
河北省张家口市	大好河山	湖北省荆门市	云上荆门
河北省承德市	中国河北	湖北省孝感市	云上孝感
河北省唐山市	无	湖北省宜昌市	云上宜昌
河北省秦皇岛市	幸福秦皇岛	湖北省黄冈市	云上黄冈
河北省廊坊市	无	湖北省鄂州市	云上鄂州
河北省保定市	中国河北	湖北省荆州市	云上荆州
河北省沧州市	智慧沧州	湖北省黄石市	云上黄石
河北省衡水市	衡水网上办事	湖北省咸宁市	无
河北省邢台市	掌上邢台	湖北省恩施土家族苗族自治州	云上恩施
河北省邯郸市	中国河北	湖南省长沙市	中国长沙
山西省太原市	我的太原	湖南省岳阳市	岳阳市人民政府
山西省大同市	三晋通（山西省平台）	湖南省张家界市	湖南省政府门户网站
山西省朔州市	朔州政府网	湖南省常德市	中国常德
山西省忻州市	三晋通（山西省平台）	湖南省益阳市	益阳市政府门户网站
山西省阳泉市	三晋通（山西省平台）	湖南省湘潭市	无
山西省晋中市	三晋通（山西省平台）	湖南省株洲市	湖南省政府门户网站
山西省吕梁市	无	湖南省娄底市	娄底市人民政府
山西省长治市	三晋通（山西省平台）	湖南省怀化市	湖南省政府门户网站
山西省临汾市	无	湖南省邵阳市	中国邵阳
山西省晋城市	晋城在线	湖南省衡阳市	湖南省政府门户网站
山西省运城市	无	湖南省永州市	中国永州
内蒙古自治区呼和浩特市	呼和浩特发布	湖南省郴州市	郴州市政府微门户

续表

地级市	采集数据源（名称）	地级市	采集数据源（名称）
内蒙古自治区呼伦贝尔市	呼伦贝尔发布	湖南省湘西土家族苗族自治州	无
内蒙古自治区通辽市	今日通辽	广东省广州市	广州政务通
内蒙古自治区赤峰市	活力赤峰	广东省韶关市	韶关发布
内蒙古自治区巴彦淖尔市	额吉塔拉新闻	广东省梅州市	梅州市人民政府
内蒙古自治区乌兰察布市	乌兰察布人民政府	广东省河源市	广东政务服务
内蒙古自治区包头市	无	广东省清远市	广东政务服务
内蒙古自治区鄂尔多斯市	印象鄂尔多斯	广东省潮州市	广东政务服务
内蒙古自治区乌海市	乌海新闻	广东省揭阳市	广东政务服务
内蒙古自治区兴安盟	兴安盟发布	广东省汕头市	中国汕头
内蒙古自治区锡林郭勒盟	锡林郭勒发布	广东省肇庆市	肇庆市人民政府
内蒙古自治区阿拉善盟	阿拉善发布	广东省惠州市	惠州网上办事大厅
黑龙江省哈尔滨市	哈尔滨政府网	广东省佛山市	广东政务服务
黑龙江省黑河市	黑河政务通	广东省东莞市	广东政务服务
黑龙江省伊春市	指点伊春	广东省云浮市	智慧云浮
黑龙江省齐齐哈尔市	无	广东省汕尾市	广东政务服务
黑龙江省鹤岗市	魅力鹤岗	广东省江门市	江门市移动政务
黑龙江省佳木斯市	佳木斯	广东省中山市	智慧中山
黑龙江省双鸭山市	双鸭山服务	广东省深圳市	i深圳
黑龙江省绥化市	绥化政务通	广东省珠海市	中国珠海

续表

地级市	采集数据源（名称）	地级市	采集数据源（名称）
黑龙江省大庆市	政府服务网	广东省阳江市	广东政务服务
黑龙江省七台河市	无	广东省茂名市	广东政务服务
黑龙江省鸡西市	掌上服务大厅	广东省湛江市	广东政务服务
黑龙江省牡丹江市	掌上牡丹江	广西壮族自治区南宁市	爱南宁
黑龙江省大兴安岭地区	无	广西壮族自治区桂林市	广西政府
辽宁省沈阳市	中国沈阳	广西壮族自治区河池市	河池政务
辽宁省铁岭市	无	广西壮族自治区贺州市	广西政府
辽宁省阜新市	阜新政务服务	广西壮族自治区柳州市	爱柳州
辽宁省抚顺市	无	广西壮族自治区百色市	广西政府
辽宁省朝阳市	无	广西壮族自治区来宾市	广西政府
辽宁省本溪市	智慧本溪	广西壮族自治区梧州市	广西政府
辽宁省辽阳市	辽阳政务	广西壮族自治区贵港市	广西政府
辽宁省鞍山市	中国鞍山	广西壮族自治区玉林市	广西政府
辽宁省盘锦市	无	广西壮族自治区崇左市	广西政府
辽宁省锦州市	锦州发布	广西壮族自治区钦州市	广西政府
辽宁省葫芦岛市	无	广西壮族自治区防城港市	美丽防城港
辽宁省营口市	辽宁政务服务	广西壮族自治区北海市	广西政府
辽宁省丹东市	无	海南省海口市	中国海口
辽宁省大连市	无	海南省三亚市	美丽三亚

续表

地级市	采集数据源（名称）	地级市	采集数据源（名称）
吉林省长春市	长春办事大厅	海南省儋州市	海南儋州
吉林省白城市	无	海南省三沙市	中国三沙
吉林省松原市	无	四川省成都市	天府市民云
吉林省吉林市	无	四川省广元市	广元市政府
吉林省四平市	四平市政府	四川省巴中市	中国巴中
吉林省辽源市	中国辽源	四川省绵阳市	无
吉林省白山市	无	四川省德阳市	中国德阳
吉林省通化市	无	四川省达州市	达州发布
吉林省延边州	延边发布	四川省南充市	南充市人民政府
江苏省南京市	我的南京	四川省遂宁市	遂宁服务
江苏省连云港市	我的连云港	四川省广安市	中国广安
江苏省徐州市	江苏政务服务	四川省资阳市	资阳市
江苏省宿迁市	江苏政务服务	四川省眉山市	无
江苏省淮安市	淮安政府网	四川省雅安市	中国雅安
江苏省盐城市	江苏政务服务	四川省内江市	中国内江
江苏省泰州市	中国泰州	四川省乐山市	乐山市政府
江苏省扬州市	中国扬州	四川省自贡市	看度自贡
江苏省镇江市	江苏政务服务	四川省泸州市	无
江苏省南通市	南通百通	四川省宜宾市	中国宜宾
江苏省常州市	我的常州	四川省攀枝花市	中国攀枝花
江苏省无锡市	无锡政务发布	四川省阿坝藏族羌族自治州	中国阿坝州
江苏省苏州市	苏州市政府	四川省甘孜藏族自治州	无
浙江省杭州市	杭州办事服务	四川省凉山彝族自治州	中国凉山
浙江省湖州市	湖州发布	贵州省贵阳市	无
浙江省嘉兴市	浙里办	贵州省遵义市	多彩宝
浙江省绍兴市	浙里办	贵州省六盘水市	中国凉都
浙江省舟山市	浙里办	贵州省安顺市	中国安顺
浙江省宁波市	宁波政务	贵州省铜仁市	无

续表

地级市	采集数据源（名称）	地级市	采集数据源（名称）
浙江省金华市	中国金华	贵州省毕节市	活力毕节
浙江省衢州市	智慧衢州	贵州省黔西南布依族苗族自治州	黔西南州人民政府
浙江省台州市	浙里办	贵州省黔东南苗族侗族自治州	多彩宝
浙江省丽水市	浙里办	贵州省黔南布依族苗族自治州	中国黔南
浙江省温州市	浙里办	云南省昆明市	办事通
安徽省合肥市	皖事通	云南省昭通市	办事通
安徽省淮北市	爱淮北	云南省丽江市	办事通
安徽省亳州市	我家亳州	云南省曲靖市	办事通
安徽省宿州市	皖事通	云南省保山市	办事通
安徽省蚌埠市	蚌埠e家	云南省玉溪市	办事通
安徽省阜阳市	e阜阳	云南省临沧市	办事通
安徽省淮南市	中国淮南	云南省普洱市	办事通
安徽省滁州市	惠滁州	云南省楚雄彝族自治州	办事通
安徽省六安市	六安市政府	云南省红河哈尼族彝族自治州	办事通
安徽省马鞍山市	中国马鞍山	云南省文山壮族苗族自治州	办事通
安徽省芜湖市	皖事通	云南省西双版纳傣族自治州	办事通
安徽省宣城市	皖事通	云南省大理白族自治州	办事通
安徽省铜陵市	中国铜陵	云南省德宏傣族景颇族自治州	办事通
安徽省池州市	皖事通	云南省怒江傈僳族自治州	办事通
安徽省安庆市	中国安庆	云南省迪庆藏族自治州	办事通

续表

地级市	采集数据源（名称）	地级市	采集数据源（名称）
安徽省黄山市	中国黄山	西藏自治区拉萨市	拉萨市政府
福建省福州市	e福州	西藏自治区昌都市	无
福建省宁德市	福建宁德	西藏自治区日喀则市	无
福建省南平市	掌上南平	西藏自治区林芝市	无
福建省三明市	闽政通	西藏自治区山南市	无
福建省莆田市	闽政通	西藏自治区那曲地区	那曲发布
福建省龙岩市	e龙岩	西藏自治区阿里地区	西藏自治区
福建省泉州市	中国泉州	陕西省西安市	西安政务服务
福建省漳州市	漳州市政府	陕西省榆林市	榆林日报
福建省厦门市	闽政通	陕西省延安市	延安政务服务
江西省南昌市	无	陕西省铜川市	新华铜川
江西省九江市	无	陕西省渭南市	掌上渭南
江西省景德镇市	景德镇市政府微门户	陕西省宝鸡市	陕政通
江西省上饶市	中国上饶	陕西省咸阳市	咸阳政务
江西省鹰潭市	i鹰潭	陕西省商洛市	商洛发布
江西省抚州市	我的抚州	陕西省汉中市	汉中政务服务
江西省新余市	无	陕西省安康市	i安康
江西省宜春市	中国·宜春	甘肃省兰州市	三维城市
江西省萍乡市	无	甘肃省嘉峪关市	甘肃政务服务
江西省吉安市	吉安发布	甘肃省酒泉市	酒泉政务服务
江西省赣州市	赣州市人民政府	甘肃省张掖市	甘肃政务服务
山东省济南市	泉城办	甘肃省金昌市	甘肃政务服务
山东省德州市	德州市政府网	甘肃省武威市	甘肃政务服务
山东省滨州市	中国滨州	甘肃省白银市	甘肃政务服务
山东省东营市	东营e网通	甘肃省庆阳市	掌上庆阳

续表

地级市	采集数据源（名称）	地级市	采集数据源（名称）
山东省烟台市	烟台政府网	甘肃省平凉市	甘肃政务服务
山东省威海市	威海市政府	甘肃省定西市	甘肃政务服务
山东省淄博市	淄博市人民政府	甘肃省天水市	甘肃政务服务
山东省潍坊市	潍V	甘肃省陇南市	甘肃政务服务
山东省聊城市	掌中聊城	甘肃省临夏回族自治州	甘肃政务服务
山东省泰安市	爱山东	甘肃省甘南藏族自治州	甘肃政府服务
山东省莱芜市	莱芜政务服务	青海省西宁市	无
山东省青岛市	青岛政务网	青海省海东市	无
山东省日照市	爱山东	青海省海北藏族自治州	无
山东省济宁市	济宁政务服务	青海省黄南藏族自治州	无
山东省菏泽市	菏泽市人民政府	青海省海南藏族自治州	无
山东省临沂市	爱山东	青海省果洛藏族自治州	云上果洛
山东省枣庄市	爱山东	青海省玉树藏族自治州	无
河南省郑州市	i郑州	青海省海西蒙古族藏族自治州	无
河南省安阳市	安阳市政府网站	宁夏回族自治区银川市	银川发布
河南省鹤壁市	豫事办	宁夏回族自治区石嘴山市	智慧石嘴山
河南省濮阳市	豫事办	宁夏回族自治区吴忠市	无
河南省新乡市	微门户	宁夏回族自治区中卫市	云端中卫
河南省焦作市	无线焦作/焦作手机台	宁夏回族自治区固原市	无

续表

地级市	采集数据源（名称）	地级市	采集数据源（名称）
河南省三门峡市	豫事办	新疆维吾尔自治区乌鲁木齐市	乌鲁木齐政务服务
河南省开封市	中国·开封	新疆维吾尔自治区克拉玛依市	克州州政府
河南省洛阳市	豫事办	新疆维吾尔自治区吐鲁番市	吐鲁番市人民政府
河南省商丘市	商丘便民网	新疆维吾尔自治区哈密市	哈密政府网
河南省许昌市	许昌微门户	新疆维吾尔自治区昌吉州	昌吉州政府
河南省平顶山市	中国·平顶山	新疆维吾尔自治区博尔塔拉州	无
河南省周口市	周口政务服务	新疆维吾尔自治区巴音郭楞州	巴州政府
河南省漯河市	漯河市政府网站	新疆维吾尔自治区阿克苏地区	无
河南省南阳市	南阳政务	新疆维吾尔自治区克孜勒苏州	克州州政府
河南省驻马店市	无	新疆维吾尔自治区喀什地区	喀什24小时
河南省信阳市	豫事办	新疆维吾尔自治区和田地区	和田一体化阳光服务平台
湖北省武汉市	云端武汉·政务	新疆维吾尔自治区伊犁州	无
湖北省十堰市	十堰政府网	新疆维吾尔自治区塔城地区	无
湖北省襄樊市	云上襄阳	新疆维吾尔自治区阿勒泰地区	无

附录4 地级市政府电子服务能力指数

附表4-1 地级市政务网站服务能力指数

排名	地市	指数	排名	地市	指数	排名	地市	指数
1	南宁市	96.09	27	荆州市	89.37	53	德阳市	86.63
2	马鞍山市	96.03	28	无锡市	89.24	54	徐州市	86.26
3	黄山市	95.26	29	达州市	89.19	55	宜春市	86.06
4	广元市	95.08	30	湖州市	89.19	56	陇南市	86.05
5	聊城市	94.52	31	绵阳市	89.16	57	南昌市	86.00
6	遵义市	94.45	32	青岛市	89.08	58	黔南布依族苗族自治州	85.76
7	泉州市	94.25	33	湘潭市	89.05	59	龙岩市	85.75
8	自贡市	93.89	34	宜宾市	88.98	60	宁波市	85.38
9	惠州市	93.08	35	莆田市	88.75	61	呼和浩特市	85.36
10	成都市	93.02	36	衡阳市	88.49	62	宁德市	85.17
11	厦门市	91.89	37	菏泽市	88.42	63	衢州市	84.97
12	南通市	91.82	38	中山市	88.41	64	景德镇市	84.94
13	广州市	91.47	39	襄樊市	88.32	65	赣州市	84.93
14	德州市	91.45	40	常州市	88.32	66	三明市	84.77
15	大兴安岭地区	91.12	41	滨州市	88.12	67	广安市	84.75
16	丽水市	90.77	42	临沧市	88.02	68	许昌市	84.64
17	贵港市	90.59	43	萍乡市	87.90	69	合肥市	84.45
18	杭州市	90.39	44	嘉兴市	87.90	70	温州市	84.24
19	东莞市	90.31	45	六盘水市	87.82	71	宣城市	84.10
20	扬州市	90.30	46	辽源市	87.81	72	长治市	84.09
21	威海市	90.27	47	山南市	87.51	73	金华市	84.08
22	潍坊市	90.00	48	济宁市	87.05	74	鹰潭市	84.04
23	岳阳市	89.86	49	梅州市	86.97	75	南充市	83.82
24	亳州市	89.72	50	昆明市	86.92	76	永州市	83.80
25	荆门市	89.62	51	日照市	86.84	77	蚌埠市	83.43
26	贵阳市	89.51	52	淮北市	86.76			

续表

排名	地市	指数	排名	地市	指数	排名	地市	指数
78	连云港市	83.28	112	双鸭山市	80.22	146	安阳市	77.27
79	绍兴市	83.17	113	宿迁市	79.96	147	濮阳市	77.17
80	六安市	83.17	114	娄底市	79.81	148	九江市	77.11
81	镇江市	83.12	115	铜仁市	79.74	149	葫芦岛市	77.04
82	石家庄市	83.02	116	淮安市	79.66	150	邢台市	77.00
83	台州市	82.93	117	庆阳市	79.60	151	锡林郭勒盟	76.84
84	南阳市	82.85	118	朔州市	79.55	152	汕尾市	76.79
85	南京市	82.83	119	随州市	79.53	153	海口市	76.75
86	银川市	82.82	120	雅安市	79.44	154	榆林市	76.73
87	滁州市	82.81	121	池州市	79.43	155	河池市	76.68
88	泰州市	82.79	122	安庆市	79.26	156	佛山市	76.67
89	开封市	82.79	123	乌海市	79.20	157	赤峰市	76.57
90	深圳市	82.64	124	阜阳市	79.15	158	大庆市	76.46
91	柳州市	82.58	125	西安市	79.15	159	云浮市	76.38
92	宜昌市	82.50	126	清远市	79.09	160	黔东南苗族侗族自治州	76.36
93	酒泉市	82.49	127	凉山彝族自治州	78.95	161	三门峡市	76.12
94	黔西南布依族苗族自治州	82.41	128	宿州市	78.78	162	抚州市	75.92
95	长沙市	82.39	129	内江市	78.62	163	巴中市	75.90
96	本溪市	82.16	130	茂名市	78.60	164	沈阳市	75.73
97	苏州市	81.86	131	鄂州市	78.59	165	张掖市	75.63
98	河源市	81.86	132	汕头市	78.51	166	来宾市	75.45
99	恩施土家族苗族自治州	81.29	133	乐山市	78.51	167	泰安市	75.43
			134	盐城市	78.50	168	阳泉市	75.32
100	芜湖市	81.02	135	珠海市	78.40	169	中卫市	75.25
101	巴音郭楞州	80.96	136	黄冈市	78.37	170	十堰市	75.19
102	上饶市	80.86	137	郴州市	78.33	171	钦州市	75.18
103	湘西土家族苗族自治州	80.73	138	南平市	78.32	172	崇左市	74.98
			139	毕节市	77.94	173	潮州市	74.95
104	东营市	80.71	140	楚雄彝族自治州	77.76	174	盘锦市	74.94
105	新余市	80.71				175	哈尔滨市	74.88
106	福州市	80.55	141	大理白族自治州	77.65	176	泸州市	74.86
107	漳州市	80.55				177	平顶山市	74.85
108	遂宁市	80.53	142	济南市	77.59	178	贺州市	74.79
109	阿拉善盟	80.51	143	韶关市	77.59	179	舟山市	74.71
110	烟台市	80.38	144	眉山市	77.32	180	呼伦贝尔市	74.45
111	安康市	80.26	145	攀枝花市	77.28	181	大连市	74.31

续表

排名	地市	指数	排名	地市	指数	排名	地市	指数
182	淮南市	74.31	217	桂林市	70.91	252	延边州	67.86
183	唐山市	74.30	218	丽江市	70.88	253	信阳市	67.81
184	固原市	74.14	219	安顺市	70.85	254	保定市	67.79
185	郑州市	74.09	220	秦皇岛市	70.54	255	伊春市	67.56
186	周口市	73.95	221	松原市	70.53	256	吉安市	67.56
187	定西市	73.74	222	梧州市	70.48	257	昭通市	67.51
188	拉萨市	73.74	223	益阳市	70.47	258	鹤岗市	67.50
189	焦作市	73.68	224	普洱市	70.35	259	佳木斯市	67.44
190	巴彦淖尔市	73.66	225	金昌市	70.32	260	阜新市	67.41
191	三亚市	73.49	226	辽阳市	70.25	261	运城市	67.33
192	包头市	73.37	227	营口市	70.20	262	德宏傣族景颇族自治州	67.16
193	揭阳市	73.37	228	防城港市	70.20			
194	宝鸡市	73.36	229	咸宁	70.11	263	太原市	67.03
195	新乡市	73.15	230	四平市	69.97	264	大同市	66.45
196	阿坝藏族羌族自治州	72.82	231	漯河市	69.75	265	乌鲁木齐市	66.43
			232	白银市	69.68	266	黄石市	66.40
197	衡水市	72.80	233	廊坊市	69.65	267	嘉峪关市	66.13
198	吉林市	72.69	234	阿勒泰地区	69.54	268	黄南藏族自治州	65.93
199	吕梁市	72.54	235	抚顺市	69.21			
200	邵阳市	72.48	236	文山壮族苗族自治州	69.20	269	商丘市	65.79
201	临沂市	72.42				270	儋州市	65.72
202	常德市	72.38	237	吴忠市	69.18	271	牡丹江市	65.56
203	铜川市	72.36	238	鹤壁市	69.14	272	铜陵市	65.38
204	延安市	72.35	239	汉中市	69.11	273	鸡西市	65.17
205	石嘴山市	72.33	240	驻马店市	69.07	274	甘孜藏族自治州	65.16
206	怀化市	72.02	241	甘南藏族自治州	68.94			
207	怒江傈僳族自治州	71.83				275	淄博市	65.14
			242	七台河市	68.88	276	沧州市	64.62
208	肇庆市	71.77	243	阳江	68.86	277	咸阳市	64.59
209	湛江市	71.77	244	承德市	68.83	278	齐齐哈尔市	64.56
210	鄂尔多斯市	71.73	245	白城市	68.69	279	西双版纳傣族自治州	64.49
211	枣庄市	71.72	246	鞍山市	68.57			
212	长春市	71.52	247	江门市	68.41	280	白山市	64.29
213	忻州市	71.39	248	铁岭市	68.35	281	乌兰察布市	64.25
214	武汉市	71.37	249	保山市	68.28	282	黑河市	64.08
215	昌吉州	71.29	250	通辽市	68.20	283	北海市	64.07
216	孝感市	71.15	251	天水市	68.06	284	丹东市	63.80

续表

排名	地市	指数	排名	地市	指数	排名	地市	指数
285	阿里地区	63.70	302	张家界市	59.67	319	吐鲁番市	53.27
286	果洛藏族自治州	63.51	303	兴安盟	59.49	320	塔城地区	52.56
			304	玉林市	59.48	321	林芝市	48.07
287	商洛市	63.51	305	曲靖市	59.33	322	克拉玛依市	45.71
288	伊犁州	63.48	306	玉溪市	59.16	323	海南藏族自治州	43.12
289	阿克苏地区	63.39	307	平凉市	58.90			
290	通化市	63.09	308	邯郸市	58.80	324	博尔塔拉州	42.97
291	晋城市	62.93	309	资阳市	58.64	325	和田地区	42.61
292	绥化市	62.30	310	锦州市	57.33	326	迪庆藏族自治州	40.98
293	洛阳市	62.26	311	渭南市	57.05			
294	株洲市	61.84	312	海西蒙古族藏族自治州	56.67	327	三沙市	40.11
295	晋中市	61.55				328	喀什地区	38.57
296	武威市	61.39	313	百色市	56.28	329	昌都市	38.52
297	西宁市	61.13	314	临汾市	55.75	330	玉树藏族自治州	37.30
298	张家口市	60.33	315	哈密市	55.60			
299	克孜勒苏州	60.24	316	朝阳市	54.45	331	那曲地区	21.22
300	红河哈尼族彝族自治州	60.11	317	兰州市	54.18			
301	海东市	59.71	318	临夏回族自治州	54.07			

注：不列示无相应服务渠道的数据，后同。

附表4-2　　地级市政府微博服务能力指数

排名	地市	指数	排名	地市	指数	排名	地市	指数
1	武汉市	89.76	13	马鞍山市	82.84	25	广安市	80.04
2	广州市	88.80	14	汉中市	82.67	26	合肥市	80.02
3	达州市	87.59	15	洛阳市	82.65	27	商丘市	79.93
4	南京市	86.22	16	南充市	82.24	28	贵阳市	79.90
5	淮安市	85.84	17	南昌市	81.92	29	宜昌市	79.90
6	新余市	85.59	18	景德镇市	81.79	30	南通市	79.75
7	青岛市	85.43	19	宜宾市	81.44	31	抚州市	79.44
8	陇南市	84.68	20	杭州市	81.43	32	深圳市	79.34
9	宿州市	83.87	21	苏州市	81.39	33	连云港市	79.32
10	昆明市	83.59	22	福州市	81.28	34	无锡市	79.20
11	威海市	83.49	23	济南市	80.21	35	鄂尔多斯市	79.19
12	兰州市	82.91	24	永州市	80.18	36	长沙市	79.16

续表

排名	地市	指数	排名	地市	指数	排名	地市	指数
37	株洲市	78.98	72	荆州市	75.05	107	常州市	72.23
38	九江市	78.79	73	延边州	75.02	108	乌海市	72.19
39	广元市	78.67	74	遂宁市	75.02	109	十堰市	71.88
40	大连市	78.65	75	宜春市	74.87	110	眉山市	71.84
41	安康市	78.63	76	黑河市	74.81	111	昭通市	71.68
42	潍坊市	78.50	77	辽源市	74.81	112	普洱市	71.53
43	烟台市	78.35	78	镇江市	74.69	113	七台河市	71.44
44	鞍山市	78.35	79	包头市	74.67	114	资阳市	71.30
45	西安市	78.34	80	安庆市	74.63	115	甘孜藏族自治州	71.27
46	淮南市	78.20	81	铜川市	74.45			
47	蚌埠市	78.20	82	固原市	74.29	116	清远市	71.19
48	萍乡市	78.07	83	泸州市	74.19	117	巴中市	71.09
49	宿迁市	77.81	84	孝感市	74.16	118	成都市	71.05
50	德宏傣族景颇族自治州	77.80	85	北海市	74.09	119	绵阳市	71.03
			86	赣州	74.05	120	东营市	71.02
51	拉萨市	77.75	87	阜阳市	74.03	121	盐城市	70.98
52	银川市	77.66	88	太原市	74.03	122	衢州市	70.87
53	佛山市	77.47	89	乐山市	73.77	123	曲靖市	70.85
54	许昌市	77.30	90	鹰潭市	73.61	124	通辽市	70.82
55	郑州市	77.29	91	德阳市	73.61	125	白银市	70.81
56	秦皇岛市	76.42	92	保山市	73.22	126	上饶市	70.80
57	亳州市	76.38	93	铜仁市	73.22	127	宝鸡市	70.79
58	徐州市	76.38	94	黄山市	73.18	128	海口市	70.71
59	滁州市	76.19	95	温州市	73.15	129	伊春市	70.68
60	黄冈市	76.16	96	恩施土家族苗族自治州	73.14	130	衡阳市	70.67
61	内江市	75.89				131	惠州市	70.46
62	凉山彝族自治州	75.81	97	遵义市	73.09	132	三亚市	70.34
			98	石家庄市	72.95	133	柳州市	70.33
63	玉林市	75.79	99	台州市	72.91	134	汕尾市	70.22
64	南阳市	75.71	100	黔东南苗族侗族自治州	72.91	135	榆林市	70.17
65	聊城市	75.61				136	贵港市	70.14
66	长春市	75.41	101	大庆市	72.88	137	西宁市	70.07
67	绍兴市	75.40	102	宁波市	72.76	138	丹东市	69.55
68	济宁市	75.31	103	铜陵市	72.70	139	湛江市	69.39
69	吉林市	75.27	104	淮北市	72.68	140	松原市	69.37
70	嘉兴市	75.18	105	阳江	72.53	141	朔州市	69.36
71	阿拉善盟	75.13	106	日照市	72.50	142	茂名市	69.36

续表

排名	地市	指数	排名	地市	指数	排名	地市	指数
143	哈尔滨市	69.33	177	汕头市	66.59	213	滨州市	63.41
144	通化市	69.33	178	甘南藏族自治州	66.50	214	邢台市	63.39
145	咸宁市	69.31				215	三门峡市	63.05
146	呼伦贝尔市	69.29	179	泉州市	66.35	216	平凉市	63.03
147	珠海市	69.15	180	吕梁市	66.24	217	天水市	62.53
148	沈阳市	69.11	181	防城港市	66.18	218	黔南布依族苗族自治州	62.48
149	邵阳市	69.06	182	焦作市	66.12			
150	肇庆市	69.00	183	唐山市	65.93	219	安阳市	62.42
151	泰州市	68.99	184	四平市	65.93	220	湘潭市	62.22
152	黔西南布依族苗族自治州	68.67	185	东莞市	65.83	221	六盘水市	62.02
			186	贺州市	65.81	222	河源市	61.98
153	南宁市	68.66	187	宣城市	65.76	223	宁德市	61.84
154	南平市	68.51	188	鸡西市	65.74	224	娄底市	61.68
155	廊坊市	68.47	189	金华市	65.74	225	常德市	61.44
156	中山市	68.40	190	承德市	65.67	226	玉树藏族自治州	61.26
157	沧州市	68.31	191	芜湖市	65.67			
158	雅安市	68.27	192	岳阳市	65.54	227	运城市	61.24
159	舟山市	68.16	193	丽水市	65.46	228	河池市	61.22
160	六安市	68.07	194	大同市	65.42	229	阿坝藏族羌族自治州	61.10
161	枣庄市	68.06	195	池州市	65.41			
162	兴安盟	68.05	196	齐齐哈尔市	65.24	230	梅州市	61.02
163	临夏回族自治州	68.02	197	三明市	65.14	231	和田地区	60.67
			198	泰安市	65.05	232	龙岩市	60.59
164	湖州市	67.99	199	博尔塔拉州	65.02	233	郴州市	60.45
165	咸阳市	67.97	200	潮州市	64.91	234	武威市	60.03
166	临沂市	67.84	201	开封市	64.90	235	衡水市	59.95
167	西双版纳傣族自治州	67.55	202	忻州市	64.86	236	大理白族自治州	59.73
			203	攀枝花市	64.80			
168	吉安市	67.49	204	德州市	64.78	237	呼和浩特市	59.73
169	益阳市	67.19	205	吐鲁番市	64.78	238	钦州市	59.41
170	锦州市	67.16	206	伊犁州	64.60	239	抚顺市	59.39
171	扬州市	67.09	207	菏泽市	64.44	240	红河哈尼族彝族自治州	59.34
172	保定市	67.09	208	黄石市	64.43			
173	淄博市	67.09	209	渭南市	64.10	241	阿克苏地区	58.99
174	乌兰察布市	66.88	210	襄樊市	63.99	242	江门市	58.94
175	晋中市	66.82	211	平顶山市	63.95	243	周口市	58.87
176	绥化市	66.70	212	克拉玛依市	63.93	244	阿勒泰地区	58.82

续表

排名	地市	指数	排名	地市	指数	排名	地市	指数
245	邯郸市	58.75	267	濮阳市	56.11	288	赤峰市	50.83
246	鹤岗市	58.67	268	嘉峪关市	56.09	289	喀什地区	49.78
247	商洛市	58.45	269	中卫市	55.88	290	金昌市	48.93
248	白城市	58.31	270	哈密市	55.81	291	海西蒙古族藏族自治州	48.91
249	驻马店市	58.12	271	阳泉市	55.74			
250	鄂州市	58.05	272	漯河市	55.51	292	漳州市	48.35
251	信阳市	57.92	273	随州市	55.32	293	锡林郭勒盟	48.01
252	楚雄彝族自治州	57.87	274	来宾市	55.11	294	定西市	47.58
			275	昌吉州	54.98	295	自贡市	47.50
253	白山市	57.82	276	巴彦淖尔市	54.85	296	张家界市	47.27
254	双鸭山市	57.65	277	日喀则市	54.19	297	黄南藏族自治州	46.44
255	玉溪市	57.59	278	庆阳市	53.76			
256	临沧市	57.59	279	怒江傈僳族自治州	53.65	298	营口市	46.39
257	张掖市	57.35				299	崇左市	44.48
258	鹤壁市	57.23	280	新乡市	53.53	300	湘西土家族苗族自治州	44.18
259	巴音郭楞州	57.18	281	本溪市	52.88			
260	韶关市	56.94	282	酒泉市	52.80	301	儋州市	42.70
261	山南市	56.88	283	梧州市	52.36	302	厦门市	42.64
262	乌鲁木齐市	56.72	284	丽江市	51.98	303	塔城地区	41.36
263	克孜勒苏州	56.60	285	迪庆藏族自治州	51.86	304	辽阳市	41.14
264	延安市	56.47				305	张家口市	36.32
265	安顺市	56.45	286	晋城市	51.83			
266	荆门市	56.29	287	石嘴山市	51.68			

附表4-3　　地级市政府微信服务能力指数

排名	地市	指数	排名	地市	指数	排名	地市	指数
1	江门市	78.99	11	濮阳市	70.77	21	东莞市	67.97
2	合肥市	78.38	12	蚌埠市	69.91	22	黄山市	67.93
3	湘潭市	75.84	13	咸宁市	69.73	23	佛山市	67.61
4	朔州市	75.33	14	汕头市	68.82	24	遵义市	66.90
5	铜陵市	74.55	15	保定市	68.82	25	滁州市	66.84
6	漳州市	73.69	16	丽水市	68.49	26	郴州市	66.51
7	芜湖市	72.67	17	佳木斯市	68.26	27	宁波市	66.48
8	宣城市	72.41	18	汕尾市	68.23	28	绍兴市	66.32
9	淮南市	71.88	19	三亚市	68.11	29	娄底市	66.32
10	宿州市	71.32	20	清远市	67.98	30	岳阳市	66.20

续表

排名	地市	指数	排名	地市	指数	排名	地市	指数
31	承德市	65.88	66	十堰市	60.42	101	盘锦市	55.84
32	赤峰市	65.73	67	宁德市	60.35	102	湖州市	55.84
33	长沙市	65.63	68	宜春市	60.20	103	永州市	55.72
34	金华市	65.02	69	常德市	60.14	104	亳州市	55.67
35	淮北市	64.69	70	张家口市	59.89	105	梧州市	55.66
36	廊坊市	64.69	71	肇庆市	59.81	106	德州市	55.62
37	阳泉市	64.27	72	丹东市	59.65	107	宜昌市	55.59
38	汉中市	64.17	73	宿迁市	59.46	108	内江市	55.50
39	邢台市	63.98	74	武汉市	59.08	109	松原市	55.15
40	六安市	63.79	75	河源市	58.95	110	兰州市	55.14
41	龙岩市	63.61	76	长春市	58.73	111	福州市	55.12
42	鄂尔多斯市	63.43	77	恩施土家族苗族自治州	58.62	112	莆田市	55.03
43	泸州市	63.23				113	安顺市	54.96
44	六盘水市	63.05	78	平凉市	58.60	114	呼伦贝尔市	54.95
45	淮安市	62.83	79	玉溪市	58.58	115	昌吉州	54.91
46	济宁市	62.74	80	九江市	58.38	116	云浮市	54.81
47	茂名市	62.71	81	本溪市	58.08	117	黄石市	54.81
48	包头市	62.71	82	衡阳市	58.03	118	张家界市	54.77
49	西安市	62.41	83	阿克苏地区	57.97	119	大兴安岭地区	54.70
50	池州市	62.34	84	宜宾市	57.86	120	银川市	54.59
51	贵港市	62.23	85	深圳市	57.81	121	随州市	54.51
52	威海市	61.82	86	韶关市	57.80	122	昌都市	54.43
53	中卫市	61.64	87	红河哈尼族彝族自治州	57.67	123	山南市	54.23
54	黔东南苗族侗族自治州	61.45				124	延安市	54.15
			88	长治市	57.65	125	青岛市	54.01
55	大同市	61.17	89	湛江市	57.45	126	吕梁市	54.01
56	呼和浩特市	61.14	90	通辽市	57.44	127	珠海市	53.95
57	石家庄市	61.11	91	定西市	57.31	128	常州市	53.87
58	晋城市	61.04	92	咸阳市	57.30	129	黔南布依族苗族自治州	53.81
59	阜阳市	60.92	93	揭阳市	57.13			
60	西宁市	60.88	94	中山市	56.94	130	克拉玛依市	53.65
61	杭州市	60.78	95	广州市	56.94	131	广安市	53.64
62	海口市	60.69	96	绵阳市	56.91	132	白山市	53.49
63	德宏傣族景颇族自治州	60.55	97	泰州市	56.59	133	唐山市	53.39
			98	马鞍山市	56.05	134	成都市	53.16
64	三明市	60.55	99	钦州市	56.03	135	双鸭山市	53.06
65	温州市	60.51	100	信阳市	55.85	136	泉州市	52.84

续表

排名	地市	指数	排名	地市	指数	排名	地市	指数
137	衢州市	52.83	174	孝感市	48.35	208	攀枝花市	45.20
138	东营市	52.74	175	齐齐哈尔市	48.29	209	辽源市	45.11
139	锦州市	52.50	176	雅安市	48.28	210	喀什地区	45.10
140	通化市	52.46	177	吉安市	48.21	211	普洱市	44.67
141	乐山市	52.28	178	巴中市	48.16	212	甘南藏族自治州	44.55
142	延边州	52.26	179	周口市	51.62			
143	哈尔滨市	52.09	180	衡水市	48.09	213	渭南市	44.51
144	焦作市	52.08	181	自贡市	48.03	214	昭通市	44.51
145	日喀则市	52.08	182	平顶山市	47.94	215	阳江	44.51
146	抚州市	52.08	183	惠州市	47.83	216	武威市	44.45
147	荆门市	51.89	184	秦皇岛市	47.83	217	安阳市	44.45
148	葫芦岛市	51.80	185	南京市	47.78	218	固原市	44.33
149	贵阳市	51.72	186	兴安盟	47.49	219	西双版纳傣族自治州	44.33
150	黄冈市	51.70	187	怀化市	47.38			
151	周口市	51.62	188	黔西南布依族苗族自治州	47.31	220	楚雄彝族自治州	44.24
152	连云港市	51.60						
153	新余市	51.52	189	白城市	47.29	221	遂宁市	44.18
154	厦门市	50.89	190	沈阳市	47.28	222	梅州市	44.17
155	大庆市	50.81	191	巴音郭楞州	47.23	223	泰安市	44.17
156	伊春市	50.70	192	北海市	47.21	224	嘉峪关市	44.14
157	达州市	50.66	193	南充市	47.16	225	锡林郭勒盟	44.14
158	沧州市	50.62	194	阿拉善盟	46.85	226	乌鲁木齐市	44.13
159	昆明市	50.52	195	甘孜藏族自治州	46.53	227	聊城市	44.06
160	潍坊市	49.85				228	天水市	43.99
161	南通市	49.74	196	南宁市	46.37	229	嘉兴市	43.99
162	许昌市	49.55	197	海东市	46.36	230	张掖市	43.80
163	七台河市	49.49	198	鞍山市	46.34	231	阿坝藏族羌族自治州	43.80
164	毕节市	49.21	199	无锡市	46.31			
165	萍乡市	49.06	200	盐城市	46.15	232	忻州市	43.67
166	菏泽市	49.04	201	烟台市	45.97	233	牡丹江市	43.56
167	大连市	49.02	202	怒江傈僳族自治州	45.72	234	南平市	43.17
168	鄂州市	49.00				235	来宾市	43.05
169	广元市	48.93	203	绥化市	45.59	236	临夏回族自治州	43.05
170	四平市	48.86	204	南昌市	45.59			
171	阿里地区	48.70	205	日照市	45.59	237	吐鲁番市	42.94
172	拉萨市	48.63	206	滨州市	45.33	238	赣州	42.87
173	苏州市	48.36	207	克孜勒苏州	45.23	239	金昌市	42.79

续表

排名	地市	指数	排名	地市	指数	排名	地市	指数
240	鹰潭市	42.72	270	营口市	37.94	299	三门峡市	29.21
241	眉山市	42.64	271	济南市	37.84	300	酒泉市	29.04
242	邵阳市	42.53	272	铜川市	37.48	301	台州市	28.82
243	陇南市	42.35	273	襄樊市	37.15	302	太原市	28.15
244	白银市	42.00	274	阿勒泰地区	36.94	303	河池市	27.97
245	临汾市	41.92	275	海南藏族自治州	36.81	304	丽江市	27.54
246	吴忠市	41.80				305	舟山市	26.97
247	宝鸡市	41.77	276	榆林市	36.57	306	铜仁市	26.50
248	开封市	41.61	277	镇江市	36.40	307	郑州市	26.05
249	徐州市	41.54	278	那曲地区	36.05	308	伊犁州	25.63
250	玉林市	41.45	279	和田地区	35.67	309	庆阳市	25.57
251	防城港市	41.43	280	文山壮族苗族自治州	35.64	310	新乡市	25.38
252	儋州市	41.39				311	淄博市	24.53
253	柳州市	41.31	281	三沙市	35.52	312	抚顺市	24.38
254	鹤壁市	41.25	282	德阳市	35.48	313	临沂市	24.15
255	商丘市	41.19	283	晋中市	35.40	314	湘西土家族苗族自治州	22.79
256	商洛市	40.75	284	漯河市	35.26			
257	吉林市	40.74	285	安康市	34.99	315	益阳市	22.16
258	扬州市	40.41	286	凉山彝族自治州	34.68	316	崇左市	22.00
259	运城市	40.18				317	海北藏族自治州	21.89
260	鹤岗市	40.14	287	洛阳市	34.36			
261	黑河市	40.02	288	鸡西市	33.52	318	博尔塔拉州	21.81
262	果洛藏族自治州	39.99	289	邯郸市	33.48	319	大理白族自治州	20.83
			290	哈密市	32.79			
263	石嘴山市	39.86	291	巴彦淖尔市	32.42	320	乌兰察布市	19.40
264	安庆市	39.67	292	阜新市	31.37	321	铁岭市	18.78
265	保山市	39.37	293	临沧市	31.35	322	玉树藏族自治州	15.45
266	景德镇市	39.18	294	林芝市	30.89			
267	株洲市	39.05	295	荆州市	30.22	323	曲靖市	13.50
268	海西蒙古族藏族自治州	38.51	296	乌海市	30.10	324	枣庄市	6.11
			297	资阳市	30.09	325	黄南藏族自治州	4.32
269	驻马店市	38.40	298	塔城地区	29.37			

附表 4-4　　　　　　　　地级市政府 APP 服务能力指数

排名	地市	指数	排名	地市	指数	排名	地市	指数
1	龙岩市	89.08	37	林芝市	64.21	73	赤峰市	56.98
2	岳阳市	88.61	38	六安市	64.11	74	淄博市	56.47
3	三明市	88.43	39	成都市	64.10	75	马鞍山市	56.23
4	嘉兴市	88.00	40	昆明市	63.90	76	鸡西市	55.84
5	福州市	83.15	41	普洱市	63.87	77	大庆市	55.59
6	莆田市	80.47	42	延安市	63.78	78	汕头市	54.89
7	亳州市	76.78	43	六盘水市	63.59	79	杭州市	54.42
8	秦皇岛市	74.16	44	晋城市	63.00	80	沧州市	54.16
9	铜陵市	73.41	45	呼和浩特市	62.92	81	宁德市	52.96
10	连云港市	72.78	46	淮北市	62.58	82	十堰市	52.77
11	无锡市	72.47	47	滨州市	62.41	83	镇江市	52.72
12	菏泽市	72.31	48	日照市	62.40	84	济南市	52.35
13	舟山市	71.70	49	娄底市	62.19	85	伊春市	52.13
14	台州市	71.70	50	淮南市	61.43	86	许昌市	52.04
15	温州市	71.70	51	巴音郭楞州	61.37	87	永州市	52.04
16	梅州市	71.66	52	南京市	61.31	88	苏州市	51.99
17	蚌埠市	70.51	53	石家庄市	61.09	89	青岛市	51.98
18	广安市	70.29	54	扬州市	60.88	90	泰安市	51.43
19	绍兴市	70.07	55	昭通市	60.87	91	新乡市	51.42
20	石嘴山市	69.48	56	临沂市	60.81	92	西安市	51.30
21	邵阳市	69.26	57	泰州市	60.70	93	贵阳市	51.29
22	乌海市	68.92	58	红河哈尼族彝族自治州	60.61	94	合肥市	51.24
23	拉萨市	68.84				95	芜湖市	51.24
24	克孜勒苏州	68.75	59	淮安市	60.47	96	攀枝花市	51.23
25	黔南布依族苗族自治州	67.55	60	滁州市	60.25	97	抚州市	51.03
			61	珠海市	60.16	98	乌兰察布市	50.60
26	徐州市	67.21	62	厦门市	59.69	99	景德镇市	50.29
27	宣城市	66.46	63	郑州市	59.64	100	池州市	50.16
28	铜仁市	66.13	64	安阳市	59.49	101	四平市	49.11
29	泉州市	66.13	65	南通市	59.44	102	阿坝藏族羌族自治州	49.07
30	雅安市	65.89	66	深圳市	59.30			
31	潍坊市	65.68	67	昌吉州	59.22	103	随州市	48.46
32	长沙市	65.56	68	漯河市	58.93	104	南宁市	48.43
33	肇庆市	64.85	69	荆州市	58.59	105	宿州市	48.06
34	丽水市	64.79	70	太原市	58.54	106	孝感市	47.97
35	酒泉市	64.73	71	常州市	58.54	107	张家界市	47.83
36	商丘市	64.33	72	鹰潭市	57.58	108	益阳市	47.83

续表

排名	地市	指数	排名	地市	指数	排名	地市	指数
109	广州市	47.76	139	朔州市	44.74	175	巴中市	38.47
110	丽江市	47.60	140	上饶市	44.51	176	兴安盟	38.21
111	保山市	47.60	141	遵义市	44.36	177	通辽市	37.86
112	临沧市	47.60	142	黔东南苗族侗族自治州	44.36	178	湖州市	37.78
113	楚雄彝族自治州	47.60	143	渭南市	43.94	179	广元市	37.78
114	文山壮族苗族自治州	47.60	144	安康市	43.89	180	安庆市	37.36
			145	枣庄市	43.88	181	大同市	37.04
115	大理白族自治州	47.60	146	咸阳市	43.68	182	忻州市	37.04
			147	榆林市	43.59	183	阳泉市	37.04
116	怒江傈僳族自治州	47.60	148	吉安市	43.51	184	晋中市	37.04
			149	东营市	43.41	185	吕梁市	37.04
117	曲靖市	47.57	150	黄冈市	43.03	186	长治市	37.04
118	玉溪市	47.57	151	黑河市	43.03	187	临汾市	37.04
119	西双版纳傣族自治州	47.57	152	汉中市	42.83	188	运城市	37.04
			153	郴州市	42.80	189	内江市	36.62
120	德宏傣族景颇族自治州	47.57	154	遂宁市	42.73	190	阿拉善盟	36.47
			155	荆门市	42.73	191	宿迁市	36.42
121	迪庆藏族自治州	47.57	156	韶关市	41.75	192	盐城市	36.42
			157	商洛市	41.75	193	宜昌市	36.31
						194	黄石市	36.14
122	南阳市	47.52	158	锡林郭勒盟	40.09	195	和田地区	36.04
123	宜宾市	47.31	159	赣州	40.01	196	恩施土家族苗族自治州	35.44
124	咸宁	47.23	160	威海市	40.00			
125	贵港市	47.14	161	桂林市	39.88	197	周口市	35.00
126	云浮市	47.06	162	贺州市	39.88	198	鹤壁市	34.51
127	三亚市	47.04	163	百色市	39.88	199	三门峡市	34.51
128	常德市	46.57	164	梧州市	39.88	200	洛阳市	34.51
129	黄山市	46.40	165	玉林市	39.88	201	信阳市	34.51
130	德州市	46.35	166	钦州市	39.88	202	果洛藏族自治州	33.51
131	延边州	46.02	167	北海市	39.88			
132	株洲市	45.73	168	金华市	39.81	203	濮阳市	33.43
133	怀化市	45.73	169	中卫市	39.71	204	喀什地区	33.31
134	吐鲁番市	45.71	170	达州市	39.55	205	沈阳市	32.93
135	南充市	45.47	171	邢台市	39.35	206	自贡市	32.82
136	襄樊市	45.22	172	鄂尔多斯市	38.89	207	三沙市	32.79
137	烟台市	45.16	173	海口市	38.65	208	来宾市	32.66
138	阜阳市	44.99	174	佛山市	38.51	209	崇左市	32.66

续表

排名	地市	指数	排名	地市	指数	排名	地市	指数
210	黔西南布依族苗族自治州	32.65	234	武威市	26.49	257	保定市	19.59
			235	白银市	26.49	258	阿里地区	18.98
211	南平市	32.63	236	平凉市	26.49	259	银川市	18.69
212	乌鲁木齐市	32.63	237	定西市	26.49	260	长春市	18.68
213	武汉市	32.44	238	天水市	26.49	261	阜新市	14.94
214	巴彦淖尔市	32.18	239	陇南市	26.49	262	朝阳市	12.90
215	湛江市	31.86	240	临夏回族自治州	26.49	263	惠州市	11.74
216	鄂州市	31.31				264	哈尔滨市	11.54
217	衡阳市	31.24	241	甘南藏族自治州	26.49	265	铜川市	7.94
218	双鸭山市	31.22				266	柳州市	7.86
219	漳州市	30.91	242	开封市	26.21	267	江门市	7.23
220	邯郸市	30.61	243	聊城市	25.56	268	鞍山市	5.83
221	营口市	30.56	244	平顶山市	24.97	269	衢州市	5.70
222	宝鸡市	29.75	245	本溪市	23.70	270	辽源市	3.59
223	清远市	29.65	246	资阳市	23.65	271	焦作市	3.59
224	辽阳市	28.92	247	儋州市	22.95	272	驻马店市	3.59
225	张家口市	28.57	248	揭阳市	22.21	273	庆阳市	3.22
226	绥化市	28.54	249	阳江	22.21	274	衡水市	2.89
227	济宁市	28.22	250	锦州市	20.95	275	宁波市	2.89
228	河源市	27.39	251	安顺市	20.74	276	中山市	2.89
229	克拉玛依市	27.08	252	潮州市	19.95	277	河池市	2.89
230	兰州市	26.49	253	东莞市	19.95	278	防城港市	2.89
231	嘉峪关市	26.49	254	汕尾市	19.95	279	毕节市	2.89
232	张掖市	26.49	255	茂名市	19.95	280	廊坊市	2.56
233	金昌市	26.49	256	承德市	19.59			

附表4-5　　地级市政府电子服务能力综合指数

排名	地市	指数	排名	地市	指数	排名	地市	指数
1	岳阳市	81.12	9	绍兴市	74.94	17	合肥市	73.56
2	龙岩市	78.47	10	马鞍山市	74.84	18	淮北市	73.55
3	三明市	77.87	11	宣城市	74.33	19	广安市	73.48
4	亳州市	77.06	12	温州市	74.22	20	潍坊市	73.19
5	嘉兴市	76.72	13	无锡市	74.07	21	黄山市	73.16
6	蚌埠市	76.31	14	泉州市	73.93	22	连云港市	73.06
7	福州市	75.85	15	长沙市	73.78	23	杭州市	73.05
8	丽水市	75.51	16	成都市	73.62	24	六盘水市	72.43

续表

排名	地市	指数	排名	地市	指数	排名	地市	指数
25	昆明市	72.38	61	西安市	67.89	97	郴州市	63.76
26	滁州市	72.37	62	朔州市	67.85	98	咸宁市	63.73
27	南通市	72.34	63	厦门市	67.67	99	铜仁市	63.67
28	菏泽市	72.31	64	雅安市	67.53	100	镇江市	63.66
29	遵义市	72.07	65	拉萨市	67.53	101	宿迁市	63.47
30	广州市	71.83	66	秦皇岛市	67.40	102	安阳市	63.36
31	六安市	71.79	67	广元市	67.40	103	东营市	63.27
32	淮安市	71.67	68	许昌市	67.25	104	普洱市	63.21
33	石家庄市	71.00	69	达州市	67.23	105	东莞市	63.15
34	青岛市	70.98	70	肇庆市	66.94	106	烟台市	63.15
35	淮南市	70.83	71	珠海市	66.93	107	恩施土家族苗族自治州	62.89
36	黔南布依族苗族自治州	70.78	72	台州市	66.84			
			73	鹰潭市	66.55	108	汉中市	62.77
37	常州市	70.65	74	苏州市	66.48	109	黄冈市	62.75
38	呼和浩特市	70.60	75	荆州市	66.33	110	舟山市	62.69
39	铜陵市	70.52	76	池州市	65.93	111	济南市	62.53
40	深圳市	70.52	77	金华市	65.51	112	随州市	62.45
41	徐州市	70.11	78	十堰市	65.49	113	聊城市	62.42
42	梅州市	70.07	79	赤峰市	65.45	114	襄樊市	62.32
43	宜宾市	69.97	80	南充市	65.31	115	昌吉州	62.28
44	贵港市	69.95	81	阜阳市	65.28	116	清远市	62.26
45	南京市	69.89	82	景德镇市	65.25	117	赣州	62.23
46	贵阳市	69.71	83	湖州市	65.22	118	邢台市	62.17
47	娄底市	69.68	84	巴音郭楞州	65.16	119	海口市	62.16
48	威海市	69.62	85	乌海市	64.86	120	酒泉市	62.12
49	宿州市	69.55	86	大庆市	64.79	121	鄂尔多斯市	62.07
50	日照市	69.38	87	三亚市	64.75	122	商丘市	61.99
51	泰州市	69.29	88	邵阳市	64.67	123	内江市	61.90
52	芜湖市	69.09	89	抚州市	64.51	124	德宏傣族景颇族自治州	61.87
53	南宁市	68.75	90	佛山市	64.50			
54	永州市	68.65	91	济宁市	64.31	125	石嘴山市	61.75
55	滨州市	68.58	92	荆门市	64.29	126	遂宁市	61.71
56	扬州市	68.42	93	衡阳市	64.02	127	攀枝花市	61.62
57	汕头市	68.42	94	黔东南苗族侗族自治州	64.02	128	昭通市	61.30
58	莆田市	68.02				129	漳州市	61.30
59	宁德市	67.95	95	延安市	63.96	130	常德市	61.28
60	德州市	67.91	96	宜昌市	63.85	131	自贡市	61.20

续表

排名	地市	指数	排名	地市	指数	排名	地市	指数
132	濮阳市	61.12	166	茂名市	58.07	200	衢州市	54.69
133	晋城市	61.04	167	双鸭山市	58.06	201	黑河市	54.64
134	韶关市	60.83	168	通辽市	58.03	202	承德市	54.46
135	泰安市	60.78	169	咸阳市	57.82	203	南阳市	54.42
136	临沧市	60.73	170	湛江市	57.57	204	萍乡市	54.42
137	武汉市	60.67	171	漯河市	57.45	205	宝鸡市	54.39
138	阿拉善盟	60.60	172	宁波市	57.30	206	新乡市	54.30
139	安康市	60.42	173	太原市	57.27	207	长治市	54.29
140	孝感市	60.36	174	大同市	57.22	208	淄博市	54.28
141	陇南市	60.32	175	本溪市	57.20	209	来宾市	54.13
142	郑州市	60.23	176	怒江傈僳族自治州	57.18	210	平顶山市	54.08
143	伊春市	60.16				211	辽源市	54.06
144	中卫市	60.08	177	沈阳市	57.12	212	定西市	53.88
145	阳泉市	59.94	178	保山市	57.11	213	张家界市	53.74
146	楚雄彝族自治州	59.67	179	南平市	57.05	214	云浮市	53.47
			180	吉安市	56.87	215	南昌市	53.47
147	红河哈尼族彝族自治州	59.61	181	鄂州市	56.64	216	益阳市	53.46
			182	梧州市	56.56	217	新余市	53.24
148	延边州	59.55	183	周口市	56.55	218	张掖市	53.00
149	黔西南布依族苗族自治州	59.52	184	开封市	56.17	219	三门峡市	52.97
			185	西双版纳傣族自治州	55.97	220	江门市	52.88
150	河源市	59.50				221	丽江市	52.66
151	钦州市	59.37	186	锡林郭勒盟	55.94	222	山南市	52.52
152	沧州市	59.26	187	鸡西市	55.88	223	玉林市	52.49
153	四平市	59.22	188	中山市	55.79	224	运城市	52.45
154	巴中市	59.14	189	宜春市	55.69	225	九江市	52.45
155	盐城市	59.11	190	玉溪市	55.69	226	兴安盟	52.30
156	克孜勒苏州	58.80	191	绵阳市	55.64	227	上饶市	52.19
157	安庆市	58.75	192	黄石市	55.45	228	白银市	52.18
158	汕尾市	58.69	193	北海市	55.24	229	鹤壁市	52.14
159	银川市	58.69	194	忻州市	55.23	230	哈尔滨市	52.08
160	阿坝藏族羌族自治州	58.54	195	长春市	55.00	231	商洛市	52.02
			196	保定市	54.89	232	泸州市	52.02
161	湘潭市	58.50	197	信阳市	54.89	233	安顺市	51.93
162	惠州市	58.26	198	株洲市	54.87	234	甘南藏族自治州	51.86
163	临沂市	58.23	199	大理白族自治州	54.82			
164	榆林市	58.20				235	柳州市	51.81
165	吕梁市	58.09						

续表

排名	地市	指数	排名	地市	指数	排名	地市	指数
236	渭南市	51.75	273	凉山彝族自治州	47.61	304	毕节市	40.91
237	洛阳市	51.48				305	盘锦市	40.43
238	阳江	51.48	274	衡水市	46.82	306	葫芦岛市	40.35
239	包头市	51.41	275	文山壮族苗族自治州	46.76	307	佳木斯市	40.27
240	乌兰察布市	51.22				308	临汾市	40.17
241	乌鲁木齐市	51.16	276	吉林市	46.48	309	喀什地区	40.07
242	辽阳市	51.13	277	丹东市	46.43	310	阿里地区	39.76
243	巴彦淖尔市	50.99	278	七台河市	46.42	311	抚顺市	39.48
244	乐山市	50.98	279	大兴安岭地区	46.31	312	桂林市	38.40
245	天水市	50.87	280	临夏回族自治州	46.12	313	伊犁州	38.29
246	兰州市	50.78				314	海西蒙古族藏族自治州	36.38
247	怀化市	50.64	281	揭阳市	46.12			
248	平凉市	50.63	282	儋州市	45.79	315	阜新市	36.33
249	吐鲁番市	50.55	283	西宁市	45.76	316	哈密市	35.67
250	德阳市	50.40	284	邯郸市	45.70	317	迪庆藏族自治州	35.37
251	廊坊	50.28	285	防城港市	45.24			
252	绥化市	50.16	286	克拉玛依市	44.85	318	吴忠市	35.21
253	晋中市	49.98	287	资阳市	44.72	319	牡丹江市	34.23
254	金昌市	49.63	288	通化市	44.58	320	海东市	32.62
255	枣庄市	49.52	289	阿克苏地区	44.49	321	黄南藏族自治州	32.16
256	呼伦贝尔市	49.41	290	甘孜藏族自治州	44.35			
257	大连市	49.35				322	百色市	32.08
258	嘉峪关市	49.31	291	河池市	44.11	323	塔城地区	31.83
259	营口市	49.30	292	白城市	44.09	324	三沙市	31.72
260	焦作市	49.05	293	庆阳市	43.79	325	铁岭市	29.92
261	唐山市	48.56	294	白山市	43.70	326	博尔塔拉州	29.76
262	张家口市	48.40	295	齐齐哈尔市	43.68	327	昌都市	26.34
263	眉山市	48.18	296	驻马店市	43.26	328	玉树藏族自治州	25.73
264	鞍山市	48.12	297	潮州市	42.53			
265	武威市	48.11	298	阿勒泰地区	42.25	329	海南藏族自治州	24.27
266	松原市	47.98	299	林芝市	42.22			
267	贺州市	47.97	300	鹤岗市	42.14	330	朝阳市	24.09
268	崇左市	47.97	301	和田地区	41.77	331	日喀则市	18.58
269	曲靖市	47.80	302	果洛藏族自治州	41.74	332	那曲地区	15.82
270	锦州市	47.78				333	海北藏族自治州	4.73
271	铜川市	47.69	303	湘西土家族苗族自治州	41.45			
272	固原市	47.68						

附表4-6　　地级市政府电子服务能力"双微"指数

排名	地市	指数	排名	地市	指数	排名	地市	指数
1	合肥市	79.01	37	德宏傣族景颇族自治州	67.19	70	郴州市	64.18
2	宿州市	76.15				71	漳州市	63.94
3	淮南市	74.31	38	东莞市	67.15	72	广安市	63.79
4	铜陵市	73.84	39	宜宾市	66.93	73	邢台市	63.75
5	蚌埠市	73.10	40	宿迁市	66.52	74	亳州市	63.63
6	朔州市	73.03	41	马鞍山市	66.35	75	池州市	63.52
7	淮安市	71.68	42	九江市	66.23	76	银川市	63.47
8	佛山市	71.40	43	廊坊市	66.14	77	丹东市	63.45
9	汉中市	71.28	44	青岛市	66.09	78	肇庆市	63.35
10	江门市	71.27	45	深圳市	66.09	79	内江市	63.34
11	武汉市	70.88	46	阜阳市	65.96	80	昆明市	63.24
12	长沙市	70.83	47	岳阳市	65.95	81	衡阳市	62.89
13	湘潭市	70.60	48	黔东南苗族侗族自治州	65.86	82	大同市	62.80
14	滁州市	70.44				83	六盘水市	62.65
15	威海市	70.15	49	宜春市	65.85	84	抚州市	62.60
16	芜湖市	69.98	50	兰州市	65.82	85	通辽市	62.59
17	黄山市	69.95	51	承德市	65.80	86	南京市	62.56
18	宣城市	69.85	52	石家庄市	65.66	87	贵阳市	62.56
19	绍兴市	69.81	53	六安市	65.43	88	龙岩市	62.45
20	咸宁市	69.57	54	温州市	65.37	89	绵阳市	62.34
21	鄂尔多斯市	69.49	55	金华市	65.30	90	三明市	62.31
22	遵义市	69.28	56	贵港市	65.28	91	连云港市	62.26
23	清远市	69.21	57	茂名市	65.27	92	湛江市	62.04
24	广州市	69.19	58	福州市	65.18	93	咸阳市	61.41
25	汕尾市	69.00	59	长春市	65.15	94	泰州市	61.36
26	三亚市	68.97	60	濮阳市	65.13	95	中山市	61.35
27	宁波市	68.90	61	永州市	65.12	96	南通市	61.28
28	杭州市	68.72	62	宜昌市	64.94	97	黄冈市	61.11
29	西安市	68.54	63	达州市	64.86	98	苏州市	61.06
30	保定市	68.16	64	十堰市	64.83	99	延边州	61.01
31	汕头市	67.96	65	新余市	64.62	100	阳泉市	60.99
32	淮北市	67.77	66	海口市	64.54	101	常州市	60.93
33	济宁市	67.57	67	娄底市	64.53	102	宁德市	60.92
34	泸州市	67.44	68	西宁市	64.42	103	潍坊市	60.87
35	丽水市	67.32	69	恩施土家族苗族自治州	64.21	104	南充市	60.65
36	包头市	67.31				105	常德市	60.64

续表

排名	地市	指数	排名	地市	指数	排名	地市	指数
106	松原市	60.62	142	锦州市	58.14	176	山南市	55.25
107	呼和浩特市	60.60	143	泉州市	58.04	177	白山市	55.16
108	乐山市	60.54	144	七台河市	57.93	178	延安市	55.04
109	湖州市	60.51	145	阿拉善盟	57.73	179	普洱市	55.00
110	呼伦贝尔市	60.47	146	克拉玛依市	57.60	180	菏泽市	54.96
111	大连市	60.42	147	北海市	57.55	181	昭通市	54.96
112	广元市	60.37	148	晋城市	57.50	182	南宁市	54.94
113	平凉市	60.31	149	焦作市	57.48	183	徐州市	54.94
114	许昌市	60.22	150	韶关市	57.47	184	昌吉州	54.94
115	萍乡市	60.22	151	沧州市	57.42	185	赣州	54.87
116	河源市	60.11	152	钦州市	57.33	186	双鸭山市	54.82
117	成都市	60.04	153	黔南布依族苗族自治州	57.14	187	随州市	54.82
118	赤峰市	60.00				188	齐齐哈尔市	54.81
119	拉萨市	59.83	154	巴中市	56.98	189	玉林市	54.66
120	珠海市	59.79	155	信阳市	56.65	190	鹰潭市	54.60
121	东营市	59.77	156	辽源市	56.53	191	周口市	54.41
122	衢州市	59.77	157	惠州市	56.53	192	株洲市	54.40
123	南昌市	59.57	158	聊城市	56.20	193	梧州市	54.39
124	中卫市	59.42	159	商丘市	56.09	194	济南市	54.13
125	大庆市	59.30	160	本溪市	56.08	195	平顶山市	54.10
126	德州市	59.14	161	甘孜藏族自治州	56.04	196	吉林市	54.02
127	无锡市	58.96				197	眉山市	53.87
128	通化市	58.95	162	遂宁市	56.04	198	绥化市	53.71
129	秦皇岛市	58.83	163	嘉兴市	55.99	199	荆门市	53.58
130	哈尔滨市	58.72	164	雅安市	55.97	200	定西市	53.56
131	吕梁市	58.71	165	日照市	55.94	201	黑河市	53.40
132	鞍山市	58.65	166	固原市	55.85	202	西双版纳傣族自治州	53.26
133	陇南市	58.63	167	盐城市	55.70			
134	黄石市	58.51	168	沈阳市	55.68	203	安庆市	53.11
135	烟台市	58.42	169	吉安市	55.62	204	白银市	53.08
136	伊春市	58.38	170	景德镇市	55.57	205	甘南藏族自治州	52.99
137	阿克苏地区	58.36	171	安顺市	55.53			
138	红河哈尼族彝族自治州	58.31	172	黔西南布依族苗族自治州	55.52	206	洛阳市	52.94
						207	宝鸡市	52.93
139	孝感市	58.28	173	四平市	55.42	208	南平市	52.92
140	唐山市	58.21	174	兴安盟	55.40	209	日喀则市	52.89
141	玉溪市	58.20	175	阳江	55.28	210	攀枝花市	52.73

续表

排名	地市	指数	排名	地市	指数	排名	地市	指数
211	邵阳市	52.73	244	怒江傈僳族自治州	48.77	279	临沧市	41.44
212	衡水市	52.65				280	营口市	41.19
213	临夏回族自治州	52.65	245	嘉峪关市	48.73	281	巴彦淖尔市	41.05
			246	运城市	48.28	282	临沂市	40.95
214	鄂州市	52.48	247	自贡市	47.82	283	淄博市	40.89
215	柳州市	52.47	248	厦门市	47.72	284	河池市	40.76
216	保山市	52.39	249	来宾市	47.68	285	伊犁州	40.62
217	滨州市	52.28	250	辽阳市	47.64	286	益阳市	39.48
218	泰安市	52.20	251	商洛市	47.55	287	博尔塔拉州	38.43
219	渭南市	52.04	252	晋中市	47.49	288	酒泉市	38.18
220	张家界市	51.89	253	襄樊市	47.47	289	抚顺市	37.84
221	忻州市	51.82	254	荆州市	47.46	290	乌兰察布市	37.66
222	安康市	51.77	255	鹤壁市	47.39	291	丽江市	36.94
223	铜川市	51.70	256	鹤岗市	47.27	292	庆阳市	36.41
224	白城市	51.53	257	喀什地区	46.90	293	新乡市	36.21
225	安阳市	51.36	258	乌海市	46.29	294	大理白族自治州	35.79
226	吐鲁番市	51.34	259	驻马店市	45.99			
227	镇江市	51.13	260	资阳市	45.94	295	曲靖市	35.55
228	天水市	51.12	261	鸡西市	45.91	296	长治市	35.48
229	巴音郭楞州	51.06	262	太原市	45.80	297	揭阳市	35.16
230	防城港市	50.95	263	台州市	45.78	298	盘锦市	34.36
231	张家口市	50.82	264	郑州市	45.76	299	塔城地区	33.98
232	扬州市	50.67	265	锡林郭勒盟	45.63	300	莆田市	33.87
233	梅州市	50.65	266	阿勒泰地区	45.35	301	云浮市	33.73
234	开封市	50.57	267	和田地区	45.29	302	大兴安岭地区	33.66
235	凉山彝族自治州	50.50	268	金昌市	45.15	303	昌都市	33.50
			269	铜仁市	44.47	304	玉树藏族自治州	33.07
236	阿坝藏族羌族自治州	50.45	270	石嘴山市	44.41			
			271	邯郸市	43.20	305	葫芦岛市	31.88
237	武威市	50.44	272	漯河市	43.05	306	湘西土家族苗族自治州	31.02
238	德阳市	50.14	273	舟山市	42.81			
239	克孜勒苏州	49.60	274	海西蒙古族藏族自治州	42.51	307	崇左市	30.65
240	榆林市	49.49				308	毕节市	30.29
241	楚雄彝族自治州	49.48	275	三门峡市	42.23	309	阿里地区	29.97
			276	佳木斯市	42.01	310	枣庄市	29.94
242	张掖市	49.01	277	儋州市	41.89	311	怀化市	29.16
243	乌鲁木齐市	48.97	278	哈密市	41.64	312	南阳市	29.12

续表

排名	地市	指数	排名	地市	指数	排名	地市	指数
313	海东市	28.53	321	海南藏族自治州	22.65	326	迪庆藏族自治州	19.95
314	上饶市	27.23						
315	牡丹江市	26.81	322	那曲地区	22.19	327	阜新市	19.31
316	临汾市	25.80	323	文山壮族苗族自治州	21.93	328	林芝市	19.01
317	吴忠市	25.72				329	海北藏族自治州	13.47
318	贺州市	25.31	324	三沙市	21.86			
319	潮州市	24.97	325	黄南藏族自治州	20.52	330	铁岭市	11.56
320	果洛藏族自治州	24.61						

附表4-7　　地级市政府电子服务能力新媒体指数

排名	地市	指数	排名	地市	指数	排名	地市	指数
1	岳阳市	75.80	25	宿州市	63.93	48	徐州市	60.27
2	龙岩市	74.02	26	拉萨市	63.74	49	青岛市	59.95
3	三明市	73.66	27	石家庄市	63.67	50	珠海市	59.95
4	铜陵市	73.64	28	昆明市	63.52	51	邵阳市	59.91
5	福州市	72.99	29	娄底市	63.51	52	常州市	59.88
6	蚌埠市	71.96	30	深圳市	63.13	53	晋城市	59.88
7	绍兴市	69.92	31	六盘水市	63.06	54	广州市	59.87
8	嘉兴市	69.90	32	潍坊市	62.95	55	咸宁市	59.85
9	亳州市	69.34	33	菏泽市	62.50	56	梅州市	59.78
10	淮南市	68.70	34	杭州市	62.50	57	黄山市	59.70
11	长沙市	68.53	35	汕头市	62.27	58	商丘市	59.67
12	宣城市	68.37	36	南京市	62.01	59	十堰市	59.58
13	温州市	68.12	37	马鞍山市	61.94	60	三亚市	59.43
14	合肥市	66.93	38	芜湖市	61.82	61	永州市	59.43
15	连云港市	66.83	39	成都市	61.80	62	红河哈尼族彝族自治州	59.30
16	淮安市	66.80	40	黔南布依族苗族自治州	61.66			
17	广安市	66.61				63	汉中市	58.90
18	丽水市	66.21	41	呼和浩特市	61.60	64	普洱市	58.85
19	滁州市	66.00	42	泉州市	61.55	65	延安市	58.84
20	淮北市	65.51	43	泰州市	61.06	66	日照市	58.74
21	秦皇岛市	65.48	44	西安市	61.03	67	赤峰市	58.68
22	六安市	64.85	45	朔州市	60.72	68	德宏傣族景颇族自治州	58.65
23	无锡市	64.83	46	南通市	60.47			
24	肇庆市	63.99	47	雅安市	60.28	69	遵义市	58.44

续表

排名	地市	指数	排名	地市	指数	排名	地市	指数
70	宜宾市	58.39	106	达州市	53.85	141	阳泉市	50.57
71	克孜勒苏州	57.92	107	孝感市	53.79	142	广元市	50.54
72	池州市	57.70	108	咸阳市	53.69	143	济宁市	50.46
73	大庆市	57.68	109	德州市	53.57	144	吉安市	50.35
74	贵阳市	57.65	110	玉溪市	53.57	145	保山市	50.30
75	抚州市	57.56	111	宿迁市	53.42	146	遂宁市	50.25
76	昭通市	57.52	112	济南市	53.35	147	鸡西市	50.22
77	宁德市	57.46	113	海口市	53.28	148	张家界市	50.12
78	贵港市	57.38	114	景德镇市	53.26	149	漯河市	49.95
79	苏州市	57.11	115	黄冈市	53.24	150	北海市	49.86
80	佛山市	57.09	116	邢台市	53.14	151	阿坝藏族羌族自治州	49.84
81	台州市	57.04	117	厦门市	52.92	152	钦州市	49.74
82	威海市	57.03	118	四平市	52.67	153	酒泉市	49.72
83	阜阳市	56.84	119	烟台市	52.65	154	临沂市	49.58
84	昌吉州	56.79	120	东营市	52.65	155	漳州市	49.57
85	滨州市	56.68	121	宜昌市	52.48	156	吕梁市	49.28
86	许昌市	56.66	122	荆州市	52.29	157	衡阳市	49.12
87	黔东南苗族侗族自治州	56.50	123	南宁市	52.10	158	巴中市	48.92
87	黔东南苗族侗族自治州	56.50	124	攀枝花市	52.07	159	湛江市	48.91
88	鄂尔多斯市	56.18	125	随州市	52.05	160	吐鲁番市	48.89
89	乌海市	56.12	126	清远市	52.00	161	黑河市	48.89
90	沧州市	56.00	127	泰安市	51.86	162	荆门市	48.86
91	鹰潭市	55.89	128	通辽市	51.83	163	黄石市	48.77
92	伊春市	55.66	129	镇江市	51.82	164	兰州市	48.71
93	巴音郭楞州	55.54	130	郑州市	51.79	165	楚雄彝族自治州	48.66
94	莆田市	55.39	131	内江市	51.72	165	楚雄彝族自治州	48.66
95	舟山市	55.37	132	恩施土家族苗族自治州	51.69	166	渭南市	48.51
96	石嘴山市	55.30	132	恩施土家族苗族自治州	51.69	166	渭南市	48.51
97	扬州市	55.10	133	大同市	51.59	167	阿拉善盟	48.48
98	安阳市	54.89	134	濮阳市	51.34	168	赣州	48.40
99	郴州市	54.88	135	太原市	51.33	169	安康市	48.34
100	常德市	54.52	136	中卫市	50.84	170	怒江傈僳族自治州	48.25
101	延边州	54.49	137	西双版纳傣族自治州	50.78	170	怒江傈僳族自治州	48.25
102	金华市	54.21	137	西双版纳傣族自治州	50.78	171	玉林市	48.23
103	武汉市	54.16	138	韶关市	50.63	172	梧州市	48.08
104	南充市	54.05	139	株洲市	50.62	173	兴安盟	47.92
105	铜仁市	53.88	140	湖州市	50.62	174	汕尾市	47.67

续表

排名	地市	指数	排名	地市	指数	排名	地市	指数
175	淄博市	47.66	211	本溪市	41.99	245	邯郸市	37.72
176	盐城市	47.31	212	锦州市	41.96	246	怀化市	37.63
177	保定市	47.03	213	乌鲁木齐市	41.86	247	九江市	37.43
178	信阳市	47.02	214	定西市	41.79	248	宜春市	37.21
179	榆林市	46.92	215	鹤壁市	41.79	249	巴彦淖尔市	37.19
180	东莞市	46.62	216	丽江市	41.57	250	南阳市	37.11
181	襄樊市	46.49	217	白银市	41.51	251	惠州市	37.05
182	安庆市	46.26	218	甘南藏族自治州	41.46	252	金昌市	37.03
183	周口市	45.96				253	营口市	36.56
184	河源市	45.88	219	平顶山市	41.43	254	新余市	36.52
185	沈阳市	45.78	220	自贡市	41.29	255	西宁市	36.40
186	承德市	45.70	221	临夏回族自治州	41.27	256	衢州市	36.25
187	平凉市	45.60				257	资阳市	36.24
188	黔西南布依族苗族自治州	45.57	222	和田地区	41.26	258	长治市	36.15
			223	来宾市	41.15	259	枣庄市	35.99
189	茂名市	45.56	224	张家口市	41.14	260	中山市	35.93
190	忻州市	45.39	225	喀什地区	40.99	261	丹东市	35.86
191	商洛市	45.02	226	大理白族自治州	40.92	262	鞍山市	35.67
192	长春市	44.94				263	绵阳市	35.23
193	洛阳市	44.92	227	阳江	40.90	264	上饶市	34.74
194	陇南市	44.65	228	曲靖市	40.77	265	松原市	34.26
195	双鸭山市	44.56	229	天水市	40.40	266	乐山市	34.21
196	克拉玛依市	44.33	230	安顺市	40.40	267	呼伦贝尔市	34.17
197	临沧市	44.11	231	宁波市	40.19	268	大连市	34.14
198	南平市	44.09	232	武威市	40.02	269	焦作市	34.05
199	银川市	43.99	233	开封市	39.97	270	萍乡市	34.03
200	江门市	43.42	234	湘潭市	39.90	271	南昌市	33.66
201	运城市	43.39	235	云浮市	39.52	272	儋州市	33.65
202	乌兰察布市	43.28	236	辽阳市	39.49	273	辽源市	33.51
203	鄂州市	43.27	237	张掖市	39.21	274	通化市	33.31
204	锡林郭勒盟	43.22	238	嘉峪关市	39.06	275	文山壮族苗族自治州	33.09
205	益阳市	43.10	239	三门峡市	38.87			
206	晋中市	42.94	240	林芝市	38.66	276	柳州市	33.06
207	聊城市	42.87	241	廊坊市	38.49	277	阿克苏地区	32.98
208	宝鸡市	42.85	242	哈尔滨市	38.20	278	唐山市	32.89
209	新乡市	42.82	243	泸州市	38.11	279	七台河市	32.74
210	绥化市	42.76	244	包头市	38.04	280	铜川市	32.67

续表

排名	地市	指数	排名	地市	指数	排名	地市	指数
281	迪庆藏族自治州	31.95	299	德阳市	28.33	319	桂林市	18.61
			300	驻马店市	27.55	320	毕节市	18.37
282	甘孜藏族自治州	31.67	301	鹤岗市	26.71	321	葫芦岛市	18.02
			302	三沙市	26.61	322	湘西土家族苗族自治州	17.53
283	贺州市	31.64	303	阿勒泰地区	25.63			
284	固原市	31.56	304	阿里地区	25.19	323	阜新市	17.41
285	崇左市	31.52	305	河池市	24.29	324	百色市	17.34
286	山南市	31.22	306	海西蒙古族藏族自治州	24.02	325	海东市	16.12
287	白山市	31.17				326	牡丹江市	15.15
288	衡水市	31.01	307	佳木斯市	23.74	327	吴忠市	14.54
289	齐齐哈尔市	30.97	308	哈密市	23.53	328	海南藏族自治州	12.80
290	临汾市	30.68	309	伊犁州	22.95			
291	吉林市	30.53	310	潮州市	22.78	329	那曲地区	12.54
292	眉山市	30.44	311	庆阳市	21.98	330	黄南藏族自治州	11.59
293	防城港市	30.05	312	博尔塔拉州	21.71			
294	日喀则市	29.89	313	抚顺市	21.38	331	海北藏族自治州	7.61
295	揭阳市	29.52	314	盘锦市	19.42			
296	白城市	29.12	315	塔城地区	19.20	332	铁岭市	6.53
297	凉山彝族自治州	28.54	316	大兴安岭地区	19.02	333	朝阳市	5.61
			317	昌都市	18.93			
298	果洛藏族自治州	28.48	318	玉树藏族自治州	18.68			

附录 5　国务院部委电子服务能力测评标准

附表 5–1　　　　　　　政务网站测评标准

政务网站测评标准		
信息服务能力		
1. 有用实用		(1) 机构职能介绍完整、清晰，有完整的职能简介、负责人、联系方式、地址信息等，得5分；缺一项扣2分。(2) 有与该部委职能密切相关的官方报告，题目与内容相吻合、有结论、有数据佐证、有参考价值，得5分；缺一项扣2分。(3) 提供信息查询服务，（如安监局提供事故查询、危险化学品查询等），得5分，否则0分。计算公式：取(1)(2)(3)均分
2. 来源权威		在政府网站首页任选10条发布的"信息"，统计"信息"来源于"官方第一手资料"或者"标明转载出处"的信息数目 n（多个栏目，随机抽取样本）。计算公式 $n/2$
3. 时间效度		选择政府网站主页"今日要闻""热点动态""要闻动态"等能代表工作日当天信息的栏目。计算方法：信息发布的最新日期为当天或昨天的得5分，最新日期为前日（2天）的得4分，依次3天为3分，4—5天为2分，6—14天为1分，14天以上为0分
4. 易得可得		在政府网站首页任选10条发布的信息，统计可以正确打开，并看到完整内容的链接数目 n（如测试过程发现任何死链接，本项扣1分，标注死链接数）。计算公式 $n/2$
事务服务能力		
1. 公众（个人）办事		对个人办事项目列表中的首项事务进行测试，若办事指南、预约、申请、支付、查询均可线上完成，得5分；实现一项，得1分

续表

政务网站测评标准	
2. 企业（法人）办事	对企业办事项目列表中的首项事务进行测试，若办事指南、预约、申请、支付、查询均可线上完成，得5分；实现一项，得1分
3. 全程办理率	在部委"在线办事"（或类似栏目）任选10个办事项目，统计能完成全程办理的服务的数量。说明：引导至软件下载、系统登录/注册界面，可视为可全程办理，有特殊要求必须到现场办理、又提供清晰"办事指南"的视为可全程办理。计算公式 $n/2$
参与服务能力	
1. 参与管理	提供电子邮件或者在线方式对部门工作提出建议或咨询：（1）写信须知（注意事项）；（2）查询或公开等功能；（3）在线访谈；（4）意见征求；（5）举报渠道。以上功能实现一项得2分，多实现一项加1分，满分5分
2. 参与回应	对上例测评对象分2个周期进行测试，1个周期为1周，24小时内回复的得5分，24—48小时内回复的得4分，48—72小时内回复的得3分，72—96小时内回复的得2分，96—168小时内回复的得1分，超过168个小时仍未到回复的得0分
3. 参与反馈	对上例反馈结果进行分析，给予正面、充分回应的得5分，推至其他职能部门或人的得1分，未收到回应的得0分；基于正面回应的程度判定得3分或4分
服务提供能力	
1. 便捷易用	政府网站（1）有明确的导航条或导航栏；（2）按事项类别对服务事项进行了划分；（3）提供在线办事的咨询服务（如：客服在线）。以上功能只实现一项得2分，实现二项得4分，三项得5分
2. 公平	政府网站功能上支持（1）多种语言，如繁体、英文、日文等；（2）辅助老人、盲人使用，支持语音、读屏功能；（3）对硬软件性能无特别要求（主要考虑低收入人群的使用）；（4）帮助功能简单易用、流程清楚。以上功能只实现一项得2分，每多一项加1分
3. 稳定可靠	访问政府网站的时候（1）网址3次访问均能打开；（2）首页各类内容、元素均能正常显示；（3）相应2级页面3次测试均能打开；（4）外部链接3次测试均能打开；（5）多语言版本、搜索功能等辅助功能均能使用。以上功能实现一项得1分

续表

政务网站测评标准	
服务创新能力	
1. 意见与建议吸纳能力	政府网站有（1）联系我们、（2）网站纠错、（3）网站评价等类似功能，测试并给出回应。测试周期为1周，给予正面、充分回应的得5分，未收到回应的得0分；基于正面回应的程度判定得2—4分（统一设计咨询内容）
2. 分享传播能力	是否有分享到社交平台功能？在首页从不同栏目中随机打开5条信息，统计具备分享到社交平台功能的信息数目。无此功能0分

附表5-2　　**政务微博评价标准**

政务微博测评标准	
服务提供能力	
发布时长	是否有政务微博？如无，0分；如有，18年以后开通得1分；17年开通得2分；16年开通得3分，15年开通得4分，14年及更早得5分
微博影响力	
1. 受众规模	政务微博粉丝数排名（前10%得5分；排名前20%得4分；排名前30%得3分；排名前50%得2分；其余得1分）
2. 信息规模	政务微博日均微博数（排名前10%得5分；排名前20%得4分；排名前30%得3分；排名前50%得2分；其余得1分）
3. 活跃度	政务微博原创微博率（排名前10%得5分；排名前20%得4分；排名前30%得3分；排名前50%得2分；其余得1分）
4. 交互性	人均点赞数通过排名给予得分、转发数通过排名给予得分、评论排名给予得分的均值
信息服务能力	
1. 实用	选择近10条微博，统计其中转/赞/评均不为0的微博数与非天气类、健身类、美食类、鸡汤类、感叹类的微博数 n，计算公式 $n/4$
2. 权威	选择近10条事实类（天气类、健身类、美食类、鸡汤类、常识类除外）微博，统计有信息来源（来源可能出现在文字或图片中，方式有：@某账号，正文标明来源、图片标明来源等）的微博数（原创微博课认为是权威的），计算公式 $n/2$

政务微博测评标准

续表

3. 时效	进入官方微博主页,选择"全部"微博,查看最近一条微博日期,计算与最近工作日的差额天数。计算方法:如果差额为 0 或 1 得 5 分,差额为 2 得 4 分,差额为 3 得 3 分,差额为 4 得 2 分,差额 5 天得 1 分,差额为 5 天以上得 0 分。只计算工作日时间
4. 易得	进入官方微博主页,任意点击 10 个超链接,统计可以正确点打开并看到完整内容的链接数目 n。计算公式 $n/2$
创新能力	
1. 采纳能力	微博内容包括视频、直播、微博故事等元素(在高级搜索中进行勾选即可查看)。计分方法:有 1 个得 2 分,2 个得 4 分,3 个得 5 分
2. 吸收能力	进入主页,搜索"微信",查看政务微信的推广或功能介绍(不局限于微博高级搜索,有微信推广内容就得分)。计分方法:若没有,得 0 分;若有对政府官方微信的推广或功能介绍,加 3 分;有职能部门(如公安、交警、医疗等)微信的推广或功能介绍,加 2 分

附表 5-3 **政务微信评价标准**

政务微信测评标准

信息服务能力

1. 有用实用	政务微信推送的信息中有企业、公众所需的、密切关注的内容吗?有,5 分;无,0 分
2. 权威准确	政务微信推送的信息内容都属于按照政府信息公开条例产生的第一手资料或其他来源明确的官方资料吗?选 10 条推送信息,统计有明确权威来源的推文数目。计算公式 $n/2$
3. 时效	政务微信推送的信息都是在信息有效期内第一时间向社会发布的吗?查看政务微信历史消息,信息发布的最新日期为当天或昨天的得 5 分,最新日期为前天的得 4 分,依次 3 天为 3 分,4—5 天为 2 分,6—14 天为 1 分,14 天以上为 0 分。只计算工作日时间
4. 易得可得	通过政务微信查询相关信息的成功率高吗?测试所有快捷菜单(包括子菜单),是否可以正确打开并有相应内容(如无菜单,则任选 10 条历史信息,是否可以正确打开并看到完整内容)?统计无效的菜单或者链接数目,1 条 0.5 分,10 条以上 0 分。后采用计算公式 $(10-n)/2$

续表

政务微信测评标准	
事务服务能力	
效率与效果	使用政务微信是否可以快速找到事务服务入口？是否有清晰的办事流程？是否可以全程网上办理？是否可以获知事务处理进度？（1）通过自动回复提示可以进入服务入口得1分或通过快捷菜单可以进入服务入口得1分；（2）有清晰的办事流程说明得1分；（3）可以全程网上办理得2分；（4）可以获知事务处理进度得1分。计算总得分，功能合并的按总分计算（尽量测试全部事务服务内容，有一项服务符合以上事项即可得分）
参与服务能力	
参与服务渠道	（1）有无市长信箱；（2）有无意见征集；（3）有无网上调查；（4）有无互动留言；（5）有无12345热线；（6）有无其他：（如有，注明该栏目名称）。有1项得1分，满分5分
服务提供能力	
便捷易用	（1）有快捷菜单；（2）快捷菜单有二级菜单；（3）有有用的自动回复（有助于指导用户完成相关事项）；（4）有人工回复。以上功能实现一项计1分，实现两项计2分，实现三项计3分，实现三项以上计5分
微信影响力	
1. 受众规模	分别统计政务微信历史消息中第三期推送第一、二、三条推文的点赞量与阅读数之和，分别根据排名给出得分 X 与 Y（排名前10%得5分；排名前20%得4分；排名前30%得3分；排名前50%得2分；其余得1分），取平均（可顺延）$(X+Y)/2$
2. 信息规模	政务微信最近3期的推文总数，根据得分给予排名（排名前10%得5分；排名前20%得4分；排名前30%得3分；排名前50%得2分；其余得1分）

附表5-4　　　　　　　　　　政务APP评价标准

政务APP测评标准	
服务提供能力	
1. 渠道面	是否有APP？如无，得0分，本项调查结束；有，但只有Android或iOS版中的一种，得2分；有，且Android和iOS版都有，得5分

续表

	政务 APP 测评标准
2. 覆盖面	纯信息服务，得 1 分；除信息服务外，有政府官方网站上部分事务服务、参与服务功能，但不全，得 2—4 分；与政府官方网站功能基本一致，可提供信息服务、事务服务、参与服务等，得 5 分
3. 易得性	易得性：是否容易下载到？官网首页有下载提示（链接、二维码均可）且可正常下载，得 3 分；可在主流电子市场（Android：应用宝、360 手机助手、小米、华为、百度手机助手、91、豌豆荚、安智、历趣、沃商店；iOS：APP store）任一个下载到，加 2 分
4. 稳定可靠	判断是否可以正常使用。满分 5 分。无法打开，得 0 分；出现闪退或卡顿 2 次及以上，扣 2 分；无法打开部分栏目、内容或点击按钮等操作无响应，根据严重情况，扣 1—2 分；屏幕分辨率适配度，如显示严重异常，扣 1 分
5. 易用性	是否可以方便地找到并浏览信息？界面符合用户对 APP 的使用习惯，无学习门槛，加 1 分；有搜索功能，加 1 分；有收藏功能，加 1 分；有字体大小自适应调节功能，加 1 分；有 4 项可满分 5 分
6. 使用反馈	有无对 APP 使用意见反馈功能：5/0
7. 社交性	是否有分享到社交平台功能？如有分享本 APP 到社交平台功能，加 2 分；如有分享信息、资讯到社交平台功能加 3 分
	信息服务能力
1. 有用实用	机构职能介绍完整、清晰：有完整的职能简介、负责人、联系方式、地址信息，得 5 分；缺 1 项扣 2 分；无此项目 0 分
2. 权威度	政府官方 APP 发布的信息内容都属于第一手资料或其他来源明确的官方资料。在政府官方 APP 首页任选 10 条发布的信息，统计信息来源于"官方第一手资料"或者"标明转载出处"的信息数目 n。计算公式 $n/2$
3. 时效	信息都是在信息有效期内第一时间向社会发布吗？选择政府官方 APP 主页"今日要闻""热点动态""要闻动态"等能代表"工作日"当天信息的栏目。计算方法：如果有当天或昨天发布的信息的得 5 分，2 天 4 分，3 天 3 分，4 天为 2 分，5 天及以上为 1 分
4. 可得	政府官方 APP 任选 10 条发布的信息，统计可以正确点打开，并看到完整内容的链接数目 n。计算公式 $n/2$

续表

政务 APP 测评标准	
事务服务能力	
效率效果	政府官方 APP 提供办事服务：对任一办事服务进行测试：（1）如有办事指南信息，得 2 分；（2）如有任一项目可以实现全流程在线办理，得 5 分。如无此项服务能力，得 0 分
参与服务能力	
1. 参与的管理	提供电子邮件或者在线方式对部门工作提出建议或咨询：（1）写信须知（注意事项）、（2）查询或公开等功能。以上功能实现一项得 3 分，实现两项得 5 分
2. 参与的响应	对上例测评对象分 2 个周期进行测试，1 个周期为 1 周，24 小时内回复的得 5 分，24—48 小时内回复的得 4 分，48—72 小时内回复的得 3 分，72—96 小时回复的得 2 分，96—168 小时回复的得 1 分，超过 168 个小时仍未的到回复的得 0 分。测试开始时间统一为周一早上 9 点
3. 参与的反馈	对上例反馈结果进行分析，给予正面、充分回应的得 5 分，推至其他职能部门或人的得 1 分，未收到回应的得 0 分；基于正面回应的程度判定得 2—4 分

附录6 国务院部委电子服务能力测评样本

附表6-1　部委政务网站来源

部委	采集数据源（网址）	部委	采集数据源（网址）
外交部	http://www.fmprc.gov.cn/mfa_chn/	国家新闻出版广电总局	http://www.sapprft.gov.cn/
国家发展和改革委员会	http://www.ndrc.gov.cn/	国家统计局	http://www.stats.gov.cn/
科技部	http://www.most.gov.cn/	国家机关事务管理局	http://www.ggj.gov.cn/
国家民族事务委员会	http://www.seac.gov.cn/	国家税务总局	http://www.chinatax.gov.cn/
民政部	http://www.mca.gov.cn/	国家体育总局	http://www.sport.gov.cn/
财政部	http://www.mof.gov.cn/	国务院参事室	http://www.counsellor.gov.cn/
自然资源部	http://www.mlr.gov.cn/	国务院港澳事务办公室	http://www.hmo.gov.cn/
住房和城乡建设部	http://www.mohurd.gov.cn/	中国银行保险监督管理委员会	http://www.cbrc.gov.cn/
水利部	http://www.mwr.gov.cn/	中国气象局	http://www.cma.gov.cn/
商务部	http://www.mofcom.gov.cn/	中国证券监督管理委员会	http://www.csrc.gov.cn/

续表

部委	采集数据源（网址）	部委	采集数据源（网址）
国家卫生健康委员会	http://www.nhfpc.gov.cn/	国家信访局	http://www.gjxfj.gov.cn/
审计署	http://www.audit.gov.cn/	国家能源局	http://www.nea.gov.cn/
教育部	http://www.moe.gov.cn/	国家烟草专卖局	http://www.tobacco.gov.cn/
工业和信息化部	http://www.miit.gov.cn/	中国民用航空局	http://www.caac.gov.cn/
公安部	http://www.mps.gov.cn/	国家文物局	http://www.sach.gov.cn/
司法部	http://www.moj.gov.cn/	国家外汇管理局	http://www.safe.gov.cn/
人力资源和社会保障部	http://www.mohrss.gov.cn/	国家粮食和物资储备局	http://www.chinagrain.gov.cn/
生态环境部	http://www.mep.gov.cn/	国家国防科技工业局	http://www.sastind.gov.cn/
交通运输部	http://www.mot.gov.cn/	国家铁路局	http://www.nra.gov.cn/
农业农村部	http://www.moa.gov.cn/	国家邮政局	http://www.spb.gov.cn/
文化和旅游部	http://www.mct.gov.cn/	国家中医药管理局	http://www.satcm.gov.cn/
中国人民银行	http://www.pbc.gov.cn/	国家煤矿安全监察局	http://www.chinacoal-safety.gov.cn/
应急管理部	http://www.chinasafety.gov.cn/	国家药品监督管理局	http://cnda.cfda.gov.cn
国务院国有资产监督管理委员会	http://www.sasac.gov.cn/	国家林业和草原局	http://www.forestry.gov.cn/
海关总署	http://www.customs.gov.cn/	国家知识产权局	http://www.sipo.gov.cn/
国家市场监管总局	http://samr.saic.gov.cn/	国家移民管理局	http://www.mps.gov.cn/n2254996/

附表6-2　　　　　　　部委政务微博来源

部委	采集数据源（名称）	部委	采集数据源（名称）
外交部	外交小灵通	国家新闻出版广电总局	无
国家发展和改革委员会	国家发展改革委	国家统计局	中国统计
科技部	锐科技	国家机关事务管理局	无
国家民族事务委员会	无	国家税务总局	国家税务总局
民政部	民政微语	国家体育总局	无
财政部	无	国务院参事室	无
自然资源部	自然资源部	国务院港澳事务办公室	无
住房和城乡建设部	无	中国银行保险监督管理委员会	保监微新闻
水利部	水利公益	中国气象局	中国气象局
商务部	商务微新闻	中国证券监督管理委员会	证监会发布
国家卫生健康委员会	健康中国	国家信访局	无
审计署	无	国家能源局	无
教育部	微言教育	国家烟草专卖局	无
工业和信息化部	工信微报	中国民用航空局	中国民航网
公安部	中国警方在线	国家文物局	中国文博
司法部	中国普法	国家外汇管理局	外汇局发布
人力资源和社会保障部	无	国家粮食和物资储备局	国家粮食和物资储备局
生态环境部	生态环境部	国家国防科技工业局	无
交通运输部	中国交通	国家铁路局	铁道政言
农业农村部	无	国家邮政局	国家邮政局

续表

部委	采集数据源(名称)	部委	采集数据源(名称)
文化和旅游部	文旅之声	国家中医药管理局	无
中国人民银行	央行微播	国家煤矿安全监察局	无
应急管理部	应急管理部	国家药品监督管理局	中国药品监管
国务院国有资产监督管理委员会	国资小新	国家林业和草原局	中国林业发布
海关总署	海关发布	国家知识产权局	国家知识产权局
国家市场监管总局	市说新语	国家移民管理局	国家移民管理局

附表6-3 部委政务微信来源

部委	采集数据源(名称)	部委名称	采集数据源(名称)
国家信访局	国家信访局	国有资产监督管理委员会	国资小新
人力资源和社会保障部	人力资源和社会保障部	国家新闻出版广电总局	国家广播电视总局
海关总署	海关发布	中国民用航空局	中国民航网
司法部	司法部	国家文物局	国家文物局
工业和信息化部	工信微报	国家中医药管理局	中国中医
国家税务总局	国家税务总局	自然资源部	自然资源部
商务部	商务部微新闻	中国气象局	中国气象局
国家发展和改革委员会	国家发展改革委	国家市场监督管理总局	市说新语
国家卫生健康委员会	健康中国	文化和旅游部	中国文化网
交通运输部	交通运输部	国家民族事务委员会	国家民委
国家林业和草原局	中国林业网	中国证券监督管理委员会	证监会发布

续表

部委	采集数据源（名称）	部委名称	采集数据源（名称）
科学技术部	锐科技	外交部	外交小灵通
国家知识产权局	国家知识产权局	国家国际发展合作署	国家国际发展合作署
国家移民管理局	国家移民管理局	国家邮政局	国家邮政局
国家能源局	国家能源局	国家外汇管理局	外汇局发布
教育部	微言教育	住房和城乡建设部	住房和城乡建设简讯
审计署	审计署	农业农村部	无
国家药品监督管理局	中国药闻	国家机关事务管理局	无
生态环境部	生态环境部	国家体育总局	无
应急管理部	中华人民共和国应急管理部	国务院参事室	无
国家粮食和物资储备局	国家粮食和物资储备局	国务院港澳事务办公室	无
民政部	中国民政	中国银行保险监督管理委员会	无
中国人民银行	中国人民银行	中央广电总台	无
财政部	财政部	国家烟草专卖局	无
水利部	中国水利	国家国防科工局	无
公安部	公安部交通安全微发布	国家铁路局	无
国家统计局	统计微讯	国家煤矿安全监察局	无

附表 6-4　　部委政务 APP 来源

部委	采集数据源（名称）	部委	采集数据源（名称）
外交部	外交部 12308	海关总署	掌上海关
国家发展和改革委员会	发展改革委	国家新闻出版广电总局	国家广播电视总局
民政部	中华人民共和国民政部	国家税务总局	国家税务总局

续表

部委	采集数据源（名称）	部委	采集数据源（名称）
财政部	财政部	中国气象局	
自然资源部	自然资源部	中央广电总台	央广新闻
商务部	商务部网站	国家信访局	手机信访
教育部	教育部	中国民用航空局	民航局网站
公安部	交管12123	国家药品监督管理局	中国药品监管
司法部	司法部	国家林业和草原局	中国林业网
人力资源和社会保障部	掌上12333	国家知识产权局	知识产权维权
生态环境部	生态环境部	国家移民管理局	移民局
交通运输部	交通运输部		